Stephen Pern, Jahrgang 1950, wuchs auf einem Bauernhof in Sussex/England auf. Nach Absolvierung der Universität war er unter anderem zwei Jahre lang Wildhüter in Nigeria und Fallschirmspringer beim Parachute Regiment. Pern arbeitet als freier Journalist und Fotograf. Weitere Bücher veröffentlichte er über seine ausgedehnten Wanderungen durch Afrika und Japan.

Stephen Pern

Zu Fuß durch Nordamerika

Entlang der großen Wasserscheide von New Mexico bis Kanada

Deutsch von Wolfgang Rhiel

SIERRA

Die Deutsche Bibliothek – CIP-Einheitsaufnahme
Ein Titeldatensatz für diese Publikation ist bei
Der Deutschen Bibliothek erhältlich.

REISEN · MENSCHEN · ABENTEUER

3. überarbeitete Auflage 2001
SIERRA bei Frederking & Thaler Verlag, München
in der Verlagsgruppe Bertelsmann GmbH
© 1989 Frederking & Thaler GmbH, München
Alle Rechte vorbehalten
© 1987 by Stephen Pern
erschienen bei J. M. Dent & Sons Ltd., London, Melbourne
Titel der Originalausgabe: The Great Divide
Aus dem Englischen von Wolfgang Rhiel
Titelfoto/Fotos: Stephen Pern
Karten: Isolde Notz-Köhler/Stephen Pern
Reisetipps: Annemarie Bruhns/Stephen Pern
Aktualisierung: Susanne Härtel, München
Umschlaggestaltung: Atelier Seidel, Altötting
Produktion: Sebastian Strohmaier, München
Gesamtherstellung: Presse-Druck, Augsburg
Papier: Das Papier wurde aus chlorfrei gebleichtem Zellstoff hergestellt
ISBN 3-89405-046-2
Printed in Germany

www.frederking-und-thaler.de

Inhalt

Für meine Mutter und meinen Vater, die mich, jeder auf seine Art, geformt haben.

Einleitung

Lange bevor ich anfing, Bücher zu schreiben, um mir damit meinen Lebensunterhalt zu verdienen, war ich Cowboy. Das Dumme war, daß wir zehn Kilometer vom nächsten Spielwarengeschäft entfernt wohnten und mir immer die Zündplättchen ausgingen. Aber wir hatten im Wald unten an unserem Bauernhof in Sussex einen Fluß, und wenn das Pulver knapp war, wurde ich eben Holzfäller. Dann fiel entweder mein Bruder oder ich ins Wasser, und wir waren einfach wieder ganz normale kleine Jungen. Meine Schwäche für Flüsse ist geblieben, unumgänglich, wenn Sie so wollen, das Publizieren zunächst nur eines der üblichen Dinge.

Zur Reiseschriftstellerei kam ich durch nichts anderes als durchs Reisen, über das ich dann ein Buch schrieb. Die beiden Tätigkeiten waren streng getrennt. Die eine wollte mit der anderen nichts zu tun haben, aber nachdem ich das Schreiben eines zweiten, dann eines dritten Buchs überlebt hatte, entwickelte sich so etwas ähnliches wie ein Abkommen: Der Reisende reise, der Autor schrieb, und das reichte zunächst einmal.

Aber zunächst ist nicht demnächst. Ich wollte das Reisen mit dem Schreiben versöhnen. Bisher war ich durch Gegenden gezogen, wo man sich etwas „einfing" oder etwas „aufschnappte" (Malaria, Ruhr, wichtige Redewendungen einer Sprache), wo man „ihre Gerichte aß", „wie sie zu Fuß ging" und so fort, aber es war an der Zeit, die Anführungszeichen fallenzulassen. Die nächste Tour würde sozusagen durch neutrales Gebiet führen müssen, eine Reise, die der Heimat kulturell näherstand. Und um mir Anregungen zu holen, schlug ich die englischsprachigen Länder im Familienatlas auf, einem so alten Exemplar, daß im Hafen von Boston noch Teekisten herumlagen – oder war es Fliegendreck? Amerika! Dort würde ich mit Anführungszeichen nicht weit kommen. Aber Boston war etwas zu neutral. Andere Flecken erregten meine Aufmerksamkeit, weiter im Westen diesmal, eine punktierte Linie, die von Süden nach Norden über die ganze Seite lief. Mitten durch den Wilden Westen, wie ich feststellte.

Ich drehte den Atlas um neunzig Grad. „Kontinentale Wasserscheide", stand dort. Es ist die längste Wasserscheide der Welt, das Rückgrat einer ganzen Halbkugel, an dessen Hängen die großen Ströme entspringen – in den Vereinigten Staaten der Colorado und Columbia westwärts, der Rio Grande und der Missouri ostwärts – ein sich windender, schlängelnder, jäh abstürzender Grat, hier messerscharf, dort flach wie ein Teller. Und die Namen! Die Punkte schlängelten sich fünftausend Kilometer nach Norden, durch New Mexico und Colorado, Wyoming und Montana: Bitterroots las ich, und Beaverhead, Steamboat Springs und Yellowstone, Medicine Bow und Rio Grande.

Hier würde ich jetzt gern sagen, daß ich das nächste Flugzeug nach New York nahm. Aber das tat ich nicht. Ich machte den Abwasch zu Ende und ließ zwei, drei Jahre vergehen, schöne, ineinander übergehende Jahre, in denen eins zum andern kam – Nigeria, Mali, Indien – bis, abgelaufen, getrocknet und weggeräumt, die Vergangenheit zur Gegenwart wurde: zu einem Fußmarsch von Mexiko nach Kanada auf den Rocky Mountains die Wasserscheide entlang.

Teil I *Anreise*

Heathrow

Die Nachricht, die man mir beim Einchecken in Heathrow übermittelte, war kurz: Ich hatte meine Stiefel vergessen.

Aber Connie hetzte bereits in einem Taxi quer durch London und hoffte wahrscheinlich, daß ich wenigstens den richtigen Flughafen erwischt hatte. Sie kam an die Absperrung gerannt, rote Schnürsenkel von den Armen baumelnd, hängte mir die Stiefel um den Hals und lachte mir zum Abschied noch einmal zu. Sie kommt aus Kalifornien. Wir haben uns auf einem Schiff kennengelernt, und sie taucht nach ein paar Seiten wieder auf, aber da habe ich inzwischen mein kostbares Notizbuch in einer Telefonzelle liegengelassen. Unnötig zu sagen, daß ich es nicht wiederbekam und die nächsten sieben Monate in einigem Bangen verbrachte, seinen Ersatz könnte das gleiche Schicksal ereilen. Als eine Art Rückversicherung ging ich dazu über, meine Notizen komplett nochmals abzuschreiben, obwohl ich dann kaum mehr etwas verlegte, bis an jenem denkwürdigen Morgen in New Mexico, als ich schon zwei Stunden gelaufen war, bevor ich merkte, daß ich meine Hose vergessen hatte...

Das Flugzeug hob ab. Ich dämmerte ein, wachte mit einem schwummrigen Gefühl auf und landete in New York.

New York

Gepäck sagt mehr als Worte. Was meins anging, fühlte ich mich, während ich noch in der Einwandererschlange stand, unsicher. Es sah so grundlos neu aus, und außerdem hatte ich zuviel. Auch meine Frisur bereitete mir Verlegenheit. Ich fühlte meine Ohren herausstehen.

Wurstfinger griffen nach meinem Paß. Lippen bewegten sich.

„Wie lange woll'n Sie denn bleib'n?"

„Em..." Ich teilte wie besessen fünftausend Kilometer durch fünf Kilometer pro Stunde – was ist das in Tagen? – und überlegte mir, was ich wegen schlechten Wetters draufschlagen sollte. Im Grunde hatte ich keinen blassen Schimmer, wußte nicht einmal, wie weit es genau war, aber ich wußte, daß das normale Visum nur drei Monate galt. Also sagte ich: „... sechs Monate."

Bonk! „Machen wir neun", meinte der Zollbeamte. „Wollte selbst auch immer mal nach Westen."

Ich fühlte mich wegen meiner Ohren gleich viel besser und schnappte mir mein Zeug vom Tisch, doch der Beamte zupfte mich am Ärmel.

„Sagen Sie", meinte er, „geht ihr Engländer eigentlich immer im Anzug wandern?"

Das Jackett und die Krawatte waren für einen Vortrag, den ich vor dem Explorers Club in New York halten sollte, einer angesehenen Einrichtung, die in vielem der Royal Geographical Society in London ähnelt. Das Briefpapier weist den Hauptsitz des Clubs in der East 70th Street als „Das Weltzentrum für Entdeckungsreisen" aus.

Der Vortrag über eine zurückliegende Wanderung in Ostafrika kam gut an, und eine Einladung zu einem Festessen anläßlich der 79-Jahr-Feier des Clubs verzögerte meine Abreise aus New York. Das Essen fand im Waldorf Astoria statt.

Es waren etwa zweitausend Gäste da (die Liste bestand aus sechs eng mit Maschine beschriebenen Seiten), und mein Gastgeber hatte zuvorkommenderweise die bekanntesten Namen für mich unterstrichen. An den Rand hatte er kurze Anmerkungen geschrieben: „wissenschaftlicher Schriftsteller" (Asimov, Isaac); „ehemaliger CIA-Chef" (Helms, Richard); „Chef der Occidental Petroleum" (Hammer, Dr. Armand); „Präsident von National Geographic" (Grosvenor, Gilbert); „bekannter Gastronom" (Bruno, John) und so fort. Von Abelson, M. bis Zern, Ed. Es war eine festliche Angelegenheit. Eine Fanfare kündigte das Essen an.

Als Vorspeise gab es unter anderem Biber und Bär, eine Elch-Mousse und die Flügel vom Flügelrochen. Ich entschied mich für Picadillo vom Flußpferd, war aber enttäuscht, als es kam. Es sah wie Huhn aus dem Schnellrestaurant aus. Alles sah so aus. Der Präsident erhob sich, um zu sprechen. Sein Thema: „Der Erforscher in Gefahr". Was wollte dieser Mann verkaufen? Kannibalen? Lustlos stocherte ich in den Tigerlilienknospen auf meinem Teller herum. Was sollte dieses Witzessen eigentlich beweisen? Und was hatte das alles mit Gefahr zu tun? Das Hauptproblem der meisten Redner schien eine Kürzung der Mittel für ihr nächstes Projekt zu sein. Im Programm stand, wir seien gekommen, um Mut und menschlicher Neugier Ehre zu erweisen, aber statt dessen schienen wir einem Mythos zu frönen: daß nur bestimmte Leute die Welt entdecken, sie enthüllen und bloßlegen, damit andere sich über sie hermachen können.

Verpflegung

Ich nahm einen Greyhound-Bus nach Hancock in Maryland und rief meinen Vater an. Er ist Engländer, hatte aber wieder geheiratet und lebte jetzt nur zehn Kilometer entfernt jenseits des Potomac in einem Ort namens Berkeley Springs. Das Wiedersehen mit dem eigenen Vater im fremden Land seiner neuen Frau sollte eigentlich mehr als diese paar Zeilen wert sein, doch es verlief alles überraschend normal. In der Telefonzelle von Hancock habe ich auch mein Notizbuch liegengelassen. Im Supermarkt von Berkeley Springs besorgte ich mir ein neues und warf es zu meiner vierten Fuhre in den Einkaufswagen.

Ich hatte mir keine Gedanken über die Kalorien pro Tag bei dieser Wanderung gemacht, sondern mir die Sachen einfach aus den Regalen geholt, weil sie mir entweder gefielen oder billig waren. Wegen des Gewichts vermied ich Dosen, wollte aber andererseits soviel Verpflegung mitnehmen wie möglich, obwohl ich, wieder wohlbehalten in der Scheune meines Vaters, anfing, Seifenstücke zu halbieren. Ich beschaffte mir eine Küchenwaage und machte kleine Salzpäckchen. Ich schnitt bei den Landkarten die Ränder ab und bei der Kleidung die Etiketten heraus – und mir ins eigene Fleisch. Ich wußte ganz genau, daß diese paar Gramm nicht das wirklich entscheidende bei einer Tour sind. Das sind eher die wichtigen Klamotten – Stiefel, Regenkleidung, Kocher und Schlafsack; die machen einen fertig, und die hatte ich schon gekauft, mit Kamera und so weiter so um die achtzehn Kilo. Da ich dreißig bis fünfunddreißig Kilo als Obergrenze ansetzte, blieben noch etwa fünfzehn Kilo für die immer wieder zu erneuernden Sachen, wobei ich Verpflegung, Brennstoff und Karten im voraus an der noch festzulegenden Route deponieren wollte.

Die Route. Sie wurde eigentlich erst im nachhinein fabriziert. Rückblickend kann man sich nur schwer vorstellen, daß ich an den meisten Tagen überhaupt keine Route hatte, daß ich sie mir erst unterwegs zusammenbastelte. Die Route konnte also warten, aber die Berechnungen nicht, die ich anstellte, während der Regen durch das Scheunendach tropfte.

Fünfzehn Kilo erneuerbarer Sachen würden, großzügig gerechnet, zehn Tage reichen. Und wie weit konnte ich an einem Tag laufen? Nicht an irgendeinem Tag, wohlgemerkt, sondern an einem Tag-für-Tag-für-Tag-Tag – fünfundzwanzig Kilometer vielleicht? Mal zehn. Ich hatte also einen Radius von zweihundertfünfzig Kilometern. Im Endeffekt schwankten die Entfernungen zwischen den einzelnen Depots – manche Reiseetappen waren nur halb so lang, andere hatten über dreihundert Kilometer –, aber ich arbeitete ja mit ungefähren Zahlen. Ich arbeitete auch mit Zweifeln. Fünftausend Kilometer (am Ende waren es viertausendzweihundert, wie sich herausstellte) an einem Stück erschienen mir ziemlich viel, mehr auf jeden Fall, als ich mir vorstellen konnte, und so kaufte ich in Berkeley Springs nur Verpflegung für das erste Drittel des Weges. Wenn dann noch alles in Ordnung wäre, würde ich zur nächsten größeren Stadt trampen – wahrscheinlich Denver –, ein Auto mieten und die Depots bis zur kanadischen Grenze auffüllen.

Nach zwei Tagen Abwiegen und Abfüllen hatte ich acht gleiche Proviantpakete für jeweils zehn Tage zusammen, aber nichts zum Einpacken. Englische Kassiererinnen sitzen normalerweise bis an die Kasse in Kartons, aber in den USA bekommt man braune Papiertüten. Die Kartons werden weggeworfen.

„Wohin?" fragte ich Linda vom Supermarkt in Berkeley Springs. „Hinter den Laden", sagte sie.

Ein schmieriger Haufen Pappbrei kokelte im Nieselregen vor sich hin. Mit spitzen Fingern stocherte ich einige Minuten darin herum, bemüht, nicht schmutzig und naß zu werden. Dann legte ich einen Gang zu und wühlte mich hinein. Mit von Asche und nasser Pappe verschmierten Jeans warf ich schließlich acht leere Kartons in den Kombi meines Vaters und fuhr zurück, um in die Badewanne zu steigen.

Landkarten

Die Vereinigten Staaten sind sehr, sehr groß – achtzigmal so groß wie England, wenn man Alaska mitrechnet –, aber die normalen Landkarten sind ziemlich klein. Für die gesamte Wasserscheide braucht man 291 Einzelblätter, und da sie nicht auf Papiertaschentüchern gedruckt sind, mußte ich wählerisch sein. Die Mitarbeiter im Büro für Landesvermessung in Washington waren von unerschöpflicher Geduld, als ich Blatt um Blatt verlangte und wieder zurückgab.

„Die brauch ich nicht", murmelte ich, „das Gelände ist hier ganz flach – da zwar etwas hügelig – ah, tut mir leid, da ist nur ein winziges Stück von der Wasserscheide..."

Immer wieder mußte ich eine Pause einlegen und bei einem Kaffee nachdenken. Ein Gesamtplan sah vor, der Wasserscheide so nah wie möglich zu folgen, aber der Kleindruck auf der Karte – die Felsen, die Gletscher, die Strecken ohne Wasser – verwirrte. Verletzungen oder schlechtes Wetter konnten ebenfalls zu Umwegen zwingen, und die Wahl, die ich schließlich traf, war, vor allem für

New Mexico, eine reine Raterei. Karten für Colorado, Wyoming und Montana waren leichter auszuwählen, weil ich mich dort überwiegend auf öffentlichem Land bewegen würde – meistens in *National Forests* –, und wenn man ein paar tausend Quadratkilometer mit einem Blick überfliegen will, sind die staatlichen Forstamtskarten genau das Richtige. Der Maßstab ist klein, 1¼ cm auf die Meile, aber für einen Dollar pro Blatt sind diese Karten ein Geschenk des Himmels für einen armen Schlucker. Trotzdem verließ ich den Kartenladen mit einer Pappröhre von der Größe einer Dachrinne.

Eine Schlange in Plastikregenmänteln stand vor dem Weißen Haus. Bleiche Hände schwammen in durchsichtigen Manteltaschen. Ich beschloß, nicht zu verweilen und quatschte mit nassen Schuhen am Haupttor vorbei. Dann fuhr ich Richtung Dulles-Flughafen, um Connie abzuholen.

Den Wagen, einen VW mit Hecktür, hatte ich mir zum Überführen nach Newport Beach, Kalifornien, besorgt.

„Gehört einem Typen, der umzieht", hatte der Agent bei der Übergabe erklärt. „Fahren Sie Handschaltung?"

Ich nickte, während er meine Kaution einsteckte. „Acht Tage zum Überführen, Sie rufen an, wenn er verreckt. Sie übernehmen vollgetankt und übergeben vollgetankt, klar?"

„Klar", sagte ich.

Er hatte mich nicht gefragt, warum ich den Wagen haben wollte, und deshalb sagte ich es ihm auch nicht, aber ich beabsichtigte nicht, die offenkundige Route zu fahren, sondern von der Mitte Colorados bis zur mexikanischen Grenze Proviantkisten zu deponieren, bevor ich den Wagen in Kalifornien übergab. Ich hatte dem Agenten auch nichts von Connie erzählt – „Keine Tramper, keine Mitfahrer", hatte er gesagt. Aber Connie wohnte nur fünfzehn Kilometer von Newport Beach entfernt, und so hatte ich in England angerufen und ihr angeboten mitzukommen.

Wir fuhren nach Berkeley Springs zurück, luden die Verpflegung ein, winkten meinem Vater zum Abschied zu und machten uns auf den Weg.

Connie bei der Vorbereitungsfahrt

Kalifornien

Es regnete wieder. Pittsburg huschte vorbei; Kaffee auf dem Armaturenbrett in der Nähe von Indianapolis; Futter in Kansas City; eine Nacht, ein Tag; beengter Schlaf kurz vor Denver; Morgendämmerung über den Rocky Mountains. Wir fuhren in die Stadt, um zu frühstücken, und planten die nächsten Schritte mit einem Kaffeelöffel.

Die Länge des Plastiklöffels entsprach auf der Straßenkarte einem zehntägigen Marsch. Löffel auf Löffel steckten wir die Karte

ab, bestimmten sieben mehr oder weniger gleich weit auseinanderliegende Orte auf oder bei der Wasserscheide und hatten rotäugig
in drei Tagen den gesamten Proviant bis auf eine Kiste für den
Start unten an der mexikanischen Grenze untergebracht. Niemand
hatte uns abgewiesen. Wir ließen Kisten in Kneipen, einige in Läden, zwei in Forstämtern, eine in einer Autoreparaturwerkstatt.
Jetzt blieb nur noch, den Wagen zur Küste zu bringen und mit
dem Bus zurück nach New Mexico zu fahren. Der Ausgangspunkt
des Marsches – der einzig feste Punkt auf der Karte – sollte Antelope Wells sein, eine abgelegene Zollstation, dreiundzwanzig Kilometer östlich der Stelle, wo die kontinentale Wasserscheide von
Mexiko hinüber in die Staaten wechselt.

Fünf Tage, nachdem wir Berkeley Springs verlassen hatten, waren wir an unserem Ziel in Kalifornien angekommen. Und jetzt
war es Zeit für den Bus. Connie und ich saßen auf einem Baum,
dessen Äste der geduldige Seewind nach unten gedrückt hatte. Ich
fühlte mich ausgesprochen englisch, zappelte herum und las die
Aufschrift auf einem Karton, der aus einem nahen Abfallkorb gefallen war. „Lucerne-Milch" stand dort, und darunter:

Lieber Safeway-Kunde,
wir hoffen, Sie genießen den Inhalt dieser Packung. Ich bin neu
in der Branche und würde mich freuen, Ihre Meinung zu diesem
oder anderen Lucerne-Molkereiprodukten zu erfahren. Schreiben Sie einfach an die Adresse unten.
Herzlich
Gottlieb Ribary
Leiter Molkereiabt., Safeway-Läden, Oakland, Cal.

Auf dem Weg zur Bushaltestelle entwarf ich eine Antwort:

Lieber Gottlieb,   Laguna Beach, 4. Mai
Danke für Ihren Brief. Ich war heute ziemlich traurig. Er hat
mir wirklich geholfen.
Ihr

Der Texaner

In San Diego stieg ich in einen anderen Bus und kam neben einen Texaner mit rosa Beinen zu sitzen, der ein Fahrrad hatte, für das es keinen Platz gab. Das Fahrrad sollte mit dem nächsten freien Bus nachkommen.

„Scheißfahrer!" schimpfte er in breitestem Texanisch. „Warum ha'm die keinen Platz? Das verdammte Rad ist verdammte fünfhundert Eier wert!"

Auf der ganzen Fahrt durch die ersten drei Städte kaute der Texaner Nägel, aber dann beruhigte er sich allmählich. Zwei Stunden lang führte er einen Monolog. Der erste Satz war nicht schlecht.

„Hab fünf Jahre kein' umgelegt", sagte er. „Nein, is lange keiner wegen mir nicht gestorben."

Ich wußte nicht recht, was ich antworten sollte, aber der Texaner schien weitgehend mit sich selbst beschäftigt zu sein. Seine Bemerkungen kamen in Abständen von etwa achtzig Kilometern. Die nächste machte er, als wir durch El Centro sausten.

„Im Süden darfste kein Gelb nicht tragen", sagte er. „Mit Gelb kriegste nur Ärger in Mexiko. Die ganzen Ganoven tragen das alle."

Glücklicherweise war das meiste von meinen Sachen dunkelgrün, erzählte ich ihm, und außerdem würde ich nicht mehr als einen symbolischen Schritt nach Süden über die Grenze tun.

Kurz nach Sonnenuntergang erreichten wir Yuma. Der Texaner runzelte die Stirn.

„Sie wissen, was 'ne Mißgeburt ist?"

„Eine was?"

„'ne Mißgeburt. Wegen denen sitz ich in diesem verdammten Bus. Fliegen nachts rum."

Ich unterdrückte ein irres Lachen. „Mißgeburten fliegen nachts rum?"

„Genau. Fahr'n Sie nie im Dunkeln diese Straße, nicht mit 'm Rad. Man muß hier gottverdammt aufpassen." Er beugte sich zu mir herüber. „Weil Mißgeburten is nicht das einzige. Der Großfuß is auch da draußen."

Großfuß!

„Gibt's in Europa auch 'n Großfuß?"

„Nein", erwiderte ich, „aber Mißgeburten gibt's 'ne ganze Menge."

„Im Ernst?" fragte der Texaner.

In Tucson, Arizona, stieg er aus, aber erst, nachdem er erwähnt hatte, daß er fünfzehn Kinder haben wolle. Außerdem wolle er die Kommunisten in Mittelamerika bekämpfen.

„Diese verdammten Kerle meinen, ihnen gehört das ganze verdammte Land", sagte er. „Wir geben ihnen unser verdammtes Geld, führen ihre verdammten Kriege, und die machen immer noch so'n Scheiß. Ich geh verdammt nochmal da runter, und ob."

Aber nicht sofort da runter, denn zuerst war er unterwegs zu seiner Mutter, da seine Frau ihn aus ihrer Wohnung in Los Angeles geschmissen hatte. Er erklärte, er würde sich bald eine andere suchen.

„Jung und doof. Ich mach ihr 'n Bauch, laß mich scheiden, dann nehm ich das Kind mit nach LA. Und dann will mich meine Alte bestimmt wieder, wenn die sieht, daß ich ein Kind hab." Es war ein bemerkenswert langfristiger Plan.

Als er den Bus verließ, fragte ich ihn, wie alt er sei.

„Fast zwanzig", antwortete er.

Wüste

Auf der Schnellstraße auf halbem Weg zwischen Lordsberg, das klein war, und Deming, das noch kleiner war, wurde ich abgesetzt. Beide waren weit weg.

Ich kam mir vor wie ein Käfer, dessen Stein, unter dem er sitzt, plötzlich hochgehoben wird. Die Perspektive war verzerrt. Die wie Pickel aussehenden Hügel zwischen Straße und Horizont konnten ein paar Minuten entfernt sein oder auch mehrere Tage. Ich blickte nach unten. Eine Ameise strebte zwischen dem aufgebrochenen Asphalt auf meinen Fuß zu. Sie verschwand unter einer Popcornschachtel, die im Fahrtwind der ostwärts nach Texas rollenden Lastwagen dahergeschlittert kam. Der Wachspapierbehälter war zwar kein besonders guter Fußball, aber ich kickte ihn so lange auf der Ausfahrtspur vor mir her, bis er am Anfang der Route 81 zwischen die Stäbe eines Weiderosts fiel. Die mexikanische Grenze lag fünfundneunzig Kilometer weiter südlich.

Ich wartete drei Stunden, bis der erste Wagen hielt. Es war Greg in einem Mustang. Als ich einstieg, fragte ich ihn, ob hier immer so wenig Verkehr wäre.

„Yeah", sagte er, „gibt nich viel, wo man hinfahr'n kann." Er drehte die Klimaanlage voll auf. „Gibt 'ne Kupferhütte bei Playas, 'n paar Leute in Hatchita, das is schon alles. Antelope Wells, wo Sie hinwoll'n, is nur 'n Zaun und 'n Telefon."

Was man durch die Windschutzscheibe sah, war auch nicht viel abwechslungsreicher – nur Beifußbüsche und weggeworfene Bierdosen. Ich fragte Greg, warum die leeren Dosen fast nur auf unserer Straßenseite lagen.

„Schichtarbeiter, die zur Hütte fahr'n. Heben nie was für 'n Rückweg auf."

„Ah ja", sagte ich. „Trotzdem, ein komischer Ort für eine Hütte."

„Yeah", sagte Greg, der auf einer Ranch arbeitete. Aber es war eigentlich für alles ein komischer Ort – Bierdosen, Stacheldraht, die einsame Wasserpumpe, nichts auf dieser glühendheißen Ebene sah richtig aus.

Greg setzte mich neben einer Reihe alter Kühlschränke und dickbauchiger Lastwagen ab.

„Das ist Hatchita", sagte er.

Ein vertrocknetes Unkrautbüschel torkelte im Wind über den rissigen Betonhof. Auf einem in einen Autoreifen gesteckten Schild stand: „Nach Pleite jetzt einen Block weiter oben", wo ich dann Mrs. Been fand. In ihrem Laden gab es Lebensmittel und Benzin, nichts Frisches – nicht, daß ich Kopfsalat gewollt hätte. Ich ging direkt zum Kühlschrank und holte mir eine Cola.

„Hier wohnten mal mehr als tausend Leute", erzählte Mrs. Been. „Jetzt sind es nur noch etwa fünfzig." Sie sagte, alles Rindfleisch käme heute von Fütterungsbetrieben in Georgia. Das offene Land sei nur noch zum Steuern abschreiben.

Ich machte mit einem Knall die Coladose auf, und Mrs. Been erzählte von ihren Söhnen. Beide waren Linkshänder, wie ich. Der eine arbeitete bei einem Straßentrupp in Albuquerque, der andere war unten in der Hütte.

„Jawohl! Beide Linkshänder. Wissen Sie, wie groß die Wahrscheinlichkeit ist, zwei linkshändige Söhne zu haben?"

Aber da hielt gerade ein Lastwagen, und Mrs. Been meinte, ich sollte besser fragen, denn das wäre eine der letzten Chancen, aus der Stadt rauszukommen. Stadt? Nun ja, Dörfer gibt es in Amerika eigentlich nicht. Es hat das Mittelalter völlig verpaßt.

Der Lkw-Fahrer hieß Ed Payne. Früher Panzerkorps. Hatte aus Deutschland eine Frau mitgebracht, und jetzt wohnten sie in El Paso, Texas. Keine Kinder. Ed hatte frischen Teer für die Straße geladen. „Soll mal bis zur Grenze asphaltiert werden", überschrie er den Motor. „So verteilt der Bezirk sein Geld, wenn er eines übrig hat. Ein Jahr wird dran gearbeitet, das nächste nicht."

Ed nahm mich vierundzwanzig Kilometer mit. Es gab keine Kurven. Aus winzigen schwarzen Punkten wurden Straßenarbeiter mit Schaufeln, und Ed erklärte, so weit würde er fahren. „Die letzten fünfundvierzig Meilen sind nur unbefestigte Straßen. Schick mir eine Karte aus Kanada."

Im nächsten Wagen hockten fünf Leute zusammengepfercht im Fahrerhaus, hinten waren Bienenkörbe geladen. Ich kletterte auf die Ladefläche des Wagens und schloß fest die Augen vor dem Staub. Zwischendurch machte ich sie ganz kurz auf, um die Körbe zu überprüfen – ich war so dumm gewesen, nicht zu fragen, ob da auch Bienen drin waren. Schließlich hielt der Wagen rasant an, und ich ließ mich hinunterfallen.

Zwei Farbkleckse flatterten vor dem blauen Himmel: das amerikanische Sternenbanner diesseits eines Weiderosts, das Rot, Weiß und Grün der mexikanischen Flagge jenseits. Zwischen ihnen ein einsames Straßenschild. „Staatsgrenze New Mexico", stand dort. „Meile Null."

Meile Null!

Aber meine Gedanken rasten umher wie ein verlorengegangener Hund. Ich bin immer unruhig am Beginn einer Reise – nicht zu Hause beim Abflug des Flugzeuges, sondern beim richtigen Beginn, wenn die letzte Autotür zugeschlagen wird. Es ist, wie wenn man nachts aus dem Bett fällt, und Antelope Wells war, wie die meisten Schlafzimmerfußböden, ein recht willkürlicher Fleck. 31°20′ nördlicher Breite – da war ich –, und 49° nördlicher Breite – da wollte ich hin.

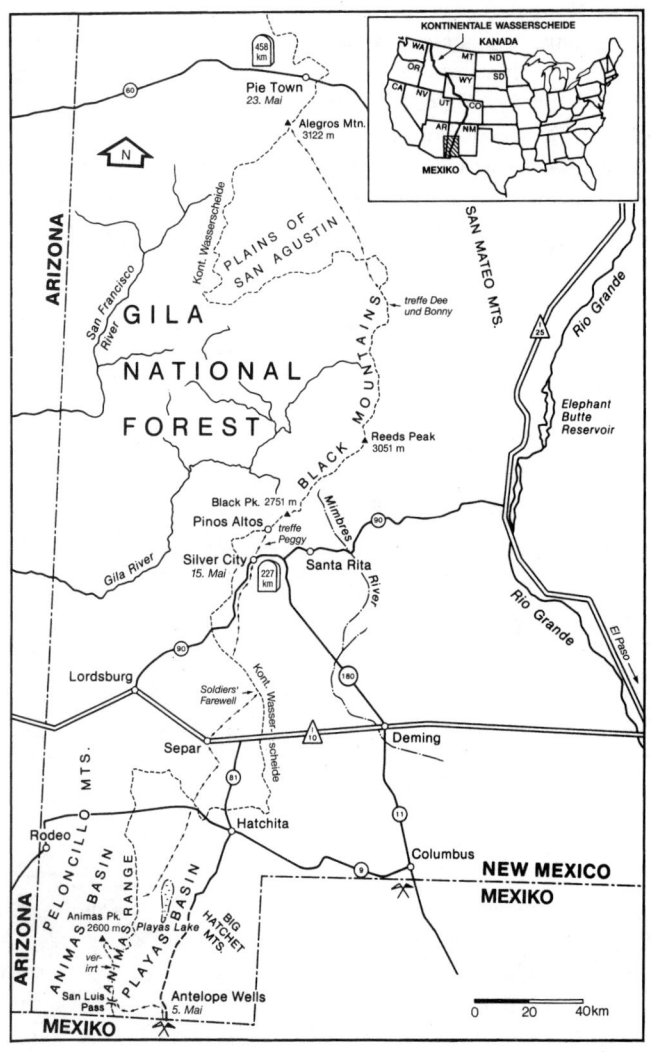

Südliches New Mexico

Teil II New Mexico

Antelope Wells

Die Glastür der amerikanischen Zollstation warf ein wenig verheißungsvolles Spiegelbild zurück – ein einsfünfundsiebzig großer hühnerbrüstiger Engländer, der sich mit gewohnten Minderwertigkeitsgefühlen betrachtete. Der Zehn-Tage-Bart hätte ein leichtes zungenschnalzendes „Caramba" entlocken können, aber alles übrige war eindeutig nicht *macho*. Eine marineblaue leichte Baumwollhose war bis über die Knie hochgerollt, die ziemlich spitz aussahen. Darunter ragten so etwas wie zwei Besenstiele hervor, die in klobigen Lederstiefeln verschwanden. „Wild and wonderful" verkündete das leuchtendgelbe T-Shirt, ein Mitbringsel aus West-Virginia. Der Slogan von New Mexico hieß „Land der Verzauberung". Es sah nicht so aus.

Im Osten konnte ich die „Land of Enchantment"-Hatchita-Berge sehen, wie liegende, dampfende Kühe im Dunst. Die erschöpfte Schlange, die sich im Westen entrollt hatte, war die Bergsilhouette der Animas. Das war mein erstes Ziel, der zweiundzwanzig Kilometer entfernte Punkt, wo die weißen Grenzpfähle den langen Rücken der Schlange erklommen und überquerten – genau der Punkt, wo die Wasserscheide die Grenze zu den Vereinigten Staaten kreuzt. Genaue Punkte würden mit der Zeit immer unwichtiger für mich werden, doch damals waren sie noch äußerst bedeutend. Ich würde dem Grat der Animas fünfundsechzig Kilometer nach Norden folgen, so ungefähr, und dann gut hundertsechzig über die ansteigende Ebene zum ersten Proviant-Depot in Silver City laufen, wo Billy the Kid lebte, bis er sich aufmachte, Leute berufsmäßig zu erschießen.

Eine Flaggenleine zitterte im Wind und schlug gegen den metallenen Fahnenmast neben dem Zollgebäude. Es schien niemand da zu sein. Zwanzig Meter entfernt, hinter einem wackligen Drahtzaun, schepperte auch der andere Mast, wenn auch in einem ande-

Antelope Wells – die Grenze von Old Mexico nach New Mexico

ren Ton, weil er aus Holz war. Ich setzte meinen Rucksack ab, lief schwankend über den Weiderost und auf eine Gruppe von vier Männern zu. Sie lehnten an einem Auto im Schatten einer Hütte, die wie ein Schuhkarton aus Lehmziegeln aussah. Stromkabel in schlechtem Zustand hingen vom Dach herunter und verschwanden in einem Loch in der Mauer, wohin auch schnell eine Eidechse huschte, als ich näherkam. Die Männer trugen billige Jeans und karierte Hemden.

„Buenas tardes", sagte ich.

Goldglitzerndes Lachen erhob sich.

„Unterwegs nach Mexico City." Ich wußte nicht genau, ob das eine Frage war. „Te gustaras mucho Mexico."

„Si", antwortete ich. „Gracias." Neun Jahre hatte ich kein Spanisch mehr gesprochen.

„Wohin gehst du jetzt?"

„Nach Kanada", sagte ich.

„Ah", riefen sie im Chor, „Kanada."

„Hast du ein Auto?"

„Nein", erwiderte ich. „Ich gehe zu Fuß. Wollen Sie mitkommen?" Sie lachten.

„Kein Paß", sagte Señor Casillas. Er war der Zollbeamte. „Kein Visum, also nicht möglich hinüber. Hast du was für Essen?"

„Getrocknete Sachen", sagte ich. „Tee, Suppe, Reis und so was."

„Nicht Bohnen?" fragte Señor Casillas. „Nicht Fleisch? Du brauchst was bißchen und mußt mir direkt sagen, was zum Essen du brauchst. Ich habe Sardinen, um zu helfen."

Ich konnte diese Freundlichkeit nur schwer zurückweisen und suchte krampfhaft nach einer Ausrede – noch mehr Gewicht war das letzte, was ich gebrauchen konnte –, als eine sechsbeinige Promenadenmischung auftauchte und für Ablenkung sorgte. Sie hoppelte mit heraushängenden Zungen vorwärts und wedelte wie wild mit dem letzten Schwanz.

„Guck mal, guck mal!" riefen die Mexikaner und stampften mit den Füßen. „Los peros estan haciendo amor!" Daß die Hunde sich liebten, war offensichtlich. Das lärmende Gelächter und die Anfeuerungsrufe wurden leiser, als ich über den Weiderost zu dem kühl aussehenden, lindgrünen Bau zurückging, der die amerikanische Hälfte von Antelope Wells bildete.

Ich spähte erneut durch die Glastür, und diesmal entdeckte ich ein Lebenszeichen, ein recht handfestes sogar. Eine Dame in enger, schwarzer Hose pirschte sich an eine Fliege an. Ihre Pistole stand von ihrem weichen Hüftpolster ab, und auf dem Namensschild an ihrer Bluse stand „Ruby". Noch summte die Fliege mutig umher, aber bei nur einem Kalender, einer Uhr und zwei Vinylstühlen als Deckung war ihr Schicksal besiegelt. Sie endete zerquetscht an der Seite eines Schranks, und Ruby hängte ihre Fliegenklatsche weg.

„Möchten Sie etwas Wasser?"

„Gerne", sagte ich und wandte mich dem Trinkbrunnen zu.

„Das ist zu warm", meinte Ruby und holte eine Flasche aus dem Bürokühlschrank. Ich erzählte ihr, warum ich hier war, und sie bat mich, in ihrem Buch zu unterschreiben, einer Dokumentation aller Wanderer, die in Antelope Wells nach Kanada aufgebrochen waren. Ich war der einzige in dem Jahr.

„Sie sind etwas spät dran", sagte sie. „In sechs Monaten ist Winter, dieses Jahr vielleicht sogar früher. Es war seltsam bis jetzt – vor ein paar Wochen hatten wir sechzig Zentimeter Schnee, aber sehr bald werden wir schon wieder an die vierzig Grad kriegen." Ich hatte das Gefühl, als hätten wir sie schon.

Rubys Kollege kam aus einem der beiden hinteren Wohnwagen. Er hieß Ed und hatte Freunde in England. Zivilangestellte bei der Marine, sagte er, aber er konnte sich nicht an die Namen erinnern. Sie kamen jedes Jahr herüber, um ihre Verwandten in Deming zu besuchen. Ed selber tat seit fünf Jahren Dienst in Antelope Wells.

„Nach dem hier bin ich für alles andere nicht mehr zu gebrauchen", meinte er. „An den anderen Grenzkontrollstellen wimmelt es von Autos und Betrunkenen, aber bei uns hier kommen nur anständige, nüchterne Leute durch. Keine Betrunkenen, keine Drogensüchtigen, keine Schmuggler. Nur nette Leute von den Ranchs, und das mag ich. Meine Familie lebt oben in Deming. Ihr gefällt es auch." Ed sah auf die Uhr. „Wir machen um vier dicht", sagte er, „muß Sie aussperren." Und genau das machten sie auch. Ich hatte gehofft, sie würden mich zum Abendessen einladen.

Ich leckte Schokolade von der zerknitterten Folie um eine Kekspackung ab und fühlte mich etwas elend. Ich verlasse gar nicht gerne einen Ort. Lauwarmes Wasser tropfte aus einem Hahn an der Seite des jetzt verwaisten Gebäudes. Ich hatte den Wassersack halb gefüllt und war entsetzt über das zusätzliche Gewicht. Benommenheit überkam mich. Die Landschaft ringsum war so gleichbleibend riesig, daß es kaum etwas auszumachen schien, in welche Richtung ich lief. Norden, Süden, Osten oder Westen – wen kümmert das? Keine Häuser, keine Hecken, keine Flüsse, keine Felder – nichts unterbrach die Eintönigkeit. Nur ein paar blühende Unkräuter unter einem tropfenden Wasserhahn, alles andere war einfach „da draußen".

Ich brauchte etwas, das meine Gelähmtheit vertrieb. An der Außenmauer stand eine Telefonzelle – eine ganz normale, alltägliche Zelle aus Aluminium, auf der oben in Blau TELEFON stand. Ich wollte einfach nur den Hörer abnehmen. Es war etwas Vertrautes, von dem man sich verabschieden konnte. Mann – ich war im Begriff, fünftausend Kilometer zu laufen. Ich wollte, daß jemand eine Flasche Champagner an meinem Rucksack zerschellte. Ruby hätte das machen können, und Ed hätte ein Band zerschneiden können, oder, oder... eine selbstinszenierte Verabschiedung ist eine nichtssagende Angelegenheit. Am Ende schnappte ich mir einfach mein Zeug und lief los, wenngleich das um einiges flotter klingt, als es in Wirklichkeit war.

Ich hatte zwei Gepäckstücke zu tragen.

Die Kameratasche hatte das übliche rechteckige Format, einen langen Reißverschluß um den Deckel und wog fünfeinhalb Kilo. Da sie nicht eßbar war, würde sie am Ende immer noch fünfeinhalb Kilo wiegen. Sie sollte als Handtasche, Armaturenbrett und Schreibtisch fungieren – Notizbuch und Karten, Kompaß und Kamera, Objektive, Fernglas, Kassetten und Filme, alles mit einem Zug am Reißverschluß zur Hand –, obwohl sie am Anfang eine einzige Plage war, weil ich nicht ausprobiert hatte, wie ich sie mir am besten umhängte. In den ersten drei Wochen der Tour sah ich wie ein schlecht verschnürtes Paket aus.

Der Rucksack kam auf den Rücken – da gab es nicht viel zu überlegen. Die Schwierigkeit bestand darin, ihn dorthin zu bekommen. Mit Verpflegung für zehn Tage und einem vollen Wassersack wog er dreißig Kilo. Einschließlich der Kameratasche hatte das alles, womit ich mich bei dieser ersten Etappe auf den Weg machte, gut die Hälfte meines Körpergewichts. Und sich die Hälfte von sich selbst auf den Rücken zu schnallen, ist mühsam, bis man den Trick heraus hat. Ich schaffte es mit Hilfe einiger Grunzlaute à la Kung-Fu und des Fenstersimses der Zollbaracke. Der Hüftgurt schnappte zu, und ich zog die Schulterriemen an. Ich kam mir vor wie der Sheriff in „High Noon". *Do not forsake me, oh my da-arling.* Jetzt nur noch einmal alles prüfen. Hmm, ja, gut so, Mist!

Mein Wecker hatte aufgehört zu ticken. Ich eilte zurück zu Gary Coopers Amtszimmer.

Ohne Wecker hätte Kanada genausogut der Mars sein können. Ich würde in tausend Jahren nicht dahin kommen, weil ich ein so entsetzlicher Langschläfer bin. Ich kann elf Stunden am Stück schlafen, und tu es oft auch, aber auf solch einer Wanderung ist das einfach nicht drin. Wenn man bei Tagesanbruch aufsteht und, sagen wir, einen halben 14-Stunden-Tag läuft, verschafft man sich damit sieben Stunden Spielraum. Ein späterer Aufbruch macht einen zwar nicht langsamer, aber er beschränkt die Freiheit, auf Dinge am Weg einzugehen – auf die Hitze zum Beispiel, auf die Aussicht, auf Menschen oder einen Sturm oder einfach darauf, auf einem Berg den Gedanken nachzuhängen. Aber ohne Wecker würde aus all diesen freien Stunden nichts werden. Ich verglich durch die Glastür die Zeit und stellte meine Uhr: 5 Uhr nachmittags, 5. Mai. Ich klopfte und schüttelte die braune Kunststoffuhr und stolperte dabei los die Straße hinunter. Es war ganz und gar nicht wie „High Noon".

Null plus vier

Ich hatte drei Kilometer westlich über dem Gestrüpp ein Windrad blinken sehen, und gerade als ich die unbefestigte Straße verließ, erweckte ein letztes Schütteln die Uhr zum Leben. „Danke", murmelte ich sehr erleichtert, „vielen Dank", und lief, wobei ich ein Liedchen schmetterte, direkt in einen Kaktus. Gott, tat das weh! Ich hatte mir die Stacheln ins Schienbein gerannt.

Es war nur ein kleiner Kratzer, wirklich der letzte Vorwand, um anzuhalten, doch ich ergriff die Gelegenheit sofort und setzte mich. Nicht laufen zu müssen, ist so eine Wohltat, vor allem auf den ersten hundert Metern. Fünf Minuten lang bewegte ich mich kaum, gebannt, wie man in dieser trägen Stimmung ist, von der letzten Belanglosigkeit – in diesem Fall dem Blut, das mein Bein hinunterlief, eine dicke, scharlachrote, ölige Flüssigkeit, die jedes

Härchen umfing, bevor sie berstend zum nächsten lief. Die dicken Tropfen bekamen nach einiger Zeit Falten. Sie blinkten in der Sonne wie die Haut auf kaltem Kakao, und bald markierten nur noch dunkle Flecken die Spur, die hinunter zu meinem Strumpf führte.

Kleine Pflänzchen erröteten im abnehmenden Licht – Bärenschote, Wüstenpetersilie, Schafgarbe, ein zart getönter Schatten, der sich über die ausgetrocknete, rissige Erde legte. Meine Stiefel knirschten weiter, liefen Bögen, um den vereinzelten Vorposten der Yuccas auszuweichen, dem Kaktus, der mein Liedchen so abrupt beendet hatte. Eine Yucca sieht eher wie ein Igel aus, nicht wie eine Pflanze, aber wie die meisten Wüstenpflanzen ficht sie ihren Überlebenskampf unter der Erde aus. Der Kreosotbusch zum Beispiel vergiftet das umliegende Erdreich gegen seine Wettbewerber, während der Mesquitebaum Wurzeln treibt, die gleich fünfundzwanzig, dreißig Meter tief abtauchen, um tiefliegende Wasserreserven anzuzapfen. Die Yucca tut das genaue Gegenteil und verläßt sich auf ein ganz flaches Wurzelgeflecht, das selbst geringste Spuren von Feuchtigkeit aufnimmt.

Die meisten Grünpflanzen „transpirieren" am Tage (nehmen Kohlendioxyd auf und geben Feuchtigkeit ab), doch ein so vorwitziges Verhalten würde einen Kaktus in der Glut der Wüste sehr bald schrumpfen und dann eingehen lassen. Um den Verlust an Feuchtigkeit auf ein Minimum zu beschränken, halten die Kakteen ihre Poren bis zum Einbruch der Dunkelheit geschlossen. Aber die chemische Reaktion, die Kohlendioxyd in Nährstoffe verwandelt, ist nur bei Tageslicht möglich. Da Kakteen, um Wasser zu halten, das Gas jedoch nachts aufnehmen, brauchen sie ein System zu seiner vorübergehenden Speicherung. Anstatt sich wie Sperrballons aufzublähen, halten sie das Kohlendioxyd chemisch fest, eine Reaktion, die durch das abendliche Sinken der Temperaturen ausgelöst und durch die steigende Hitze nach Tagesanbruch umgekehrt wird: Je stärker die nächtliche Abkühlung ist, desto mehr Kohlendioxyd wird gespeichert. Und deshalb gedeihen Kakteen so gut in der Wüste.

Das Windrad, das ich von der Tür der Zollstation aus gesehen hatte, war inzwischen ein hoch aufragendes metallenes Gänseblümchen geworden. Der etwa zwei Meter hohe Tank daneben stand auf einem Betonfundament. Ich klopfte dagegen, aber er klang leer.

Windräder hatte ich bisher nur aus dem Zugfenster und dem Auto gesehen und manchmal auch in Großaufnahme im Kino, aber ich hatte noch nie eins angefaßt. Der Mast gab einen schwachen metallischen Klang ab, als ich die Metallsprossen zu einer Plattform unter dem Flügelrad hinaufkletterte. Die Bremse war angezogen. Aus der Nähe sahen die Flügel riesig aus, vierundzwanzig verzinkte Blütenblätter, alle völlig symmetrisch, dazu eine vibrierende Turbine, die ratterte, als der Wind an den Flügeln rüttelte. „Samson" stand in Schwarz auf dem Blatt, dann „Stover Mfg & Engine Co, Freeport, Ill, USA". Es war ein so einfaches Gerät. Man mußte nur Schmierfett auf das Lager geben, die Welle ölen und einen Hahn im Rohr zum Tank öffnen, der, wie ich vermutet hatte, leer war. Ich konnte unten den Schmutz sehen, verblichene Zweige und die Überreste eines toten Vogels, die auf dem Beton festgeklebt waren. Ich steckte mir eine Zigarette an. Bei Wanderungen komme ich mit zehn am Tag aus. Meistens rauche ich immer nur eine Hälfte.

Kleine Hügel warfen sich auf, schnürten die Ebene ein. Ich hielt auf eine Lücke zwischen den baumlosen Hängen zu und lief dann noch etwa eine Stunde weiter. Als ich auf einen Weg stieß, der durch die Lücke führte, beschloß ich, daß ich weit genug gekommen war. Sieben Kilometer hinter mir stachen die Zollstationen wie Möwen auf einem sonnenüberfluteten See heraus. Antelope Wells war mit 1420 m der tiefste Punkt, den ich auf den nächsten dreitausend Kilometern berührte.

Ich zog mich aus. Wie salzige Blüten hingen meine Sachen an den dornigen Ruten der Mesquitebäume um mich herum. Mein T-Shirt war naßgeschwitzt, die Unterhose und der Hosenbund meiner Shorts ebenfalls – eine Wärmekarte meines Körpers auf

Baumwolle. Köstlich kühle Flecken breiteten sich aus, als der Schweiß auf meiner Haut trocknete. Ich schlüpfte in leichte Gummisandalen, räumte ein paar Steine und einige aufgescheuchte Ameisen beiseite und befreite die Isomatte von den Riemen. Ich beschwerte die Rolle rechts und links mit einem Stiefel und setzte mich. Dann stand ich auf, die Hände hinter dem Kopf verschränkt.

„Es geht los!" schrie ich zu den kargen Bergen hinüber. „Haah, es geht los!"

Es war warm, es war trocken und noch eine gute Stunde vor Sonnenaufgang. Ich hatte zwar nicht den geringsten Hunger, dachte mir aber, daß es besser wäre, etwas zu essen, und machte auf dem Hintern eine halbe Drehung, um an die Sachen zu kommen.

Der Rucksack hatte zwei Außentaschen, die eine weich wie ein Würstchen und mit dem Zelt vollgestopft, die andere durch den Kocher sperrig ausgebeult. Ich zerrte an dem Kochersack, zog die Kordel auf und holte den reflektierenden Hitzeschild heraus. Es war eine Zinnfolie, und ich legte sie mir spaßeshalber auf den Kopf, während ich den Brenner zusammensetzte.

Als ich die Benzinpumpe betätigte, wurde ich doch etwas unsicher. Was, wenn jemand mich sah, wie ich hier nackt auf dem Grat hockte? Ich hatte nichts an als die Sandalen und diesen kindischen Kopfschmuck, schlimmer noch, ich hatte keinen Wagen. Nacktheit war ungewöhnlich, eine Marotte vielleicht, aber kein Auto war etwas durch und durch Perverses. Ed vom Zoll zufolge war Wandern etwas, das ein normaler Mensch einfach nicht machte.

„Wir haben hier keine Fußgänger", hatte er gesagt, „jedenfalls keine Anglo. Wenn man in diesem Land jemand zu Fuß sieht, ist die Wahrscheinlichkeit zehn zu eins, daß es ein „wetback", ein illegaler Einwanderer aus Mexiko, ist."

Ich zog mir eine Ersatzhose an. Die Chance, daß ein Auto vorbeikommen würde, war gering, aber mit Hose gab ich mir nicht gar so viele Blößen. Dann nahm ich auch den Hitzeschild ab. Ich zwirbelte den im Kocher eingebauten Feuerstein, und ein Spritzer Benzin entzündete sich mit dumpfem Schlag zu einer Flamme. Se-

33

kunden später war das Fauchen des durch die Düse zerstäubten Brennstoffs zu hören.

Der Kocher war ein feines Gerät. Er konnte das Wasser in meinem Einlitertopf in weniger als vier Minuten von Zimmertemperatur zum Kochen bringen. Als erstes machte ich mir einen Tee, bevor ich mich in meine Speisekammer begab.

Ich hatte Señor Casillas die näheren Einzelheiten erspart, aber an jenem ersten Nachmittag hatte ich siebenundzwanzig Eßartikel in meinem Rucksack, aufgeteilt in drei große Gruppen: langweilige Sachen, schöne Sachen und Salz. Zum Salz gehörten Bouillonwürfel, Vitamine, getrocknete Zwiebeln, Speckstückchen und Currypulver. Die langweiligen Sachen waren proteinhaltige Trockennahrung und Kartoffelflocken, Haferflocken, schnellkochender Reis, Milchpulver, Tütensuppen, Nudeln, getrocknete Gemüse und eine Art Zwieback. Die schönen Sachen waren Honig, Marmelade, Erdnußbutter, Snickers (ähnlich wie Mars-Riegel), Vollkornriegel, Studentenfutter, getrocknetes Rindfleisch, Müsli, Orangengetränk in Pulverform, Zigaretten, Zucker und Tee.

Die gesamte Verpflegung hatte ich in zwei Nylonbeuteln untergebracht, einem großen und einem kleinen. Der kleine enthielt genug Essen für drei Tage. Ihn holte ich bei jeder Rast heraus. In dem großen war der Rest; er wurde nur herausgeholt, wenn der kleine aufgefüllt werden mußte. Fast alles, was ich bei mir hatte, war in einem Beutel verstaut, und dieser Beutel wieder in einem Beutel, wie die russischen Puppen in der Puppe. In meiner Küche zu Hause sieht es meistens wie nach einer Katastrophe aus, aber auf Wanderungen bin ich geradezu zwanghaft ordentlich, vor allem, weil ich die halbe Zeit nach etwas suchen müßte, wenn ich es nicht wäre. Wenn sich die alltäglichen Aufgaben auf bloß mechanische Handgriffe reduzieren lassen, die automatisch vorgenommen werden können, kann ich beispielsweise das Teemachen rein körperlich durchführen und gleichzeitig den Geist den eigenen Gedanken nachhängen lassen.

Ich betrachtete die ersten paar hundert Kilometer als Testlauf für die Rocky Mountains, die ich in einem Monat erreichen würde. Lange vorher würde alles seinen Platz finden, auch die Kameratasche. Am Ende würde ich es spüren, wenn etwas fehlte, noch bevor ich es wirklich wußte – vielleicht weil ein Bündel veränderte Konturen hatte oder die unbewußte routinemäßige Kontrolle irgendwie abwich. Bis dahin mußte ich mich konzentrieren und aufpassen, denn es ist nicht besonders erfreulich festzustellen, daß der Kompaß fehlt, wenn man dreißig Kilometer von der Stelle entfernt ist, wo man ihn zum letztenmal benutzt hat.

Ich tat etwas Salz, einen Bouillonwürfel, Speckstückchen, Trockenzwiebel und -gemüse, Reis und Nudeln in den Topf, rührte um und ließ es eine Weile köcheln, während ich den Rest wieder einpackte. Dann aß ich es direkt aus dem Topf, und zum Nachtisch genehmigte ich mir einen halben Vollkornriegel. Mittlerweile kochte neues Wasser, und ich machte mir noch einen Tee, den ich genüßlich schlürfte, bis es dunkel wurde. Es war ein langer Tag gewesen. Er hatte neben dem verrückten Texaner begonnen, und jetzt saß ich hier. Zufrieden.

Aber nicht lange. Gegen Mitternacht wachte ich auf und tastete nach dem Wasser. Ich konnte es nicht finden und suchte statt dessen nach der Taschenlampe. Aber die fand ich auch nicht. Ich stand auf, schüttelte den Rucksack, wobei die Kameratasche herausfiel, kniete mich auf einen Stein. Aua. Es war ein kleiner, runder Stein, und er lag unter der Matte. Ich hob die Matte an, griff nach dem Stein, knipste ihn an und fand das Wasser.

Nach zwei, drei Nächten hatte ich den Grund für meinen mitternächtlichen Durst eingekreist – die Nudeln. Connie hatte sie in einem Supermarkt in Denver entdeckt, und wir hatten achtzig Päckchen für je dreißig Cents gekauft. Ich hatte keine Zeit für Tests gehabt, aber ich meinte einen guten Fang gemacht zu haben. Es gab fünf Geschmacksrichtungen – Garnele, Huhn, Rind, Schwein und Gemüse –, und auf jeder Packung prangte ein appetitanregendes Foto. Ich hatte angenommen, daß jeweils getrocknete Garnelenstückchen und so enthalten wären, aber tatsächlich lagen nur Beutel mit verschiedenen Pulvern bei, wie Gratisbeigaben in ansonsten gleich aussehenden Packungen. Wenn ich

Mein erstes Abendessen auf der Tour

daran denke, bekomme ich noch heute Sodbrennen. Am nächsten
Tag nahm ich mir jede einzelne Packung vor, warf die Beutel weg
und stopfte die übriggebliebenen Nudeln in eine einzige platzspa-
rende Tüte. Von da an wanderten jeden Tag Nudeln ohne Geschmack in mindestens zwei Essenstöpfe.

Mein erstes Abendessen war ziemlich typisch gewesen, das
heißt, eigentlich war es äußerst typisch gewesen. Die Wahrheit ist,
daß in den nächsten fünfeinhalb Monaten eine Hauptmahlzeit

haargenau wie die andere war. Wenn ich unterwegs bin, backe ich weder noch dünste oder grille ich. Ich bringe Wasser zum Kochen, gebe irgend etwas Eßbares dazu und esse es. Hinein damit, einweichen, runter damit. Das Ziel ist, mit einem absoluten Minimum an Zeitverbrauch Hungergefühle zu stoppen, wenngleich hier in der Wüste mein Appetit durch die Hitze ohnehin gebremst wurde. Das übliche Magenknurren bekam ich erst, als die Wasserscheide hinter Silver City hinauf in die Black Mountains stieg und die Luft kühler wurde. Bis dahin schlief ich mit dem Wassersack in Reichweite. Die Taschenlampe hatte ich in einem Stiefel neben dem Kopf. Auch das Taschenmesser steckte, der Griff nach oben, im Stiefel, damit ich es bei kleineren Zwischenfällen gleich packen konnte. Für die größeren hatte der Schlafsack eine große Kapuze, die ich mir über den Kopf ziehen konnte.

Ich mache mir eigentlich nicht besonders viel aus Messern – bei einer Wandertour braucht man nicht mehr als eine Teppichmesserklinge. Aber einige der Schneidwerkzeuge, die man unterwegs zu sehen bekommt, sind schon abenteuerlich. Immer wieder gibt es dieses Ritual „Ich zeig dir meins, wenn du mir deins zeigst", bei dem sich einige die Haare vom Handrücken rasieren, dieses „schöne Klinge" und das „hmm, liegt gut in der Hand" des anderen. Es ist recht witzig, so was zu sehen, aber noch witziger ist, daß ich mit den besten von ihnen mithalten kann. Ich selbst habe kein feststehendes Messer, aber ich beteilige mich fast immer an diesem Handrasurritual mit dem Messer von Leuten, die das machen. Da ich so wenige Wanderer traf – nur zwei in ganz New Mexico –, blieben meine Handrücken auf dieser Tour behaart. Die zweite Sache, für die ich nichts übrighabe, sind Hüte, weshalb meine Nase schon bald ziemlich roh aussah, obwohl ich sonst recht braun war.

Erster Morgen

Um halb sieben war ich auf den Beinen und marschbereit, nur hatte ich zuviel Haferbrei gemacht. Während ich darauf wartete, daß er abkühlte, sah ich den Hasen zu, die in den Büschen verschwan-

den; die feinen Haargefäße der Ohren leuchteten rosa in der auf-
gehenden Sonne. Dann brach auch ich auf, nach einem letzten
Blick auf den Platz, wo ich mein erstes Lager aufgeschlagen hatte.
Wie jeder gute Pfadfinder nahm ich die Erinnerung mit und den
Müll.

Die Jeepspuren, denen ich jetzt folgte, liefen neben einem aus-
getrockneten Bachbett entlang, das mit Mesquitebäumen und Kakteen übersät war. Das Wasser befand sich tief in der Erde, aber in
einem ansonsten sehr trockenen Gebiet hatte auch die geringste
Spur von Feuchtigkeit eine unmittelbare und sofort ins Auge fal-
lende Wirkung. Und in dem Maß, in dem die Höhe – und damit
der Niederschlag – allmählich zunahm, würde sich auch der Charakter der Vegetation ändern. Hier, unterhalb 1500 m, befand ich
mich im Lebensbereich der unteren Sonora-Wüste – mit durchschnittlich 225 mm Niederschlag jährlich, kaum oder gar keinem
Frost und Mesquitebäumen und Kreosotbüschen als den typischen
Gewächsen. Aber schon stieg das Land an. Ein schwarzer Falke
schlug mit seinen paddelförmigen Schwingen die Luft und hielt
auf eine ferne Bergterrasse zu: die obere Sonora-Wüste, 1500 bis
2100 m über dem Meer, 300 mm Niederschlag (mit der Höhe zunehmend), Sagebrush – der büschelige Beifuß –, Wacholder und
Nußkiefern die beherrschenden Arten. Wie beruhigend diese Tatsachen für mich waren! Ohne Name bleibt eine Pflanze irgendeine
Pflanze, ein ungenannter Faden in einem Teppich, aber wenn man
die Namen kennt, treten Muster zutage. Veränderungen und Abweichungen im Stil liefern dem Auge Nahrung.

Ich warf einen kurzen Blick auf die Karte. Höhenlinien liefen in
Wirbeln mitten über ein ansonsten leeres Blatt Papier, die Ani-
mas-Ebene westlich der Wasserscheide, das Playas-Becken östlich.
Die längs verlaufenden Wirbel, die die beiden trennten, waren der
Gebirgszug der Animas, eine Kette trockener, steinschuttbedeckter
Berge, zu denen hin das Gelände allmählich anstieg. Unter meinen
Füßen knirschten die ersten kleinen Steine. Sie waren blaßrosa
und staubig – so weit etwa reichten meine Geologiekenntnisse,
wenn ich nicht in einem Buch nachlas. Nach meinem Gesteins-

buch waren die Animas selbst vor fünfunddreißig Millionen Jahren entstanden. Das Buch enthielt Tabellen mit aufkommenden Lebensformen am Rand, die zeigen sollten, wann das war – allem Anschein nach einige Zeit nach den Viren, aber vor den Blütenpflanzen. Vielleicht verstand ich das aber auch falsch, denn Dinosaurier mit „Reptilien-Zeitalter"-T-Shirts waren mir in den Sinn gekommen und schoben unbeholfen meine Versuche beiseite, mir die erodierten Berge als Vulkane vorzustellen. Der Umgang mit der graphischen Darstellung im Buch machte keine Schwierigkeiten – das machen abgesicherte Tatsachen aus zweiter Hand für Schüler selten – , doch die Erkenntnis, daß ich mich mit einer graphischen Darstellung wohler fühlte als mit der unkarierten Wirklichkeit, wurmte mich. In gewisser Hinsicht war diese ganze Wanderei zum Teil ein Vorwand.

In New Mexico würde ich eine ganze Weile über Vulkangestein trotten. Zwischen Silver City, wo meine erste Proviantkiste auf mich wartete, und dem zweiten Depot in einem kleinen Ort namens Pie Town, würde ich die feste Vulkanasche der Black Range überqueren. Auf der dritten Etappe – zwischen Pie Town und der Interstate 40, wo Connie und ich Verpflegung an einem Ort deponiert hatten, der tatsächlich Continental Divide – Kontinentale Wasserscheide – hieß, ragte der ferne Kegel des Mount Taylor über den Horizont. Aber die vierte Etappe, der Weg zur Grenze von Colorado, würde ganz anders sein. Dort gab es keine Vulkane, sondern sedimentäre Steilabbrüche, knochenbleich und rosa, deren Trostlosigkeit die verstreuten, erdbedeckten Balkenhütten der Navajo-Indianer noch verstärkten. Ich hatte an den Stammesrat in Window Rock geschrieben und die Erlaubnis erhalten, das Reservat zu durchqueren, wenngleich die Jicarilla-Apachen, die sechshundert Kilometer weiter oben im Norden ebenfalls im Becken von San Juan leben, mir das Wegerecht für ihren Teil verweigert hatten. Ich würde schon eine Lösung für dieses Problem finden, wenn ich dort war, aber im Moment blickte ich sechs cremefarbenen Punkten nach, die nach Süden über die Ebene zogen. Gabelantilopen schalten erst bei achtzig Stundenkilometern in den höchsten Gang – die mexikanische Grenze, die gerade noch zu sehen war, existierte für sie nicht.

Ich hätte an jenem Morgen eher haltmachen und ausruhen sollen, tat es aber nicht. Ich hatte einen schweren Fall von NWG. NWG steht für Nicht Weit Genug – den unwiderstehlichen Zwang, weiter und weiter zu laufen, bis man alles verdirbt, egal, was man macht. In diesem Fall war es das Stapfen durch Sagebrush, aber es passiert bei vielen anderen Dingen auch – das Anziehen einer Schraube ist ein klassisches Beispiel, aber auch Malen, Schreiben und ein Kind korrigieren passen hierher. Die Lösung besteht natürlich darin, zu wissen, wann man aufhören muß.

Ein Mensch, ein bloßer Punkt, vor dem sich das Land ausbreitet, sollte vielleicht nur an den Wind in seinem Haar denken, an das, was hinter dem Horizont liegt. Aber das tut er nicht. Er denkt sehr oft ans Essen, noch öfter denkt er an Ausruhen, und – selbstverständlich – an Sex. Von Zeit zu Zeit blickt er kurz auf, um die Aussicht zu prüfen. Aber was wirklich an ihm nagt, ihm fast Magengeschwüre einbringt, ist seine fixe Idee, weit genug zu laufen und nicht – wie er seinen Vater noch sagen hört – zu bummeln, wenn niemand zusieht.

Das Gewissen kann ein überaus fruchtbarer Nährboden sein. Als ich mich an jenem ersten Morgen zum erstenmal dazu brachte, haltzumachen, ging es schon auf Mittag zu. Ich folgte einem Höhenzug nach Norden, um an einer Stelle auf die Wasserscheide zu stoßen, die San-Luis-Paß heißt, aber ein kleiner Tümpel, ein bunter Tupfer im goldgelben Geröll, war zu einladend gewesen, als daß ich hätte widerstehen können. Im Nu war ich drin, und als ich die Kleidungsstücke ausspülte und dann selbst zum Trocknen nackt in der Sonne lag, fragte ich mich, warum ich so ein Hornochse war.

Ich konnte kaum glauben, was ich sah. Wie konnte mir so etwas passieren – mir, der ich schon so viel gewandert war? Hatte ich nicht schon Jahre im afrikanischen Busch verbracht, der diesem Teil New Mexicos so ähnelt? Aber hier saß ich, an diesem namenlosen Tümpel, nach noch nicht einmal zwanzig Kilometern von fünftausend, und dann so was – ich hatte bereits Blasen.

Es lag nicht an den Stiefeln, das war sicher. Die neuen Sohlen waren zwar noch etwas steif, aber das Oberteil war innen wie mit weichem Hirschkuhleder gefüttert. Und es lag auch nicht an normaler Beanspruchung. Zwanzig Kilometer waren ein Klacks. Nein, die Blasen waren die Folge von Unachtsamkeit. Ich hätte sie einfach eher beachten müssen. Feuchte, verschwitzte Haut ist äußerst empfindlich für Reibung, und die Antwort bei diesem heißen, trockenen Klima waren saubere, trockene Socken, aber nicht einmal am Tag, sondern alle zwei, drei Stunden. Von jetzt an würde ich bei jeder möglichen Pause Sonne und Fußpuder in meine Stiefel lassen. Ich würde die Socken weichklopfen und die harten Knötchen abzupfen. Ich würde sie aufschütteln, rubbeln, ihnen aufmunternde Lieder singen. Die Fußpflege hatte wieder Einzug in mein Leben gehalten.

Unterdessen mußte ich das unmittelbare Problem angehen. Das Nudelsonderangebot in Denver hatte gerade noch so viel Geld übriggelassen, daß es für einen maßgeschneiderten Vorrat an Arzneimitteln gereicht hatte, leuchtendrot verpackt und mit dem treffenden Schriftzug „Erste Hilfe" versehen. Ich holte ein Päckchen *Spenco* heraus, auch ein Vorschlag von Connie, und warf ihr von fern eine Kußhand zu. *Spenco* ist eine nichtklebende, reibungsarme Masse, die so schwer wie Wackelpudding zu bändigen ist, aber nachdem ich ein Pflaster auf alle aufgestochenen Blasen gefummelt hatte, heilten die Füße binnen einer Woche. Ich sollte noch durch ein ganzes Meer von Puder laufen, auf dem langen Weg bis Kanada zwölf Paar Strümpfe abschreiben, aber diese beiden Warnschüsse, die noch in Sichtweite der mexikanischen Grenze abgefeuert wurden, saßen. Auch wenn die Sohlen meiner Schuhe am Ende auf hauchdünne Waffelstärke heruntergelaufen waren, die beiden kleinen Blasen am San-Luis-Paß waren die ersten und letzten der Tour.

Ich hatte seit dem Mittagessen darauf gespart, oben am Paß feierlich zu pinkeln. Ich wollte den Strahl genau auf die Wasserscheide lenken. Ich würde zuschauen, wie er sich teilte, nach Osten floß und nach Westen, zwei bedeutsame Rinnsale, Boten zu den fernen Meeren mit der Nachricht, daß ich endlich auf der kontinentalen Wasserscheide angelangt war.

Aber der Paß entpuppte sich als eine undeutliche Senke, die ich vergebens nach der genauen Stelle absuchte. Sie konnte irgendwo auf einer Strecke von ein paar hundert Metern liegen. Schließlich mußte ich den Dingen ihren Lauf lassen, aber anstatt einer messerscharfen Teilung der Flut gab es nur den üblichen farblosen Schaum und einen tellergroßen feuchten Fleck auf der Erde.

Ich arbeitete mich mühsam nach Norden vor, bis zu den Achselhöhlen im Buschwerk. Daheim auf dem Küchentisch hatte alles so einfach ausgesehen. Der Schutzheilige der Wanderer lachte sich wahrscheinlich tot – fünfundzwanzig Kilometer, zwei Blasen, und jetzt saß ich auch noch in einem Dickicht fest. Ich zog einen Dorn heraus, schnaufte tief und hielt Ausschau nach einem leichteren Weg.

Theoretisch ist es möglich, der Wasserscheide ohne Abweichungen zu folgen, aber in der Praxis (und am Nachmittag des 6. Mai hatte ich bereits ausreichend davon) ist es das nicht. Das einfachste wäre, sich eine Route über die Straßen zu suchen. Das hätte ich machen können und wäre nie mehr als fünfzig Kilometer von der Wasserscheide entfernt gewesen. Doch Woche für Woche Asphalt zu treten, erschien mir nicht sehr reizvoll. Ich mußte ein Mittelding finden, und dabei, wenn schon nicht eine Niederlage, so doch die Undurchführbarkeit eingestehen, wenn es sein mußte, und gleichzeitig den Verlockungen der Straße widerstehen, bis es gar nicht mehr anders ging. Aber genau das ist ein dehnbarer Begriff. Das Gar-nicht-mehr-anders-Gehen hängt davon ab, wie müde und durstig man ist: Was heute Dschungel ist, kann morgen Autobahn sein.

Die Versuchungen in der Wildnis würden ein fast täglicher Begleiter sein. Nicht so sehr, daß der Teufel mich zu den höchsten Stellen geführt hätte – das schaffte ich auch allein –, er wollte mich vielmehr nach unten locken. Hin und wieder gelang ihm das auch, und es gab Augenblicke, wo ich zu nachsichtig mit mir war. Aber weit häufiger waren doch die, wo ich kaum noch die Kraft aufbrachte, den Rucksack von den Schultern zu nehmen, und ich wußte, daß ich bis an meine Grenze gegangen war.

Tee

Ein Haus und eine Scheune standen in der Senke unter mir, das Hausdach aus weiß angestrichenem Blech, die Scheune mit den mattroten Holzwänden. Einen Garten gab es nicht, aber ein Windrad überragte die Pappeln, die Schatten auf den Bach warfen. Ich sah, daß die silbernen Flügel sich drehten.

Ein Mann verteilte neben der Scheune Heu für drei Pferde. Ich rief Hallo, und ein Hund sprang zwischen dem Holzzaun hindurch. Er knurrte, und der Mann befahl ihm ruhig zu sein. Der Mann war etwa so alt und groß wie ich. Er griff nach dem dreckigen Plastikeimer neben sich und hängte ihn sich über den Arm.

„Buenas tardes", sagte er, obwohl er gar nicht mexikanisch aussah. Seine Augen waren zu grau, seine Haut zu blaß, unter der Hutkrempe ganz weiß – ein Hut, der mir gut gefiel, mehr einem alten Schuh als einem Stetson ähnelnd, schwarz, mit einem Schweißring um die Krone. Auch seine Stiefel waren recht alt, abgelaufen an den Hacken, wo die Jeans anfingen auszufransen. Die Ärmel seines karierten Hemds waren über den verschmutzten Händen zugeknöpft.

Der Mann hieß Steve Gilson.

„Dachte, Sie sind Mexikaner", sagte er, als ich ihn fragte, ob ich weiter über das Land gehen könnte. Er hatte eine volltönende, schleppende Stimme, nicht sehr tief, wobei sich die Vokale leicht näselnd aneinanderreihten. „Sind Sie auf dem Weg bei Culbersons vorbeigekommen?" Ich hatte an diesem Tag nur ein anderes Haus gesehen und vermutete daher, daß ich wohl dort langgelaufen war.

„War jemand da?"

Ich hatte mich dort nicht gemeldet, aber es waren weder Fahrzeuge noch Vieh in der Nähe gewesen.

„Wahrscheinlich in die Stadt gefahren", meinte Steve. „Wir gehören alle zusammen. Hab' das hier gerade übernommen und noch nicht alles Vieh da. Gute Zeit für die Pferde."

„Benutzt ihr die tatsächlich?" fragte ich.

Steve muß mich für einen Schwachsinnigen gehalten haben, ließ es sich aber nicht anmerken. „Yeah, tun wir", erwiderte er höflich. Er brach einen weiteren Heuballen auf. „Wir haben einen Wagen für den Transport in die Stadt, aber Sie haben das Land ja gesehen. Nur Fels. Kann Vieh hier oben nicht auf Rädern von der Herde absondern."

Ich schob den Rest des Heus mit dem Fuß hinunter in die Box. „Das reicht", sagte Steve. „Kommen Sie rüber ins Haus."

Trotz der Pferde war dies keine Ranch, wie ich sie kannte – vom Kino. Wo war die Schlafbaracke? Die Viehtränke, in die man tauchte? Der Longhornschädel über dem Tor? Es gab gar kein Tor. Steve schob den Eimer zwischen den Latten durch.

„Die Pistole hat Sie hoffentlich nicht beunruhigt", meinte er.

„Welche Pistole?"

„Die da im Eimer." Der Revolver war schwarz, der Elfenbeingriff gelb vor Alter. „Hier kommen 'ne Menge Illegale über die Grenze. Gehen über die Berge, denselben Weg wie Sie. Die meisten sind in Ordnung, aber es sind 'n paar dabei, die was mitgehen lassen wollen. Meistens sind es arme Kerle, kein Geld, keine Schuhe – aber man muß sich eben verteidigen."

Die Haustür führte direkt in den Hauptraum. Er war vollkommen leer. „Sind erst letzte Woche eingezogen", erklärte Steve. „Waren ein Jahr unten in Texas, aber wir haben von diesem Job erfahren und sind zurückgekommen. Das hier ist meine Frau."

Ich hatte Grace durch das Fenster gesehen, als wir auf das Haus zugingen. Sie hatte ein Gewehr in der Hand gehabt. Sie fragte, ob ich einen Tee trinken wollte, zögerte dann aber.

„Ich hab im Fernsehn gesehn, daß die Engländer Tee heiß trinken", sagte sie, während sie einen großen Steingutkrug aus dem

Kühlschrank holte. Ich schüttete zwei Humpen in mich hinein und fragte, wie sie den Kühlschrank hier draußen betrieben.

„Wir haben 'nen kleinen Generator", sagte Grace. „Läuft nachts. Radio geht über die Autobatterie, aber es ist kaputt."

Es war friedlich in diesem kahlen Haus. Beim Eintreten war es so gewesen, wie wenn man laute Musik abstellt. Es war ruhig wie in einer Kapelle. Auf dem Tisch befanden sich nur der große Steinguttopf und ein paar nasse Teebeutel, die man mit ihrer Schnur erwürgt hatte, und im Hauptraum standen lediglich vier Packkisten und das Gewehr in der Ecke – nichts, was die Phantasie angeregt hätte, bis auf Steves Stiefel mitten im Raum. Ehrenbürger des Hauses, schätzte ich.

Ich blieb eine Stunde, plauderte über Land und Vieh. Die Ranch hatte 2000 Quadratkilometer, von denen Steve 180 bewirtschaftete. Er nannte sie Sektionen, deren Grenzen genau mit dem Quadratmeilen-Gitter übereinstimmten, in dem ein großer Teil des Westens vermessen worden war. Alle Grenzen – private Ranch-, Nationalforst-, Verwaltungsbezirks- und Kreisgrenzen – paßten sich diesem beunruhigenden Gitter an, wenn auch echte Zäune dankenswerterweise selten waren. Gerade Linien sind so wenig überzeugend; der Landkarte zufolge hatte das „Land der Verzauberung" exakt die Form einer Kiste, aber da es eine große Kiste war, fielen derartige konventionelle Grenzen vielleicht nicht ins Gewicht.

Die Forstamtskarten, die mit dem Gitter überdruckt waren, sahen wie riesige Kreuzworträtsel aus, die im Laufe der Jahre durch das erste Heimstättengesetz ausgefüllt worden waren.

Das Gesetz von 1862 erkannte jedem ein quadratisches Stück Land von 650 Quadratmetern zu, der in der Lage war, die nominelle Gebühr zu zahlen, eine Heimstatt zu errichten und die Parzelle fünf Jahre zu bewohnen. Über eineinhalb Millionen Anträge wurden gestellt, aber eine einzige Kuh braucht schon zwei oder drei Quadrate dieses aufgeteilten Landes als Existenzminimum, und Vieh braucht auch Wasser. Heimstätten ohne Wasser waren sinnlos, und so verschaffte der Besitz einer strategisch gut gelegenen Quelle die Herrschaft über das umliegende Land. Gewaltige Besitztümer wurden auf diese Weise geschaffen, wenn auch die Bundesregierung dank ihrer guten Beziehungen der bei weitem größte Landbesitzer im Westen bleibt. New Mexico war in dieser Hinsicht atypisch. Bis auf die Black Range bei Silver City und die Zuni Mountains nördlich von Pie Town führte mein Weg durch den Bundesstaat fast ausschließlich über privates Land. Aber niemand machte mir Schwierigkeiten. Steve beschrieb mir den besten Weg über sein Stück Land.

„Halten Sie sich an die Wagenspuren nach Norden", sagte er, „und Sie stolpern direkt in den Deer Creek. Folgen Sie dem Bach, bis Sie über den Sattel kommen, und irgendwann nach etwa 25 Kilometern stoßen Sie auf die OK Bar-Ranch. Wenn Sie Glück haben, sehen Sie einen Berglöwen, aber treten Sie auf keine Schlangen."

Meine Augen waren während der ersten ein, zwei Kilometer auf den Boden gerichtet, aber nicht wegen der Schlangen. Als ich aufbrach, hatte Grace mich gefragt, ob ich ein Christ sei. Ich hatte gelacht und geantwortet: „Nein, nicht hauptberuflich." Es war eine verlegene Pause eingetreten. Grace hatte nach einem Vers aus dem Matthäus-Evangelium gesucht, wie sie sagte, der mir auf meinem Weg helfen sollte, aber ihre Bibel war noch in einer der Kisten verstaut.

„Na, egal", sagte sie. „Sie sind sowieso gebildeter als wir."

Trotz meines Bartes mußten sie gesehen haben, wie rot ich geworden war. Ich fühlte mich gerade noch fünf Zentimeter groß – verlegen und verwirrt lief ich an den Pappeln vorbei und folgte den Spuren in die Berge.

Das Animas-Gebirge

Ich verlor nach einer halben Stunde den Pfad, aß, schlief und machte am nächsten Morgen genau das, was Steve Gilson mir gesagt hatte: Ich stolperte in den Deer Creek.

Die Wände des Cañons waren aus brüchigem, malvenfarbigem Fels, der unter den Stiefeln knirschte und in Kaskaden über den Rand fiel. Das tat ich auch. Der Strauch, an dem ich mich festgehalten hatte, als ich merkte, daß ich ins Rutschen kam, löste sich mitsamt den Wurzeln. Ich landete mit den Füßen voran im Flußbett und wurde prompt vom Rucksack der Länge nach zu Boden geworfen. Ich kam mir vor wie eine halbgeriebene Mohrrübe. Überall war Blut. Ich entfernte die schlimmsten Geröllsplitter und tupfte mich ab. Nachdem ich die Risse hinten in der Hose genäht hatte, nahm ich einen Schluck und humpelte weiter. Ich spürte, wie die Haut brannte und sich spannte, als sich der Schorf bildete. Nach neun Tagen fiel er ab.

Heiße, kahle Berge säumten den Deer Creek zu beiden Seiten. Das Rinnsal schrumpfte und versiegte dann völlig im Fels zwischen glatten Ablagerungen aus hellem Ton. Zweige lagen dort, wo der letzte Winterregen sie hingeschwemmt hatte, gestrandet, verkeilt, festgehalten von Treibgut und spröden Grasbüscheln. Die Mittagshitze wirbelte wie eine vergessene Schallplatte, und meine Stiefel machten bop, krrr bop, krrr bop, als ich das ausgetrocknete Bachbett hinauftrottete. Mehrmals verstieg ich mich, machte verschwitzt und deprimiert in plötzlich endenden Rinnen kehrt, aber der dritte Versuch brachte mich hinauf auf einen Bergsattel, der, wie ich annahm, derjenige war, zu dem ich wollte. Der Blick war herrlich, Täler, die in alle Richtungen eilten, rote Felsen, die in stille Cañons stürzten, schwarze Geier, die am Himmel kreisten.

Ich zog die Karte zu Rat und verglich die ins Auge springenden Merkmale. Ja, toll, bestens. Wann sollte ich bei der OK Bar-Ranch sein? – in höchstens noch zwei Stunden. Es dauerte fast zwei Tage. Ich war natürlich auf dem falschen Sattel gelandet. Die letzten fünf Kilometer war ich nach Osten anstatt nach Norden gelaufen, aber daß du dich verlaufen hast, dämmert dir nur ganz langsam, während du, Stück für Stück, die Welt nach den eigenen Erwartungen zurechtbiegst, bis du die Landschaft völlig umgestaltet hast. Wenn es auf der Karte heißt, „es werde Berg", wirst du Berge finden, wohin du auch blickst. Wenn sie einen kleinen Wasser-

Mittagsrast in der Hitze

lauf ankündigt, schrumpfen große Flüsse auf der Stelle. Und keine Sorge wegen der Kompaßpeilung – du kannst sie jederzeit mit alten Kamellen außer Kraft setzen, etwa mit „magnetischen Felsen" oder „muß an meiner Uhr liegen". Keine Uhr? Dann tut es auch das Rucksackgestell. Die Berge warten unterdessen nur. Früher oder später laufen sich die Vorwände tot; die Wirklichkeit erhebt ihr häßliches Haupt; du machst halt, und anstatt des fröhlichen „Sind bald da, Jungs" entfährt dir das erste „Verdammter Mist, wo bin ich?"

Ich beschloß, geradeaus weiterzugehen, und marschierte mitten durch ein Wacholderdickicht zu einem Rinnsal hinunter. Ich trank und ging weiter, hangelte mich von Felsblock zu Felsblock hinunter und fluchte laut über die Dornen. Ich bin nervös, wenn ich mich verlaufe. Ich bin vom Kurs abgekommen, bin nicht dort, wo ich sein sollte, und meine schöne kleine Welt bricht zusammen. Anstatt dort zu sein, wo ich tatsächlich bin, versetze ich mich dahin, wo ich nicht bin. Das Ergebnis all dessen war ein mürrischer

Farbklecks, der sich maulend einen Weg durch den Cañon bahnte. Ich brauchte etwa drei Stunden, um aus ihm herauszukommen, an einer Einmündung eines Cañons neben dem Walnut Creek.

Ich wußte nicht genau, welches die Walnußbäume waren, aber an beiden Ufern wuchsen üppig Zwergeichen und Pappeln. Ich grub in den feinen Kies des Bachbetts eine Mulde, zog die Sachen aus und legte mich hinein. Kühles Wasser umspülte meinen Körper. Jetzt wußte ich, wo ich war. Die angeknabberten Reste einer Wagenspur liefen am Bach entlang. Ich war wieder zufrieden. Ich drehte die Flamme des Kochers aus und machte es mir mit einem Topf Essen bequem. Eine Fledermaus flog im Zickzack zwischen den Bäumen umher. Zweimal hatten heute silbrige Düsenflugzeuge hoch über mir geblinkt, viel zu weit entfernt, als daß ich sie hätte hören können. Seit 24 Stunden hatte jetzt Stille geherrscht. Ich wußte nicht mehr, wann ich das letztemal so allein gewesen war. Ich schrieb es in mein Notizbuch, schob mir die Kameratasche unter den Kopf und schlief.

Geronimo

In Nahaufnahme ist die Eroberung des Westens genau das, was die Filmleute immer behaupten – eine Geschichte vom individuellen Mut, von Zähigkeit, Weitblick, Habgier und so fort. Aber die Totale zeigt etwas anderes: daß nämlich zwei Drittel des heutigen Amerika mit einem einzigen Federstrich erworben wurden. Das heißt, eigentlich mit drei Federstrichen – wahrscheinlich die drei größten Landgeschäfte der Geschichte, die selbstverständlich nicht mit den ursprünglichen Eigentümern abgeschlossen wurden, sondern mit den Mexikanern, den Russen und den Franzosen. Die Preisliste war wie folgt: 15 Millionen Dollar für die Great Plains (der Louisiana-Kauf von 1803); 15 Millionen Dollar für den Südwesten (Vertrag von Guadalupe-Hidalgo, 1848); 7,2 Millionen Dollar für Alaska („Sewards Wahnsinnstat", 1867) – insgesamt 37,2 Millionen Dollar für ungefähr 5,2 Millionen Quadrat-

kilometer. 7,15 Cents pro Hektar. Soviel zum Westen. Im Osten
war es härter – eine Million Tote und Verwundete im Sezessions-
krieg für den Anfang.

Der Verkauf des Südwestens 1848 war nicht ganz freiwillig erfolgt, doch die Anwesenheit von zehntausend amerikanischen Soldaten auf den Straßen von Mexiko-Stadt beschleunigte den Ab-
schluß der Verträge nicht unwesentlich. Dummerweise waren alle
Soldaten schon wieder zu Hause, als man merkte, daß es nirgendwo auf diesem Gebiet eine gute Trasse für eine transkontinentale
Eisenbahn gab. So wurde ein zusätzlicher Streifen entlang der mexikanischen Nordgrenze gekauft, ein Handel, den James Gadsden
1853 abwickelte, Diplomat und Eisenbahngesellschafter. Und genau dieses Gebiet durchquerte ich in der ersten Woche der Tour.
Es umfaßte Antelope Wells und den Gebirgszug der Animas, die
Peloncillo-Berge im Westen sowie die weite, trockene Ebene,
durch die die Gleise der Southern Pacific schließlich führen sollten.

Aber wenn auch die Bahningenieure vielleicht zufrieden waren,
die amerikanische Kavallerie war es nicht, denn in den neuerwor-
benen Bergen drohten einige ernsthafte militärische Probleme.
Das schwierigste forderte etwa 500 Menschenleben und brauchte
30 Jahre, bis es gelöst war. Bei den Apachen bedeutete sein Name
„Einer-der-Gähnt", aber die Mexikaner nannten ihn Geronimo.

Die Apachen waren Räuber, Wölfe unter den in den Pueblos le-
benden Schafen, wenn auch nicht Wölfe zum Spaß: Da sie von
den südwärts ziehenden Comanchen in einem wenig verheißungsvollen Stück Land zusammengedrängt wurden, waren räuberische
Überfälle ein wesentlicher Bestandteil des Wirtschaftslebens der
Apachen.

Die schnell umherziehenden, beweglichen und sich in ihren
Schlupfwinkeln in den Bergen sicher fühlenden Apachen waren
schwer zu fassen. Mexikanische Truppen überraschten und töteten
gelegentlich kleinere Gruppen, doch im allgemeinen waren ihre
Patrouillen wirkungslos. Um die Mitte des 19. Jahrhunderts hatte
die Bundesstaatenregierung von Chihuahua die offensichtlich er-

folglose Methode des Schießens, sobald sich jemand zeigte, fallenlassen und es mit der Devise Herz und Verstand versucht. Man bot jedes Jahr eine Art Apachen-Geld in Gestalt von Handelswaren und Getränken in der Hoffnung, daß die Empfänger, wenn sie genug Beute bekämen, nicht mehr nötig hätten zu stehlen. Aber gegenüber auf der Westseite der Wasserscheide setzte der Bundesstaat Sonora nach wie vor Prämien für Apachen-Skalpe aus: 100 Pesos für den Skalp eines Mannes, 50 für den einer Frau und 25 für den eines Kindes.

Dieser Sachverhalt war für Geronimo kaum von Bedeutung, dessen Heimat 240 Kilometer nördlich der Grenze lag, als er sich 1850 im Alter von 21 Jahren einer Gruppe Mimbreno-Apachen anschloß und nach Süden zog, um die jährlichen Hilfsgaben entgegenzunehmen. Die Indianer folgten den langen Gebirgskorridoren und zogen nach Süden durch die Peloncillo-Berge, bis sie Janos erreichten, etwa 95 Kilometer südlich von Antelope Wells. Dort schlugen sie ihr Lager auf und wurden auf die gewohnte Weise zwei Tage bewirtet.

Ohne daß die Bewohner von Chihuahua es wußten, war auch der Militärgouverneur von Sonora unterwegs zu dem Treffpunkt. Er erinnerte sich sehr gut an diese Expedition, und später erzählte er einem amerikanischen Freund:

„In der Nähe der Ostgrenze von Sonora, in Chihuahua, liegt eine kleine Stadt namens Janos, wo die Apachen mehrere Jahre von der Regierung jenes Bundesstaates aufgenommen und mit Proviant versorgt wurden, obwohl die gleichen Indianer sich zu jener Zeit im offenen Krieg mit den Mexikanern von Sonora befanden. Da ich nicht den Sinn einer Politik begreifen konnte, die Indianer in einem Bundesstaat ernährt, damit sie in einem anderen weiter plündern und dessen Bürger töten, kam ich zu der Überzeugung, daß es meine Pflicht sei, den Feind zu vernichten, wo immer ich ihn aufspüren konnte. Nach diesem Entschluß handelte ich und wartete, bis die Apachen zur festgelegten Zeit nach Janos kamen, um ihre regelmäßigen vierteljährlichen Rationen in Empfang zu nehmen. Dank strenger Nachtmärsche gelang es mir, den Ort zu erreichen, als das Gelage gerade auf dem Höhepunkt war. Wir töteten 130 ... hauptsächlich Frauen und Kinder. "

Unter den Toten von Janos waren die Mutter, die Frau und die drei kleinen Kinder von Einer-der-Gähnt.

„Ich stand da, bis alles vorbei war", erinnerte er sich. „Ich wußte nicht, was ich tun sollte. Ich hatte keine Waffen, ich hatte auch kaum den Wunsch zu kämpfen, und ich dachte auch nicht daran, die Leichen meiner Lieben zu suchen. Ich betete nicht, und ich beschloß auch nicht, etwas Bestimmtes zu tun, denn es gab keinen Sinn mehr für mich. Schließlich folgte ich dem Stamm . . ."

Die Überlebenden entkamen nach Norden durch das Animas-Gebirge und in die Gila Wilderness. Vier Monate später kehrte Geronimo mit einer Gruppe Chiricahua-Apachen nach Mexiko zurück, überfiel in Sonora die Stadt Arizpe und löste aus, was John Clum, Bevollmächtigter im San-Carlos-Reservat, später den beschämendsten Feldzug in der amerikanischen Geschichte nannte.

In den folgenden 25 Jahren nahm Geronimo Rache. Naiche, der jüngste Sohn Cochises und langjähriger Freund Geronimos, unterschied so: „Geronimo tötete Mexikaner, weil es ihm Spaß machte, sie sterben zu sehen. Amerikaner wurden nur nebenbei bei Überfällen getötet, um an Vorräte zu kommen und um zu verhindern, daß sie der Armee verrieten, wo wir uns aufhielten."

Nördlich der Grenze spielte Geronimo nur eine untergeordnete Rolle bis zum Tod Cochises im Jahr 1874. Von da an wurde er zur zentralen Figur des Widerstands der Chiricahuas gegen Versuche der Weißen, die Indianer bei San Carlos einzupferchen, einem unfruchtbaren Gebiet am unteren Flußlauf des Gila. Selbst die amerikanische Armee hielt nicht viel von der Gegend. Britton Davis, Leutnant der Kavallerie, nannte sie „Hell's Forty Acres" – die vierzig Acre der Hölle, eine Geröllebene, in der verstreut hier und da die Ziegelhäuser der Behörde lagen. Dürre Pappeln markierten die wasserlosen Flußläufe. Der Wind fegte Staubwolken über die

Ebene. Im Sommer waren 43° C im Schatten eine angenehme Temperatur. „Zu jeder anderen Zeit", schrieb Leutnant Davis, „wimmelt es von Fliegen, Stechmücken und Ungeziefer." Im Sommer verschwanden die meisten Fliegen, wie er anmerkte, „und zogen sich offensichtlich in ihre Sommerresidenzen in den Bergen zurück."

Davis machte sich auch Gedanken über seine 600 Schützlinge.

„Überall die nackten, hungrigen, schmutzigen, verängstigten Indianerkinder, die wie der Blitz hinter Büschen oder in Hütten verschwanden, wenn sie einen sahen. Überall die verdrossenen, stumpfen, hoffnungslosen, argwöhnischen Gesichter der älteren Indianer... man spürte die Ablehnung bis ins Mark..."

Es ist erstaunlich, daß Geronimo sich überhaupt bereit erklärte, in San Carlos zu leben. Doch als 1875 alle übrigen Reservate in Arizona und New Mexico abgeschafft und die sich manchmal bekriegenden Bewohner sich dort zusammenfanden, brach er aus. Es kostete das Militär 12 Millionen Dollar, ihn wieder einzufangen. Über seine Raubzüge wurde in der *Silver City Enterprise* unter Überschriften wie „Mordende Rothäute" und „Teuflische Apachen" berichtet. Am 20. April 1883 schreibt die Zeitung: „Ein Mann namens Mason wurde in der Nähe von Camp Rucker, Arizona, von einer Horde Indianer überfallen, entkam jedoch ins Unterholz, wo er sich versteckte. Eine der wagemutigeren Rothäute folgte ihm, und Mason beförderte ihn mit seinem zuverlässigen 45er ins Jenseits. Den Skalp mit Ohren will er dem Christlichen Verein Junger Männer in Boston schicken."

Der *Tuscon Citizen* rief zum Krieg auf – zu „ständigem, unerbittlichem, aussichtslosem Krieg, der weder Männer, Frauen noch Kinder verschont... bis alle Täler, Berge und Felsen die wohltuenden Duftwolken verrottender und verfaulender Chiricahuas hinauf zum Himmel schicken..." –, das als Reaktion auf einen Vorfall in der Nähe von Silver City im Frühjahr 1885. Eine Schar von hundert Chiricahuas hatte eine Ranch fünf Kilometer vor der Stadt überfallen, und die *Enterprise* brachte den folgenden Bericht „eines Bürgers, der mit der Indianersituation bestens vertraut war":

„Etwa zwanzig von uns sattelten auf und ritten hinüber. Als wir ankamen, bot sich uns ein Anblick, der selbst den härtesten Männern Tränen in die Augen trieb. Im Haus und der ganzen Umgebung sah es aus wie in einem Schlachthof. Blut und Gehirnreste an den Wänden, an den Zaunpfosten und auf dem Boden im Hof. Blutlachen flossen auf der harten Erde ineinander. Überall verstreut Haarbüschel und Stücke menschlichen Fleisches. Dazwischen lagen die Leichen von zwei Männern, zwei Frauen und sechs Kindern, alle zerstückelt, aufgeschlitzt und so zerschunden, daß nur noch ihre Kleidung darauf hinwies, daß es sich um Menschen gehandelt hatte. Vor der Tür, auf einem angespitzten Holzpflock, der zum Trocknen von Fleisch benutzt wurde, war ein sechs Monate altes Baby aufgespießt. Der Pflock hatte den Körper durchdrungen und ragte auf der anderen Seite fünfzehn Zentimeter heraus. An einem Hang, der mit Felsen bedeckt war, fanden wir einen unverletzten Jungen. Als die Apachen das Haus überfallen hatten, war er entwischt und wurde, in seinem Versteck liegend, Zeuge des Massakers. Sagte ich unverletzt? Ja, doch was am Tag zuvor noch ein fröhlicher, intelligenter Junge gewesen war, war jetzt ein plappernder Irrer. Wir brachten ihn zum Haus, und er lachte in fröhlichem Übermut beim Anblick der Leichen seiner Eltern und Spielkameraden, und bis zum heutigen Tag ist er so geblieben."

Die Bürger von Tombstone in Arizona wurden aufgefordert, die Schirmherrschaft für einen Skalp zu übernehmen, und sie bildeten einen Fonds, aus dem 250 $ für den Kopf eines „feindlichen" Indianers gezahlt wurden. 500 $ winkten dem, der Geronimo nach Silver City brachte, tot oder lebendig. Die Belohnung wurde jedoch nie eingefordert, denn wie eine Zeitung aus Albuquerque schrieb:

„Am 4. September 1886 nahm Nelson Miles, ein Offizier im Generalsrang... die Kapitulation einer Horde belagerter Indianer entgegen – Geronimo, sechzehn weitere Krieger, vierzehn Frauen und sechs Kinder."

Erschöpft von der ständigen Verfolgung, und nachdem man ihm das Leben, wenn auch nicht die Freiheit zugesagt hatte, hatte Geronimo sich ergeben.

Er wurde zunächst nach Florida und dann nach Fort Sill in Oklahoma verbannt, wo er die letzten 20 Jahre seines Lebens als Farmer verbrachte. Er verkaufte gelegentlich ein Autogramm für 10 Cents und auf den Märkten und Messen, zu denen er reiste, sein Foto für 2 Dollar, aber er durfte nie mehr in seine Heimat im Südwesten zurück. Im Alter von 81 Jahren zog er sich eine tödliche Lungenentzündung zu und starb am 17. Februar 1909 in Fort Sill. Marion Morrison, besser bekannt als John Wayne, war damals zwei Jahre alt.

Ted

Es war morgendlich kühl am Walnut Creek. Ich wachte an jenem dritten Morgen der Tour von etwas auf, das sich wie Eichhörnchen mit Husten anhörte. Wer im Freien schläft, kann gut Tiere beobachten – ein Mensch in einem Schlafsack scheint sie nicht zu beunruhigen. Ich steckte den Kopf heraus und sah vier schöne Maultierhirsche. Sie standen etwa zehn Meter entfernt unter einem Baum, ihr schwacher Atem dunstig in der stillen Luft. Sie sahen sich an, husteten wieder und trotteten davon. Hirsche haben etwas Unnahbares an sich. Ich kann es nicht richtig beschreiben. Sie erwecken Sehnsucht in mir.

Nach anderthalb Stunden Marsch das Tal hinauf stieß ich auf eine verfallene Hütte. Eine richtige Blockhütte! Ich war kurze Zeit wie elektrisiert. Hinter dem halb eingestürzten Schornstein lagen mehrere Rollen Stacheldraht, längst aneinandergerostet, ein verrotteter Kochtopf, heruntergestürzte Balken. Es war die Lawhorns Ranch. Die Lawhorns mußten hier ein hartes Leben geführt haben. Man konnte sehen, wo sie den Fluß gestaut hatten, um ein Wasserreservoir im Fels zu haben, und einige der von Hand zugeschnittenen Zaunpfähle standen immer noch einigermaßen aufrecht. Wie viele mühevolle Stunden steckten in jedem dieser krummen Pfähle? Zu viele. Die Familie war vor langer Zeit weggezogen, vielleicht nach Kalifornien. Dieser kleine Cañon lag schließlich nur ein paar Kilometer südlich einer der ehemaligen Hauptrouten nach Westen, ein Weg, den 1846 ein Bataillon von 400 Mormonen gebahnt hatte. Sie hatten sich in Scharen für den mexikanischen Krieg gemeldet, um den Zug ihrer religiösen Mitstreiter nach Utah zu finanzieren. Wohltätigkeitsbasare waren wahrscheinlich noch nicht erfunden.

„Man sucht vergebens in der Geschichte nach einem vergleichbaren Marsch einer Fußtruppe", schrieb ihr Kommandeur über den 1800-Kilometer-Marsch zum Meer, „die Hälfte davon durch eine Wildnis, wo nichts als Wilde und Raubtiere zu finden sind, oder Wüste, wo es aus Mangel an Wasser keine Lebewesen gibt." Das Mormonenbataillon erreichte den Pazifik schließlich im Januar 1847. „Halbnackt und halbverhungert haben wir auf unserem Marsch eine Route von großem Wert entdeckt", meinte Oberst Cook, und das hatten sie wirklich. Zwölf Monate später brach der kalifornische Goldrausch aus, und 1849 folgten Zehntausende von Menschen dem Weg Cookes nach Westen. Ich fragte mich, wie viele von ihnen wohl in diesem Cañon ihr Lager aufgeschlagen haben mochten, in dem jetzt Stille herrschte, bis ein Schlurfen vor mir mich wie angewurzelt verharren ließ. Ein langer, pelziger Schwanz entrollte sich über dem Felsen.

Ich ging in die Hocke, schnallte den Rucksack ab und glitt vorwärts. Vierfingrige Tiere strichen mit gerade in die Luft ragendem Schwanz umher – gummiartige Schnauze, fuchsähnlicher Körper, kleine Affenhände, die in allem herumwühlten, was in Sicht kam. Vielleicht suchten sie nach Insekten. Sie hatten eine Menge Spaß dabei – kletterten Bäume hinauf, ließen sich von Felsen fallen, sprangen aus großer Höhe aufeinander. Ich hätte gerne mitgemacht, aber der Wind drehte sich, sie witterten mich und verschwanden hinter dem Berg. Es waren Nasenbären, mexikanische Vettern des Waschbären – nördlich der Grenze ziemlich selten.

Meine treuen Wegbegleiter

Der Pfad zog sich weiter über die Wasserscheide hinweg und tauchte in ein weites Grasland-Becken ein. Kleine Federwölkchen wehten von Süden heran. Weit hinten sah ich die OK Bar-Ranch – eigentlich nur Pappeln und ein Windrad, aber das bedeutete, wie ich wußte, ein Haus. Die Sprache einer Landschaft ist ziemlich leicht zu erlernen. Zerbrochene Dachziegel lagen auf dem Boden herum. Sie sahen wie zertrümmerte Blumentöpfe aus – ein Kindheitsbild, wie mir klar wurde. Bäume berührten die bloßen Dachbalken. Das Haus stand auf einer niedrigen, steinernen Plattform. Wuchernde Grasbüschel ließen sich so sauber aus den Ritzen entfernen, wie Schmutz unter dem Fingernagel. Ich bog um die Ecke, und dort im Schatten stand ein Maultier. Irgend jemand sagte „Hi". Wir schüttelten uns die Hand, und ich stellte fest, daß ich seit meiner Landung in New York keinen Menschen mehr mit schlechten Zähnen gesehen hatte. Die von Ted waren eine Katastrophe.

Sein Vater hatte in diesem Gebiet über dreißig Jahre nach den Viehzäunen gesehen, und bis auf eine kurze Zeit in der Armee hatte Ted das gleiche gemacht. Er war von seiner Unterkunft einige Kilometer hinten in den Bergen hierhergekommen, um sich mit seiner Frau zu treffen. Es war Muttertag in Amerika, und sie brachte die Kinder und ein Picknick mit.

„Müßte jetzt von Rodeo hierher unterwegs sein", sagte Ted. „Das ist der Ort, wo wir wohnen. War nichts weiter als 'ne Tankstelle, als ich geboren wurde, und ist auch jetzt nicht viel mehr." Er führte das Maultier weiter in den Schatten. „Zu schwierig für Wagen da oben", erklärte er. „Fast sogar zu schwierig zum Zaunbauen. Muß Fels sprengen, um ihn reinzukriegen."

Er kratzte sich durch die Mütze am Kopf. „Hab die Zaunpfähle alle selbst gemacht, meist Wacholder, aber in letzter Zeit gibt's nicht mehr genug großes Holz. Pfähle und Stützen sind heute alle aus Metall."

Die Stimme hatte den gleichen witzigen Tonfall wie die von Steve Gilson mit wirklich sehr langen Pausen. Wenn Ted sprach, schien er ein Lied mitzusummen, das er im Kopf hatte. Er sagte, viele Einheimische hätten Arbeit in der Schmelzhütte gefunden.

„Aber das macht es leichter, hier draußen 'n Job zu kriegen. Keiner mehr da, der's macht. Die Viehzucht selbst hat sich nicht groß verändert. Sind von Herefords zu Mischrassen übergegangen, die das Klima besser vertragen, aber die Tiere sind immer noch verdammich wild. Beim Zusammentreiben isses immer noch dasselbe – das Brandzeichen drauf, impfen, im Frühjahr entwurmen und im Herbst auf'n Lkw und ab. Brauch einen Monat für das alles hier."

Ted schätzte, daß in den Bergen drei Tiere auf die Quadratmeile kämen, aber unten in der Ebene könne man nur einen Bullen auf dieser Fläche halten. England kenne er nicht, sagte er, aber er war sieben Tage von Südvietnam aus zur Erholung in Australien gewesen.

„Würde gern da unten leben", sagte er. „Übern Daumen gepeilt isses von einigen Orten da mehr als 200 Meilen zur nächsten Stadt. Unser Land ist ja schon groß, aber so was haben wir nirgends."

Wie konnte man seine Frau nur 65 Kilometer zum Picknick fahren lassen und trotzdem meinen, die Gegend sei zu belebt? Aber verglichen mit der Nullarbor-Ebene war sie das. Für was Statistiken doch alles gut sind – die durchschnittliche Bevölkerungsdichte beträgt in Australien 15 Einwohner pro Quadratkilometer, in New Mexico 33, in England über 2400.

Teds Frau und Schwiegervater tauchten mit zwei Wagen auf. „Falls einer schlapp macht", erklärte er. Er gab den Kindern einen Kuß, ermahnte sie, nicht im Wassertank zu ertrinken und verschwand mit seiner Frau in dem alten Ranchhaus. Ich blieb mit Mal zurück, dem Schwiegervater. Mit einem Klick machte er ein Bier auf und erzählte von Klapperschlangen.

„Hab zwei von den Biestern da beim Wagen gesehn", sagte er. „Zwei Meter lang und dick wie'n Schenkel. Hatte damals kein Schießeisen dabei, und da bin ich einfach im Wagen sitzengeblieben. Ich sag Ihnen, eines haben die hier, was größer ist als in Texas, und das sind Klapperschlangen." Er seufzte. „Meine Frau is dort, in Texas. Kann verdammt nochmal einfach nich kapieren, warum. Kinder war'n groß. Rente läuft. Der Wohnwagen is schön in Ordnung. Glaube, sie will bloß nich weg. Was is das denn?" Unter einem Strauch lag eine alte Batterie. „Wirklich komisch, was die Leute alles wegschmeißen." Mal stellte seine Bierdose ab und warf die Batterie in den Kombi. „Hab Kupfer und Blei, satt, 'n paar Zentner liegen zu Hause unterm Wohnwagen. Letzten Herbst hab ich'n Schweißbrenner auf der Müllkippe von Hatchita gefunden. Hab mir'n Hereford-Bulle aus lauter so Zeug gemacht. Hat'n Glasaschenbecher zwischen den Hörnern. Hab auch 'ne gute Motorsäge zu Hause. Alle Schränke gemacht und auch den Wohnwagen wirklich toll eingerichtet. Aber sie will nich raus aus Texas. Einfach zu gottverdammt stur zum Umziehen."

Die Ebene

Die folgenden Tage waren eine harte Probe. Die Hitze zermürbte mein Gehirn, stachliger Sagebrush zerkratzte mir die Beine, und ich sehnte den Augenblick herbei, in dem die Sonne unterging. Ich genoß am meisten die Kühle des Morgengrauens, die blasse Stunde der Frische, bevor der beißende Schweiß wieder meine Haut aufscheuerte. Einen Augenblick der Freude gab es dennoch – im flachen Sattel des Whitmire-Passes.

Außer in den Gärten in Kalifornien hatte ich den Frühling in diesem Jahr so ziemlich versäumt. In New Mexico sah es schon aus wie beim Heuen, und so war es eine schöne Überraschung, als ich auf ein Fleckchen mit Stachelmohn stieß. Er sah aus wie eine Schar Kanarienvögel. Doch das welke Grün der Sagebrush-Ebene kehrte zurück, als ich das Playas-Becken wieder betrat. *Sagebrush*-Beifuß-*Artemisia tridentata*. Etwa sechzehn Varietäten, mit der *tridentata* als der häufigsten. Wie ich dieses Zeug haßte! Es war nicht einmal die Art Beifuß, die man beim Kochen verwenden konnte, keinerlei Verwandtschaft mit dem Küchenkraut. Eine ausgesprochene Platzverschwendung. Hunderte von Kilometern mußte ich durch dieses Zeug laufen, das manchmal bis zu den Knien reichte, manchmal bis über den Kopf, im Durchschnitt aber bis zur Mitte der Schenkel ging. Immer wieder fuhren mir kleine Zweige von unten in die Shorts oder verhakten sich in den Schuhbändern, aber am meisten mißfiel mir, daß dieses Zeug nicht weniger wurde. Unterhalb der 2500-Meter-Grenze schien es den gesamten Bundesstaat zu bedecken. In Colorado war ich zu hoch dafür, aber in Süd-Wyoming war es wieder da. In Montana lief ich sogar eine ganze Woche hindurch. Da blühte es dann, selbst die Blüten waren langweilig. Beifuß ist eine Pflanze, die alles verdrängt. Er erstickt überweidete Flächen. Die Kühe rühren ihn nicht an. Wenn das Gras also einmal abgefressen ist, wuchern die jungen Büsche ungestört. Sein einziger Nutzen besteht darin, daß er als Nahrung für wildlebende Tiere dient. Ich habe das Zeug selbst einige Mal probiert. Es schmeckt nach Rasierwasser.

Der Beifuß im Playas-Becken war nicht nur lästig dicht, sondern auch zu niedrig, als daß er Schatten hätte spenden können, so daß ich mich bei der Mittagsrast am fünften Tag ins Zelt zurückzog. Die Heringe lösten sich sofort wieder aus dem Boden, aber ich drapierte das Überdach über das Kamerastativ und baute mir so ein Wigwam, in das ich hineinkroch. Die Feuchtigkeit, die sich unter der Nylonplane bildete, war noch schlimmer als die direkte Hitze draußen. Ich kroch wieder hinaus, schnappte nach Luft. Trägheit überfiel mich. Ich wollte an einem zermatschten Schokoladenriegel lecken, gab es aber bald auf und schmiß ihn weg. Schon der Gedanke an Essen machte mich krank. Ich wollte Wasser, ganze Ströme, aber ich hatte keins. Ich packte meinen Krempel und stapfte weiter, suchte die Ebene durch das Flimmern nach dem Blinken eines Windrads ab.

Ich stieß auf einen befestigten Weg und wandte mich nach Norden. Es war mehr eine behelfsmäßige Landebahn als eine Straße, gab mir aber einen Fluchtpunkt und Telegraphenmasten in regelmäßigen Abständen – alle 265 Schritte der Duft von imprägniertem Holz. Es war äußerst eintönig.

Dann erblickte ich eine verzinkte Viehtränke – die packendste Begegnung des Tages –, aber sie machte keinen allzu verheißungsvollen Eindruck, denn die höckrige Erde war rundum zertrampelt und bis auf die ausgebleichten Kuhfladen kahl. Langsam ging ich auf sie zu. Es war eine ziemlich niedrige Tränke, und jetzt konnte ich auch über den Rand blicken. Noch war nichts zu sehen. Ich versuchte zu schlucken, konnte nicht, ging noch näher heran, versprach dem lieben Gott, für immer ein guter Mensch zu werden, aber immer noch nichts. Ich wollte mich gerade abwenden, als ich auf dem Blech ein gescheektes Schimmern erblickte. Acht wunderbare Zentimeter Schlamm, Algen und Käfer am Boden. Höchste Wonne.

Durchströmt von süßem Tee sank ich auf die Matte, und eine Nachtschwalbe fiel vom Himmel. Sie stieg wieder in die Luft und schoß im Zickzack durch den Beifuß, drehte sich und tauchte und zog wieder hoch und jagte dahin, bevor sie zurück zur Erde trudelte. Die ersten Sterne kamen hervor. Im Süden sah ich einen Stab, der rot aufblinkte und sich bei Sonnenaufgang am nächsten Tag in ein knalliges Weiß verwandelte. Es waren die Warnlichter auf den Schornsteinen der Kupferhütte von Playas. Die Anlage war etwa acht Kilometer entfernt, ein Schiff auf einem leeren Ozean, aus dessen Schornstein ein langer, weißer Schleier nach Osten trieb. Ich liebe das Gefühl von Freiheit und Kraft, das das Laufen durch eine leere Landschaft hervorruft. Hier draußen wußte ich, daß ich alles, egal was passierte, auch sehen würde.

Gegen Mittag hatte ich die erste Asphaltstraße meiner Wanderung überquert, die Route Nr. 9, die Hatchita mit Animas verbindet. Vor mir glitzerte etwas. Ausgelaufenes Benzin schien zu verdunsten. Es blinkte wie Silberpapier. In Wirklichkeit war es ein Campingplatz für Wohnwagen, in schimmernde Quadrate aufgeteilt, ein Fremdkörper in der öden Landschaft.

Ich kam zu der Straße, die von der Schmelzhütte zum Campingplatz führte, und kickte eine alte Dose, die halb im Sand vergraben war, vom Rand weg. Ich war dabei, mich zu entscheiden, bei welchem Wohnwagen ich um Wasser bitten sollte, als ich einen fetten Mann in Shorts erblickte. Er war behaart und weiß und hackte den Boden um eine Goldaster auf. Sein verschwitztes, durchsichtiges T-Shirt klebte an seinem dicken Bauch. Seine Frau war im Wohnwagen. Sie war schwanger.

„Mein fünfter Junge, der da unterwegs ist", sagte der Mann. Er hieß Pat. „Hab alle andern hinten im Osten bekommen. Aber wenn dieser jemals sagen muß, wo er geboren wurde, braucht er eine Landkarte."

„Hinten im Osten" war eine Bergarbeiterstadt in Pennsylvania. Pat wollte, daß sein Bruder auch hierher kam und zu ihm zog.

„Gibt gutes Geld in der Hütte", erklärte er. „Bruder könnte leicht einen gebrauchten Wohnwagen finden. In drei Monaten hätte er ihn abbezahlt. Sagt aber immer noch, er kommt nicht – erst wenn du diese Indianer los bist, sagt er. Mein Gott, ich bin seit dreieinhalb Jahren hier und habe noch nie keinen Indianer gesehen. Viel zu verlassen, diese verdammte Gegend."

Warum hatte man die Hütte nur an einem so abgelegenen Ort errichtet?

„Schon mal in Pennsylvania gewesen?" fragte Pat.

„Nur durchgefahren", antwortete ich.

„Wir haben in diesem Land Gesetze gegen Umweltverschmutzung, und gehen Sie nach Pennsylvania, dann können Sie sehen, warum. Hier draußen haben sie auch Gesetze. Der einzige Haken ist, sie haben niemanden weit und breit, der sie anwendet."

Die Wasserscheide wandte sich mit einem mächtigen, unmotivierten Schlenker nach Osten. Sie hatte die Herrschaft über eine Landschaft verloren, die jetzt sanft unter mir lag, eine baum- und strauchlose, pulvertrockene Ebene, die ich unbehindert und frei durchstreifte. Doch die erste der fünf Überquerungen einer Interstate-Fernstraße auf meiner Tour lag nur 16 Kilometer entfernt. Danach würde ich mich bis nach Silver City auf Feldwegen weiterbewegen.

Von der Hütte nach Deming, das jetzt 65 Kilometer östlich lag, hatte man eine Bahn-Nebenlinie gebaut, und ich ging mehr als sechs Kilometer die leeren Gleise entlang. Auf beiden Seiten der Schienen verliefen Wagenspuren, dann ein Zaun, dann Wüste. Das Land links war ein Spiegelbild des Landes rechts. Mein bleibender Eindruck von New Mexico war der dieser schnurgeraden Linien. Ich schien immer auf den Schnittpunkt zuzulaufen, auf den zurückweichenden Mittelpunkt eines Kreises, den winzigen Punkt, in dem die Welt verschwand oder aus dem heraus sie mir entgegenkam. Der Trick New Mexicos bestand darin, mich nie ganz dort ankommen zu lassen.

Es war so leicht, der Nebenstrecke zu folgen, daß ich die sechs Kilometer in gut einer Stunde hätte schaffen müssen. Am Ende waren es drei. Ich wurde von einem Trupp Kröten aufgehalten.

Genaugenommen waren es texanische Krötenechsen. Ihr runder Körper und der verdutzte Ausdruck ließen sie jedoch wie Kröten aussehen. Sie hatten einen ganz kurzen Schwanz und anstelle der Krötenwarzen überall Dornen; sie waren schmutzig graubraun getarnt und verrieten sich nur, wenn sie sich bewegten. Die erste schoß unter meinem Stiefel hervor, vier Beine, die arbeiteten, und ihr Stummelschwanz schlug wütend durch die Luft. Schon sprang die nächste auf. Dann die übernächste. Bald trieb ich eine ganze Schar über den Bahnkörper vor mir her. Sie hatten sich offenbar von unten hochgegraben und hätten, gefangen in einer einmeterzwanzig breiten Welt, bis ans Ende der Gleise hopsen können – bis nach New York, wenn sie gewollt hätten, wenngleich sie unterwegs auch nicht viel gesehen hätten. Ich beschloß, sie zu befreien, setzte den Rucksack ab und fing die nächste mit dem T-Shirt ein. Ihre Dornen verfingen sich im Stoff, und das Hemd wanderte in Windeseile die Schienen entlang, kleine Beine, die große Schritte machten. Sie kamen durcheinander, das Tier strauchelte, und ich packte zu. Die Dornen erwiesen sich als harmlos. Ich befreite die Echse und schubste sie unter einen Strauch. Sie tauchte mit dem Kopf voraus in den Sand, grub sich mit schnellen Bewegungen zur Seite ein und war verschwunden.

Etwas blinkte mir zu, als es die noch nicht sichtbare Interstate 10 entlangfuhr. Die Straße – meine sechste seit Antelope Wells – hatte mir die ganze Nacht etwas zugeflüstert. „Schokoladenmilch", verkündete sie, „Krapfen und Hamburger".

Es stimmte. „Bowlin's Continental Divide Trading Post" hatte alles. Es gab da auch Postkarten und Schlüsselringe und rosa Plüschhunde und Puppen aus aller Herren Länder und kleine Tischdecken und Tomahawks. Bowlin's war ein Rasthaus im Stil einer Blockhütte. Vor der Tür in der Sonne stand ein Behälter mit Gratis-Eiswürfeln und daneben ein Schild: BENZINDIEBE WERDEN VERFOLGT.

Ich legte mich der Länge nach auf eine Bank, Krapfen in der einen Hand, eine Cola in der anderen, und rülpste höchst zufrieden. Der Verkehr brummte vorbei. Schließlich fuhr ein riesiger Lastwagen zum Tanken vor. Ich betrachtete ihn mit Muße. Er war mit der Sorte Bilder geschmückt, wie Tätowierte sie tragen. Die Bremsen zischten. Ich sah den Fahrer oben im Führerhaus das Gewicht verlagern, als er nach der Gesäßtasche griff. Er fuhr sich mit dem Kamm durch die Haare, öffnete die Wagentür und sprang hinunter.

„Morgen", sagte ich, als er mit schweren Schritten an mir vorbei zur Tür ging. Er drehte den Kopf und sah den Rucksack.

„Nichts drin mit Mitfahren", sagte er.

Ich war erhaben. „Ich trampe nicht", erwiderte ich.

„Wie zum Teufel kommst du denn dann hierher?" fragte der Fahrer, und ich erzählte es ihm. „Keine Verarsche?" wollte er wissen. „Willste 'ne Coca oder irgendwas?"

Wir tranken Kaffee.

„Sieht toll aus, der Wagen", sagte ich. Er war schwarz und silbern und protzig. Jede Menge Zähne, Titten und Klauen. Grüne Drachen und Kobras schlängelten sich über die Kotflügel, und auf den Klappen prangten nackte Cowgirls. Sie trugen Sheriffabzeichen auf den Brustwarzen.

„Da stecken zweitausend Dollar drin in der Lackierung", sagte der Fahrer. „Hat mir bis jetzt elf Preise eingebracht. Siehste auf den Türen? Auf dieser Seite ist der ,Todesbote', auf der anderen die ,Sonnengöttin'."

Er war stolz auf diesen Laster. Ted mit den schrecklichen Zähnen war stolz auf seine Zäune gewesen; Ed in Antelope Wells war stolz auf die netten, anständigen Rancher, die an seiner Grenzstation durchkamen; der Texaner war stolz auf sein Fahrrad gewesen, und der gute alte Gottlieb Ribary ganz offensichtlich auf seine Milch. Und worauf war ich stolz? Richtig, ich war ziemlich stolz darauf, daß der Lkw-Fahrer mir einen Kaffee spendiert hatte.

Die Prärie

Am 15. Mai erreichte ich Silver City, aber auf dem Weg dorthin legte ich einen kurzen Stop ein. Nördlich der Interstate war ich an weiteren Pappeln vorbeigekommen, die sich um Windräder scharten. Die allein liegenden Ranches sahen aus, als wären sie aus einem Stabilbaukasten entstanden, nur daß jede das Demonstra-

Soldiers' Farewell in New Mexico

tionsmodell war. Nichts von dem Stallmist und den unkrautbe-
wachsenen Flecken, die man auf englischen Bauernhöfen findet,
weder Traktor noch Pflug, nur der Duft von Sagebrush. Manchmal sah ich einen Kleinlaster über das Gelände fahren oder ein
paar Spielsachen aus Plastik auf der Veranda eines Hauses, aber
ansonsten schien das Leben auf einer Ranch immer gleich zu sein,
bis ich eines Tages auf einer Ranch nördlich von Bowlin's um
Wasser bat. Der Mann hielt die Hunde zurück, forderte mich auf,
zu einem Kaffee hereinzukommen, und ich blieb zwei Tage. Er
hieß Buck Adams.

Den ersten Tag schlief ich fast durch – ich war doch sehr viel er-
schöpfter als ich bemerkt hatte, und die Kombination aus Dusche,
Kopfkissen und Patsy Adams' Steak mit Bohnen haute mich um,
bis Buck am nächsten Abend von der Arbeit zurückkam. Er war
Maschinist in einer großen Kupfermine in den Black Mountains.

„65 Kilometer geradeaus", sagte er. „Man kann die Ausläufer
von Soldiers' Farewell sehen."

„Was ist das?" fragte ich.

„Ein Berg auf unserer Ranch", erklärte Buck. „Du bist da hinten auf deinem Weg vorbeigekommen. Der beste Orientierungspunkt von hier bis Texas, wo der Weg der alten Butterfield-Postkutsche die Wasserscheide gekreuzt hat und die begleitenden Soldaten ausgewechselt wurden. Die nach Osten fuhr weiter nach El Paso, die nach Westen zu einem Wirtshaus, das Mud Flat Bar hieß. Da hat einer Patsys Großvater mal ins Bein geschossen, was ihn sechs Monate am Reiten gehindert hat. Er hat dann geheiratet, und dann kamen Patsys Onkel und ihr Vater. Habt ihr drüben in England auch soviel Geschichte?"

Die Butterfield-Linie war der erste transkontinentale Postkutschendienst gewesen. Die Strecke führte von St. Louis nach San Francisco. Die allererste Fahrt im September 1858 dauerte vierundzwanzig Tage.

1869, elf Jahre später, wurde feierlich ein goldener Nagel in eine der letzten Eisenbahnschwellen geschlagen, und die Butterfield-Linie war aus dem Geschäft.

Noch kurzlebiger war der Pony-Expreß, der während seines sechszehnmonatigen Sturms in die Geschichte ebenfalls an Soldiers Farewell vorbeigedröhnt war. Obwohl nur eine Sendung jemals verlorenging, war der Expreß 1861 am Ende, zur Strecke gebracht von der Telegraphenleitung. Die Geldgeber büßten zweihunderttausend Dollar ein.

„Hätte die Filmrechte behalten sollen", sagte Buck, als wir nach draußen in die Scheune gingen. Hühner liefen gackernd um grüne Luzerneballen, auf dem Boden stand ein Amboß, und über einem Balken hing eine schwere lederne Überziehhose. „Hält einem die Dornen von den Beinen", erklärte Buck.

Wir waren bei einem Ständer mit acht Sätteln stehengeblieben. „Der hier ist über fünfzig Jahre alt. Gehörte Patsys Großvater, der erschossen wurde. Die Ranch fiel an ihren Onkel, aber er starb, und deshalb kümmern wir uns darum, bis die Familie beschließt, was gemacht werden soll. Alles in allem sind es fast zwanzig Quadratkilometer. Davon kann eine Familie leben, aber nicht wir alle. Wahrscheinlich wird alles am Ende verkauft, und wir werden zurück in die Stadt ziehn. Todd wird's wohl nicht so machen, aber unsere anderen beiden Kinder wohnen praktisch schon dort."

Todd war achtzehn, hatte gerade die High-School in Silver City abgeschlossen. Er rauchte nicht, kaute aber Tabak. Seine Marke hieß Redskin. Sie war in kleinen runden Dosen und sah wie Schnupftabak aus. Er schob sich einen Finger voll unter die Lippe.

„Ich nehme an, du gehst demnächst aufs College", sagte ich.

„Ich versuch's", erwiderte Todd.

„Was willst du denn studieren?"

„'scheinlich Baseball. Cochise drüben bei Douglas hat Rodeo und Baseball auf'm Programm. Das mach ich, wenn ich kann. Wenn ich's nicht kann, spiel ich nur Baseball."

Einer seiner Freunde war aus der Stadt gekommen, und sie gingen Schlangen jagen. Die Rasseln der Klapperschlangen bewahrte er in einem Glas auf. Er hatte außerdem eine Sammlung abgesplitterter Pfeilspitzen, die er an verschiedenen Stellen auf der Ranch gefunden hatte.

„Meistens da, wo die Indianer ihr Camp gebaut haben", erklärte Patsy. „Ein paar davon sind wirklich schön. Halten Sie die Augen auf, wenn Sie durch das kleine schmale Tal laufen. Passen Sie auch auf die Pekaris auf. Die Eber sind teuflische Biester. Wir sehen uns übermorgen in Silver." Sie hatte mir dort zum Übernachten ihre Wohnung angeboten.

Die Indianer – Mimbreno-Apachen im Gebiet von Silver City – fertigten ihre Pfeilspitzen nicht nur aus Stein, sondern hatten auch einheimisches Kupfer verwendet. Sie fanden es in farnartigen Kristallen an Stellen entlang des Gebirgsfußes. Ich konnte die Berge jetzt als Fleck in der Ferne sehen; die mit Bäumen gesprenkelten Hänge stiegen zu einem dunklen Band am nördlichen Horizont an. Eine weiße Stelle im Dunst war die Abraumhalde der Mine, fast ein Berg für sich. Santa Rita del Cobre, einst Herkunftsort von ein paar Kupferkristallen, ist heute eine der größten Tagebaugruben der Welt. Das Loch hat anderthalb Kilometer Durchmesser und ist über dreihundert Meter tief. Wenn man oben am Rand steht und ruft, können die Arbeiter auf dem Grund einen nicht hören. Das Loch wird jeden Tag um durchschnittlich 37 500 Tonnen abgebautes Erz größer, aus denen in den achtundvierzig Stunden, die ich bis nach Silver City brauchte, 640 Tonnen reines Kupfer geworden waren. Ob das ein Zimmer voll oder ein Haus voll war, wußte ich nicht, aber ich vergaß zu fragen.

Silver City

Die Straße in die Stadt war fast leer. Vögel flogen jedesmal, wenn ein Auto vorbeifuhr, aus den Bäumen auf und dann wieder zurück.

Das Stadtgrenzenschild gab 9500 Fuß Höhe an, was mich überraschte, bis mir klar wurde, daß die 6 auf dem Kopf stand. Die Einwohnerzahl betrug 7551: Silver City war bei weitem der größte Ort, durch den ich auf meiner gesamten Tour kam. Ich lief an einem orangefarbenen Windsack, einem Hangar und einigen großspurigen Kleinflugzeugen vorbei, die draußen in der Sonne parkten. Dann kamen eine Tankstelle, vereinzelte Wohnwagen, Ampeln, und ich bog in vertrautes Gewässer ein – McDonald's steuerbord, Dairy Queen backbord, eine Bank, ein Drugstore, alle ausgesetzt in einem Meer aus Asphalt. Ich legte am Sonic-Drive-in-Restaurant an.

Ein junger Bursche in einem umgebauten Kombi rauschte neben mir vor. Er drehte das Fenster runter.

„Portion Fritten", brüllte er in die Sprechanlage.

„Portion Pommes frites", kam die blecherne Bestätigung.

Der Bursche sah mich an, popelte in der Nase und drehte das Fenster wieder hoch. Das Autoradio meldete 25 Grad und Wolken. Ich setzte den Rucksack ab und beschloß, ebenfalls Pommes frites zu bestellen.

„Könnte ich bitte auch Pommes frites bekommen?" fragte ich in den Lautsprecher.

„Pommes frites?"

„Ja, bitte."

69

„Was?"

„Ja, bitte."

„Ah hah." Kurze Stille, dann: „Platz zwei! Sind Sie Australier?"

Ich verbrachte die Nacht im Haus von Buck und Patsy – purpurnes und grünes Bild der Stiefel von Patsys Vater an der Wand – und ging dann zum Forstbüro, um meine Verpflegung zu holen. Der Ranger hieß Scott. Er trug Material für einen offiziellen Continental Divide Trail zusammen, und deshalb sprachen wir meine Route von Antelope Wells ziemlich genau durch. Er erklärte mir, soweit er es wußte, wie die Wasserscheide auf dem nächsten Stück sein würde: ein steiler Anstieg nach Pinos Altos, der alten Goldbergwerkssiedlung unmittelbar nördlich des Ortes, dann hinüber zum eigentlichen Pinos-Altos-Grat und Abstieg ins Mimbres-Tal. Das führte wieder in das Gebiet der Black Mountains, wo die Wege etwas zugewachsen waren – Budgetkürzungen, sagte Scott–, und die letzten 110 Kilometer gingen über offenes Weideland zur Straße Nr. 40 und nach Pie Town.

„Dann hast du also bis jetzt ungefähr 225 Kilometer geschafft", sagte Scott. „Wieviel machst du am Tag?" Wir maßen es ab. Es schwankte zwischen 27 und 38 Kilometern, 18 an dem Tag, als ich mich verlaufen hatte. In Scotts Funkgerät knackte es. Es war der Forstposten im Mimbres-Tal.

„Ich hab hier'n Wanderer. Läuft deine Richtung", sagte Scott. „Macht die Wasserscheide."

Die Antwort wurde durch Störungen verzerrt, aber „ziemlich viel Schnee . . . dreieinhalb Meter Verwehungen . . .", kam laut und deutlich durch. Scott drehte sich zu mir um.

„Du hast 'ne Menge Schnee. Dreieinhalb Meter Verwehungen." Diese Auskunft war offiziell und deshalb überzeugend. Der Forstposten hatte es Scott mitgeteilt. Scott hatte es mir mitgeteilt. Ich war beunruhigt.

Der Gedanke, zu fragen, wann die Schneehöhe zum letztenmal gemessen worden war, kam mir nicht. Gegen Ende der Tour wäre er mir gekommen.

Scott schloß den Schuppen auf, in dem Connie und ich vor siebzehn Tagen das Zeug deponiert hatten. Ich war genau im Zeitplan. Aber das enttäuschte mich eher. Pläne nehmen dem Leben die Spitze. Doch schon bald war ich wieder in Schwung, als mir Köstlichkeiten wie Honig und Marmelade auf die Beine tropften. Ich machte eine Staatsaktion daraus, die neue Proviantkiste zu sortieren, und fing dann noch mal von vorn an, diesmal ganz langsam. Ich verglich alles mit einer Liste. Karten, Batterien, Streichhölzer, Spültuch, Kugelschreiber, Seife, Fußpuder, Gefrierbeutel, Filme, Heftpflaster, ein Kerzenstück, Verpflegung. Zum Schluß füllte ich zwei Liter Kerosin in meine Alu-Flaschen. Insgesamt siebzehnmal würde ich dieses Ritual mitmachen; diese erste Übernahme dauerte zwei Stunden, aber die letzte – in East Glacier, Montana – war in ganzen zwanzig Minuten vorbei.

Mit einer Sache hatte ich jedoch bei der Übernahme der Verpflegung Schwierigkeiten, und jedesmal war ich deswegen unruhig, wenn ich in eine Stadt kam. Es hing mit dem Kocher zusammen. Der eigentliche Brennstoff war Kerosin, aber ich heizte den Brenner immer mit ein paar Spritzern Benzin vor – für zehn Tage genügte ein Schnapsglas voll, und ich bewahrte es in einem Urinfläschchen auf. Aber die Tankstellen verkaufen keine so winzigen Mengen, wie ich bei meinem ersten Kaufversuch bald merken sollte. So wartete ich also neben dem Getränkeautomaten, und da kam auch schon jemand in einem Dodge. Er fuhr an die Zapfsäule – verbleit, aber das kümmerte mich nicht. Ich mußte nur den richtigen Zeitpunkt abpassen. Der Mann war mit Tanken fast fertig, und als er sich umdrehte, um den Zapfhahn wieder aufzuhängen, stand ich plötzlich vor ihm, das Fläschchen in der Hand. Mir ging es nur um die letzten Tröpfchen.

Die Reaktion war immer die gleiche – der ungläubige Blick, das leichte Erröten, dann „Aber sicher doch, wo haben Sie Ihren Kanister?" Ich hielt das Urinfläschchen hin. Dann kam die Abfüllnummer, bei der der andere schließlich immer die ganze Hose voll Benzin hatte und ich bremste: „danke, danke, das reicht", und ein Packen Papiertaschentücher schnappte. Aber ich bin trotzdem kein

Wohlfahrtsfall. Ich werfe mich in Positur, Brust raus, und blicke meinem Gegenüber fest in die Augen. Aber wie bietet man jemandem 13 Cents an? Das mit dem Benzin war immer ein Eiertanz.

Und mit den Öffnungszeiten der Postämter ebenfalls. Ich hatte nicht nur Post entgegenzunehmen, am Ende jeder Etappe waren Filme, Bänder und gebrauchte Karten nach Hause zu schicken, hin und wieder Ersatzkleidung zum nächsten Depot, und natürlich Briefe. Der Weg glich einem Roulettrad, ich war die unglückselige Kugel. Das Rad dreht sich, ich klappre herum, das Rad wird langsamer. Ich nähere mich einem Depot und einem Postamt. Das Rad steht still. Und es ist zum Kotzen, schon wieder habe ich einen Sonntag erwischt. Die Aussicht, sonst den nackten Fahnenmast eines Postamts zu erblicken, war auf meinem Weg nach Norden Anlaß zu so manchem Zwischenspurt.

Das letzte Haus auf dem Weg aus Silver City heraus war eine Reparaturwerkstatt. Auf der Mauer stand in großen, roten Buchstaben: WIR REPARIEREN ALLES, BIS AUF GEBROCHENE HERZEN, was schade war, denn zehn Kilometer weiter begegnete mir eins auf der Straße.

Ich war kurz vor Pinos Altos, der kleinen Siedlung in den Bergen oberhalb von Silver City, als ich die Gestalt in der Ferne erblickte. Der Abstand zwischen uns wurde kleiner, ich stapfte bergauf und die Gestalt x-beinig herab. Ich erkannte, daß es eine Frau war. Sie lief mitten auf der Straße. Die Autos in beide Richtungen wichen halsbrecherisch aus. Ich ging ein bißchen gewichtiger – sie mußte mich inzwischen gesehen haben – und hörte auf zu keuchen. Sie würde zwangsläufig nach dem Rucksack fragen: 35 Kilo, würde ich antworten. Schwer? Nein, ich merk's gar nicht mehr. Und nein, nicht aus Silver. Von der Grenze. Jaha, ganz allein. Nach Kanada. Ganz gut in Form, hmm. Das Mädchen geht jetzt zum Straßenrand, reißt sich die Kleider vom Leib, und ekstatisches Stöhnen dringt durch den Wald. Dann: Ja, ich glaub, ich muß meine Stiefel wieder anzieh'n. Mach's gut, Fremder. Mach's gut, Kleine. Klipp klapp, klipp klapp, klipp klapp . . .

Mein „Hallo" kam ziemlich gepreßt raus, und ich grinste über das ganze Gesicht, um mein tiefes Durchatmen zu kaschieren. Aber das Lachen erstarb. Mit ihren schmutzigen, weißen Stiefeln war die Frau einen halben Kopf größer als ich und um mindestens 20 Pfund schwerer, die zum größten Teil über den Bund ihrer Jeans quollen. Ihre Jeansjacke hatte sie so zusammengeknotet, daß ihre in Falten gelegte Taille frei blieb. Das wirkte auf uns beide abkühlend. Sie war so um die Vierzig, mit Sicherheit keine Wanderin und . . . vielleicht hatte ihr Wagen eine Panne?

„Heiß heute", sagte ich. „Haben Sie eine Pa . . .?"

Aber sie runzelte die Stirn, ganz leicht schwankend. „Böööp!" Es war ein Rülpser von recht beachtlicher Qualität. Ich zuckte zusammen, als die Dunstwolke mich einhüllte, und wollte schon mit einem „Nett, Sie kennengelernt zu haben" weitergehen, als die Frau mich am Handgelenk packte.

„Hast du zehn Dollar?" fragte sie.

Ach du lieber Himmel.

„Äh, ich bin wirklich lange unterwegs und . . ."

„Ich hab zehn Dollar", sagte sie. „Mehr hat er nicht rausgerückt, der Hund. Mann, seh'n meine Haare furchtbar aus."

Das taten sie. Sie schob sich eine lose Haarsträhne hinters Ohr. Wieder zischte ein Wagen vorbei.

„Die Jacke ist okay so, oder?" Aber sie wartete keine Antwort ab. „Was zum Teufel frag ich dich eigentlich? Ich kann verdammt noch mal anziehn, was ich will. Das letzte, was er sagte, ist, zieh sie nicht so hoch – ich sag, aber du, zieh dir's selber hoch, du Arsch. Das fette Schwein denkt, ich bin seine Frau. Aber ich bin die Frau von keinem. Ich halt meinen Hintern hin, wo ich will." Sie lachte. „Bin drei Jahre mit diesem Mistkerl zusammengewesen. Trink aber immer noch mein Fläschchen in der Stadt. Was soll's? Sheriff bringt mich nächsten Tag immer wieder zurück. Hat er heute auch. Setzt mich ab, und ich geh ins Haus. Und weißt du, was dieses fette Schwein sagt? Raus! Sagt er – Peggy, du gehst. Wußte nicht, ob ich durchdrehen oder mir ein ansaufen soll. Er gibt mir die zehn Dollar, sagt, ruf dir 'n Taxi und zieh Leine. Ich

sag ihm, leck mich am Arsch mit dein Taxi, Mister, ich geh jetzt
gleich, und dann bin ich raus. Wie weit iss'n noch in die Stadt?
Fünf oder sechs Kilometer oder so?"

Unterdessen versuchte ich mit unauffälligen kleinen Bewegungen mein gefesseltes Handgelenk freizubekommen. Aber plötzlich
drückte sie meine Hand gegen ihren Schenkel.

„Ich bin gar kein schlechtes Cowgirl, verstehst du?"

Mein Gott, nein!

„Fühl mal!"

Nein, mein Gott, nein!

„Das ist 'n Dollar in Fünfundzwanzigern für die Musikbox.
Nächsten Monat ist 'n Schlagerwettbewerb in Silver, und da muß
ich üben. Magst du Country und Western?" Sie führte ein paar
unsichere Tanzschritte vor und schnipste mit den Fingern. Ich bekam meine Hand wieder. Einen schrecklichen Augenblick lang
dachte ich, sie werde singen.

„Ja, dann", sagte sie. „Bin froh, daß ich nicht das ganze Zeug
schleppen muß. Paß gut auf dich auf."

Die Black Mountains

Überall auf der Straße lagen Kiefernzapfen. Die Luft roch scharf
und frisch. Ich konnte kilometerweit zurückblicken; das Sacklei-
nen der Wüste war jetzt eingerahmt vom Samt der Bäume. Ich
würde auf meiner Wanderung durch die Staaten sehr viel Wald sehen – zuviel an manchen Tagen –, aber wenigstens stand er nie in
Reih und Glied.

Ich hatte etwas Mühe zu entscheiden, wo ich von der Straße ab-
biegen sollte – die Karte war unklar, und auf Asphalt läuft's sich so
schön –, aber ein Mann in einem roten Kombi zeigte mir den richtigen Weg. Er parkte an der Stelle, wo der Weg von der Straße ab-
zweigte und in den Wald führte. Auf dem Beifahrersitz hatte er
einen Sechserpack Bier stehen, die Lokalzeitung war auf dem Steu-
errad ausgebreitet. Er hieß Tony.

„Der führt direkt über 'n Kamm der Pinos Altos und dann runter zum Mimbres", erklärte er im typischen Singsang der Südstaatler. Er bot mir ein Bier an. „Hab beim Militär Rucksack getragen. War bei der Marine. Wie heißen diese Dinger doch gleich? – Hunderte von Flugzeugen? Ja, Flugzeugträger. Hab viele von euern Jungs kennengelernt, Liverpool, Portsmouth – war überall. Willste die Zeitung? Steht alles über die Jagdzeiten drin – für jedes Wild extra. Schwarzbär geht grade los. Haste was dabei?"

„Nein", antwortete ich.

„Nicht mal 'n 22er für Eichhörnchen?"

„Nein."

„Und was is, wenn du auf'n Bär stößt?"

„Da würde eine 22er nichts nützen", erwiderte ich.

„Du lebst also nicht aus der Natur?" fragte Tony.

„Nein."

Er nahm einen leicht mißbilligenden Schluck Bier. Ich würde in den nächsten fünf Monaten noch einige Tonys treffen. Ich fragte mich, ob sie sich nicht alle gekannt hatten, damals beim Militär. Die meisten gefielen mir durchaus. Leute, die ihre Träume auf der Zunge tragen, sind meistens ziemlich harmlos.

In der morgendlichen Kühle in 2400 m Höhe ging der Wecker – biep-biep-biep. Der Himmel sah aus wie ein Stück von einem alten Hemd, das sich in den Bäumen verfangen hat. Es war viel zu kalt zum Aufstehen, und so schlief ich weiter.

Jäh wachte ich auf. Irgend etwas war auf die Lichtung getreten. Ich konnte hören, wie es in den Kiefernnadeln herumscharrte. Wahrscheinlich war es wieder nur ein Hirsch. Ich fragte mich, ob er wohl auch husten würde, wie die anderen, aber als ich die Augen aufzwang, erkannte ich, daß er das wohl nicht machen würde. Denn Kojoten heulen, oder? Dieser hier saß mir praktisch auf dem Kopf – ich hätte ohne weiteres hinspucken können, nur daß mir plötzlich die Spucke wegblieb. Ich hatte noch nie einen Kojoten gesehen. Er war etwa so groß wie ein Schäferhund, hatte ein graues Fell und leicht struppige Augenbrauen. Er hob eine Vorderpfote, schnupperte und trottete verdutzt davon. Vielleicht hätte ich ihn zum Frühstück einladen sollen.

Wilde Truthähne kollerten, als ich mich den bewaldeten Kamm hinaufarbeitete und ihn überschritt. Überall Bäume, hauptsächlich Goldkiefern. Ausgewachsene Stämme ragten hoch in den Himmel, die schuppige Rinde zimtrot, während auf Stiefelhöhe Sämlinge sich wie strubblige Küken aus dem mit Kiefernnadeln bedeckten Boden herausarbeiteten. Die Wasserscheide fiel am oberen Mimbres-Tal auf 2150 Meter herab in offenes Grasland, durchsetzt mit Nußkiefern. Diese Kiefern waren kleiner und dunkler als die Goldkiefern an den höheren Hängen und ähnelten Lutschern am Stiel. Die Vegetation änderte sich mit der Höhe so zufriedenstellend. Es war wie in einem Kaufhaus – Erdgeschoß für Weidegräser und Beifuß; zweite Etage für Eichen, Nußkiefern und Wacholder; dritte Etage für Goldkiefern; dann Douglasfichten, und ganz oben die dunklen Kerzen der Engelmannsfichte.

Der Gila National Forest hat eine Fläche von etwa 13 000 Quadratkilometern. Er erstreckt sich genau vom Rio Grande bis zur Grenze von Arizona. Allein die Karte ist so groß wie ein Tischtuch. Wenn ich sie ausbreitete, hatte ich auf dem Schoß ein Gebiet liegen, das größer war als der Südosten Englands, wenngleich es wegen der wenigen Straßen und des völligen Fehlens von Siedlungen schwerfiel, sich die Größe wirklich vorzustellen. Nur wenn ich anfing, das aufgedruckte Gitter von jeweils einer Quadratmeile zu zählen und auf 60, dann 80, dann 100 kam, sagte es mir überhaupt etwas. Diese Riesenstrecke zu Fuß zurücklegen zu wollen, erschien mir nicht mehr als ein schönes Phantasiegebilde. Ich würde von den höchsten Punkten des Waldes wie aus einem Flugzeugfenster herabblicken, völlig losgelöst von dem fernen Punkt da unten, der ich war. Dann würden mich die Bäume wie Wolken umfangen.

Die äußeren Ränder des National Forests waren bis zur Spitze bewaldet, und der Blick nach Osten war gewaltig, ein Meer von Bäumen, das sich hier und da am Fuße einer Erhebung zusammendrängte, sich dann aber lichtete, sobald die Berge anstiegen und bleichen Eichen, harten Sträuchern und schließlich dem blassen

Sagebrush der Wüste Platz machte. Der 65 Kilometer entfernte Rio Grande war ein langgestreckter, brauner Schimmer im Dunst.

Diese Weite überforderte das Aufnahmevermögen fast, wenngleich 40 Jahre früher – am 16. Juli 1945, um genau zu sein – ein plötzlicher Blitz am fernen Horizont einen ganz eindeutigen Anziehungspunkt für das Auge gebildet hätte, gefolgt vielleicht von einem schwachen Grummeln. Im Wüstengebiet jenseits des Rio Grande gibt es einen Ort namens Oscura Peak. Dort explodierte die erste Atombombe. Hier oben trieben die Espen mit der weißen Rinde gerade ihre Knospen, und die neu ausgeschlüpften Blätter funkelten in der Sonne.

Ich folgte der Wasserscheide 55 Kilometer dem Kamm der Black Mountains entlang. Ich kam nur langsam voran. Der Schnee war kein Problem – von weitem hatte ich ihn irrtümlicherweise für Abfall zwischen den Bäumen gehalten –, aber den schlecht erkennbaren Weg am anderen Ende einer Verwehung wiederzufinden, war nicht leicht. Scott hatte recht gehabt mit den Kürzungen der Gelder. Die Wege waren seit Jahren nicht mehr frei gemacht worden. Bis auf ein paar Hufabdrücke im weichen Waldboden gab es keinerlei Anzeichen dafür, daß hier in diesem Frühjahr schon jemand versucht hatte durchzukommen. Es waren vielleicht zwei oder drei Pferde gewesen – ich bin kein großer Fährtenleser, aber ich konnte doch erkennen, daß die Reiter sehr geduldig gewesen sein mußten. Ungünstig gelegene Verwehungen hatten sie wieder und wieder gezwungen, vom Grat abzuweichen; Zweige, bei denen ich mich lediglich bücken mußte, hatten für sie knifflige Umwege bedeutet. Die ungewöhnlich schweren Schneefälle dieses Winters hatten viele Bäume umgeknickt.

Dies war ein offizieller Wildnisbereich – eine Wilderness Area – ohne Fahrzeuge, ohne Straßen, ohne kommerzielle Nutzung. Man ließ den Bäumen die natürliche Lebensspanne – sie wuchsen, sie gingen ein, sie stürzten um; und das Gesetz des Untergangs schrieb vor, daß sie, wenn eben möglich, quer über den Weg zu fallen hatten.

Der Tod einer Goldkiefer ist eine langwierige Angelegenheit, und im gesamten Forst stieß ich auf die entwurzelten Bäume. Nur sehr wenige abgestorbene Bäume waren glatt abgebrochen; die meisten lehnten steif an einem Nachbarn, wobei sie beim geringsten Windstoß schwankten und wie Bettfedern quietschten. Irgendwann gab die Takelage ringsum dann nach, und der Baum stürzte um – auch wenn ich es selbst nie sah –, bohrte seine zerschmetterten Arme in den Boden, die den Stamm in einem gespenstischen Liegestütz hielten. Aus meiner Sicht waren diese zersplitterten Hindernisse die unerfreulichsten – es war hochgradig entnervend, sich da hindurchzuwinden –, aber wenn die Bäume einmal ganz unten lagen, war es nicht mehr so schwer, sie zu überwinden. Mit der Zeit wurden sie sogar richtig schön, ein eindrucksvolles Sinnbild des Verfalls. Ganz, ganz langsam zersetzte sich das Holz. Manchmal half ich mit einem Fußtritt nach und beobachtete, wie das weiche Kernholz unter meinem Stiefel zerbröselte. Trotzdem bemühte ich mich, die alten Bäume in Ruhe zu lassen, von denen oft nur noch als einziges eine Reihe ausgeblichener Kerbhölzer auf dem sonnenlosen Waldboden zu sehen war. Die Pferdespuren wurden immer frischer, und am fünften Morgen nach dem Aufbruch in Silver City kam ich an einem in der Sonne dampfenden Haufen Pferdeäpfel vorbei. Ich befand mich inzwischen nördlich der Wilderness Area und blickte auf eine Lichtung zwischen hohen Goldkiefern hinunter. Drei Pferde und ein Maultier grasten zwischen den Bäumen, und dahinter stand ein grünes Zelt. Überall lagen Sachen herum – Äxte und Hämmer und Seile und Stiefel und Satteldecken und Töpfe und alle möglichen Eßwaren und eine mit Karten gefüllte Rolle. Zwischen all dem saß ein Mann im Schneidersitz, der Dee Fogelquist hieß. Ein gerissener Sattelgurt lag quer über seinem Schoß.

„Wie geht's?" fragte er breit und warf mit einem Ruck die Haare aus dem Gesicht, als er hochblickte. „Geht offenbar jeden Tag was von diesem verdammten Zeug kaputt. Muß mich hier wie'n Blinder durch die Büsche schlagen, und jetzt sind alle müde, und deshalb rasten wir."

Ich mochte Dee. Seine Frau Bonny kam mit Kaffee aus dem Zelt. Es wurde ein langer, glücklicher Nachmittag. Wir lagen im Gras und erzählten einfach. Dee meistens von seinem Haß auf das Maultier, Bonny davon, daß Dee sich nur mit ihm anfreunden müsse. Sie waren ebenfalls unterwegs nach Kanada, die ersten Wanderer, die ich traf.

Noch mehr Prärie

Ich brauchte noch drei Tage bis nach Pie Town, leichtes Laufen über baumloses Weideland. Als ich bei einem Haus vorbeikam, dem ersten seit 130 Kilometern, machte ich halt und bat um Wasser. Es war ein ziemlich abgelegener Ort – das Vieh weidete so weit entfernt, daß man wußte, die Tiere würden keinen Namen haben. Es gab eine behelfsmäßige Flugpiste und neben dem Haus eine TV-Parabolantenne. Melody, neun Jahre alt, sagte, sie empfange 19 Kanäle. Ich war beeindruckt, sie aber nicht. Eigentlich, so seufzte sie, müsse sie 24 bringen.

Ihr Mutter fragte, ob ich Bohnen äße. Sie war Mexikanerin, und ihr Mann betrieb die Ranch. Als ich sie fragte, wie groß der Besitz sei, machte sie mit den Armen nur eine ausladende Bewegung bis zum Horizont. Zum nächsten Laden und zurück seien es 320 Kilometer, erzählte sie mir, und so war die große Käsescheibe, die sie mir durch das Fenster reichte, ein ziemlich großzügiges Geschenk. Ich aß sie am nächsten Abend auf der Prärie von San Augustine.

Einen Platz zum Schlafen zu finden – Lagerplatz wäre ein zu förmlicher Begriff –, war meistens kein großes Problem. Alles, was ich brauchte, war ein Stück Boden in Körpergröße. Ich schmiegte mich an einen umgestürzten Baumstamm oder in eine sanfte Mulde. Manchmal machte ich auch einen Fehler, wählte eine Mulde mit der falschen Form und hatte eine unbequeme Nacht, aber wenigstens *war* es ein Mulde, ein richtiger Platz, der, wenn auch nur für kurze Zeit, allein mir gehörte. Vielleicht bewertete ich topographische Einzelheiten in dem Maß zu stark, als meine kleinen Nester nur in meinem Kopf als besondere Orte existierten, aber es gab immer irgendeinen anziehenden Punkt, eine Unregelmäßigkeit, die meine Aufmerksamkeit auf sich gezogen und eine Pause nahegelegt hatten. Die Prärie von San Augustin war allerdings makellos, ein vollkommenes, weißes, endloses Band, flach wie ein Pfannkuchen, ohne jeden Baum, jedes Haus und – ausnahmsweise – ohne Sagebrush. Es gab nichts, das mich hätte aufhalten können, und so ging ich auf den einzigen sichtbaren Gegenstand zu, ein Windrad, drei Kilometer abseits meines Weges. Das war der Preis für ein Zuhause.

Mit federnden Schritten und wildentschlossen, mich durch nichts aufhalten zu lassen, hielt ich auf den Gipfel eines weit, weit entfernten Vulkans zu. Es ging alles bestens, das Tempo war in Ordnung, ungezwungen und zügig. Voller Selbstlob war ich am Morgen zur üblichen frühen Stunde aufgebrochen, ohne das Stück Stoff zu bemerken, das an der Leiter des Windrads hing und mir zum Abschied nachwinkte. Zehn Kilometer später erreichte ich den Weg, der nach Pie Town führt, und machte halt, um meine Shorts anzuziehen. Ich konnte sie nicht finden. Ein Rucksack ist eine sehr kleine Welt, aber die Suche dauerte eine halbe Stunde, von der etwa eine Minute auf die eigentliche Jagd nach den Shorts entfiel, der Rest auf ein fruchtloses Herumwühlen zur Wahrung des Gesichts. Ich lief nicht zurück, um sie zu holen – wahrscheinlich flattern sie noch immer fröhlich da draußen am Windrad –, und trug die nächsten 400 Kilometer die lange Hose aufgerollt.

Pie Town. Einwohnerzahl: Das Schild sagte es nicht. Höhe: 2472 m. Offenes Weideland bis 1916, als es für die Heimstätter aufgelassen wurde. Die heimischen Rancher hatten sie über den Highway 60 ankommen sehen, und einer der Ranchbewohner – Anne Cleaveland – hatte die Befürchtungen ausgedrückt, die alle gespürt haben mußten.

„Das Land ist zu trocken für den Anbau auf nur einer Sektion", schrieb sie. „330 Millimeter Regen höchstens, fast alles davon als Schnee. Und Feuchtigkeit und Hitze treten nicht gleichzeitig auf.

Wenn es heiß ist, ist es trocken; wenn es kalt ist, ist es naß – wir können froh sein, wenn wir zwei Monate im Jahr guten Wuchs haben. Eine Sektion ernährt nicht mehr als 16 Stück Vieh und wie viele Menschen ernähren 16 Stück Vieh? Es ist einfach nicht zu schaffen."

Sie hatten recht. Sagebrushbewachsene Zäune liefen wie Nähte durch das Weideland, alle paar Kilometer eine verfallene Hütte. Der Highway 60 war eine Nebenstraße. Der Überlandverkehr nimmt heute die Nummer 66, 160 Kilometer weiter nördlich, und in Pie Town macht niemand mehr Pies. Nicht, daß mir das sehr viel ausgemacht hätte – ich war 53 Kilometer an dem Tag gelaufen und wollte nichts anderes mehr als halt machen.

„Haben Sie aber Glück gehabt, daß Sie noch gekommen sind", sagte Emily, die nach meiner Verpflegungskiste schaute. Sie betrieb den Truck-Stop. „Ich fahre morgen mit meiner Tochter nach Albuquerque. Kaufen ein Hochzeitskleid. Ich heirate nächsten Monat."

„Junibraut", sagte ein alter Mann in der Ecke.

Ich blickte aus dem Fenster: eine Müllverbrennungsanlage, Staub verbrannter Sagebrush, dazwischen verstreut Streichholz schachteln. Kein Seitenstreifen. Nur aufgeplatzter Asphalt, dann Kies, dann Unkraut. Kein Wunder, daß die Amerikaner Phantasiehochzeiten feiern.

„18. Juni", sagte Emily. „Wir fliegen nach Vegas."

Außer Hunden und welken Pappelblättern bewegte sich am nächsten Morgen nicht sehr viel. Das Postamt sah ein bißchen wie das von Alamo aus – eine Niederlage, doch die Flagge wehte. Hier war nichts vom seidig glänzenden Aluminium zu sehen. Nur Nägel und altes Holz. Ich saß draußen auf der kleinen Veranda, während das Postfräulein ihre Brille suchte.

Die fahrbare Bibliothek fuhr vor. Die Räder knirschten, als der Wagen über den Kies rollte. Ich hätte mehr Interesse zeigen sollen – der Bibliothekswagen hatte direkt neben mir gehalten –, aber ich wollte meine Briefe loswerden. Ein paar ganz normal aussehende

Leute kamen und gingen, nichts besonders Aufregendes. Ich ging
wieder hinein, um eine Nachsendeadresse zu hinterlassen. Die
nächste Station war Continental Divide, ein paar Tankstellen und
Motels, wo die Wasserscheide die legendäre Route 66 kreuzt. Etwa
sechs Tage von hier, schätzte ich.

Ich stand im Eingang und gähnte. Nach dem Gewaltmarsch von
gestern hatte ich keine Lust, sehr weit zu laufen. Das heißt, ich
wollte eigentlich überhaupt nicht mehr laufen. Kombis kamen und
fuhren wieder. Männer mit unbeweglichen Gesichtern setzten
Frauen in schlechtgeschnittenen Hosen ab. Der Bibliothekswagen
kam nur einmal im Monat.

Dann überquerte federnd ein langer Schatten die Straße. Das
war ungewöhnlich. Ich hatte mich an Leute gewöhnt, die wat-
schelten, an Leute, die herumstolzierten, an Leute, deren Schenkel
aneinanderrieben; doch diese Beine, dünn wie die eines Flamingos,
bewegten sich richtig.

Der Mann selbst war etwa einsfünfundneunzig groß. Kein einziger Faden Polyester an ihm. Nur nackte, dürre Beine, weite
Baumwollshorts, ein Kaftan, keine Strümpfe und kein Auto. Der
Sheriff war es bestimmt nicht. Obwohl der Haaransatz auf Kopf-
hörerposition zurückgewichen war, hatte er einen dicken Pferdeschwanz bis zur Taille. Die Stirn war sonnengebräunt, die Augen
strahlend blau. Seine Name, so sagte er, sei Shine.

„Shane?"

„Shine."

Er tauschte seine Bücher um, und wir liefen zusammen aus der
Stadt.

Shine

Es war schwer, mit Shine mitzuhalten. Das lag zum Teil an seinem Maine-Akzent, in dem er dauernd vom „Fasten", „Atmen",
„Verständnis" und „Lernen" redete, zum Teil daran, daß er immer
wieder stehenblieb und alle möglichen Sachen aus dem *Sagebrush*

fischte. Das meiste warf er wieder weg – Dosen, Flaschen, Radkappen –, aber ein Drahtknäuel steckte er ein. Dann lief er weiter. Das Fasten hatte ihn stark gemacht – seit drei Tagen nichts als Wasser und sich einstellen auf neue Energiefelder. Er befaßte sich mit einer besonderen Atemtechnik – wobei lebenswichtige Energie durch die Lunge aufgenommen wird. Im Grunde befaßte Shine sich praktisch mit allem: mit Literatur, Levitation, Weltraumgeometrie, der Physik der Wirbel, Harmonik, Kosmologie, Astrologie, Kommunikationspsychologie, Magnetik.

„Aber Theorien kriegst du nachgeschmissen", sagte er. „Kosmische Energie anzapfen und so. Aber am Ende muß man erfinden, und ich hab hier draußen festgestellt, daß ich es kann. Ich kann hier kilometerweit eine Leitung legen und mich mit dieser Energie aufladen. Ist egal, ob das, was ich mache, richtig oder falsch ist; ist egal, ob es funktioniert oder nicht – es sind alles Schritte auf dem Weg."

Unterdessen waren wir acht oder neun Kilometer gelaufen und hatten einen Sandweg eingeschlagen. Jenseits einer alten Ranch konnten wir das Lärmen verzweifelter Rinder hören.

„McGhee ist wahrscheinlich beim Einbrennen", erklärte Shine. Er hatte das Tor geöffnet, und eine junge Frau Mitte zwanzig lächelte uns von der mit Spielzeug übersäten Veranda zu. „Beth, das ist Steve, und Steve" – er nahm den Säugling – „das ist Ariel. Liza und Galen werden irgendwo rumlaufen."

„Sie gucken McGhee zu", sagte Beth, und wir gingen hinüber zum Pferch.

Die Kälber waren von den Kühen getrennt worden, und beide Gruppen blökten laut, die Kälber allerdings am lautesten. Eins nach dem andern wurde mit dem Lasso eingefangen, rausgezogen und zu Boden gedrückt. Das Brandzeichen bestand aus Raute, Balken und Null. Das Zischen der Eisen ließ augenblicklich dicke, fettige Rauchschwaden aufsteigen. Der scharfe Geruch von verbranntem Haar und versengtem Fleisch erfüllte die Luft. Der Staub und der Lärm machten mir nicht viel aus – schließlich war ich auf einem Bauernhof groß geworden –, aber etwas an dieser Brandparty

Cowboys bei der Arbeit

bereitete mir großes Unbehagen, während ich so auf den Zaun gestützt dastand. Es war alles wie beim Festessen des Explorers Club – ein hochgradig überfrachtetes Ereignis, acht oder zehn dickwanstige Cowboys, die nicht einmal ein Dutzend Kälber markierten.

Beth war in der Küche und klopfte Frikadellen aus gegärten Bohnen. Sie hatte einen wunderbaren Teint und schöne, barfüßige Beine. Sie war 15 Jahre jünger als Shine, was ihr nichts ausmachte, aber als ich Shine fragte, wie alt er sei, zögerte er. „In diesem Körper? Em, 42 Jahre."

Er war im Vorderzimmer und jonglierte. Seine schwarzen Stoffslipper waren T'ai-chi-Schuhe aus China, wie er mir erzählte. Es gebe heute eine Menge gute Sachen aus China; er und Beth

hätten vor kurzem ihr Wigwam gegen eine Jurte eingetauscht.
Shine sprach über asiatische Nomaden und harmonische Formen,
als wir am Kopfsalat vorbeigingen, um sie uns anzusehen. Auf
dem Etikett an der Eingangsklappe stand „Pazifik Jurte, Oregon".
Shine erwähnte den Jurte-Vertrieb in New Mexiko, Handwerks-
messen, einen kaputten Lieferwagen. Die Luft in der Jurte war
kühl und roch nach neuem Kunststoff. Ein paar Schmetterlinge
flogen gegen die hellen Fensterquadrate im Dach. Shine und die
Kinder riefen „Ungeziefer!" und scheuchten sie hinaus.

Beim Essen reichten sich alle am Tisch die Hände. Ich selbst
bete bei Tisch nicht und kniff die Lippen zusammen. Doch anstatt
ein Gebet zu sprechen, blickte der vier Jahre alte Galen auf und
sagte: „Kann ich das I machen?"

Als Beth es erlaubte, hob er sich fast aus seinem Stuhl, holte tief
Luft, hielt sie kurz an und dann: „Iiiiiiiiiiii . . .!" Es kam wie ein
Tornado heraus. Wir alle machten mit, bis keine Luft mehr in der
Lunge war und lagen lachend auf dem Tisch. Von Jurten und kos-
mischer Energie hatte ich inzwischen eigentlich genug gehabt.

Shine nippte an einem Glas Wasser, als wir aßen, und sprach
vom Klettern. Er und Beth hatten die meisten klassischen Besteig-
ungen in Nordamerika gemacht. Wie ich war auch er auf einem
Bauernhof aufgewachsen, was ihn auf seinen Vater brachte.

„Ein intensiver Mann", sagte Shine, „immer richtig da, immer
scharf auf das Jetzt eingestellt. ‚Nur das Jetzt zählt', höre ich ihn
noch sagen, ‚nur das Jetzt beherrscht man. Es gibt kein Gestern,
kein Morgen, außer im Kopf. Das Jetzt ist die echte Kraft für das,
was vor sich geht.'"

„Wie ist es mit den Kindern?" fragte ich. „Wie sieht es mit einem Morgen für sie aus?"

Shine lachte. „Ich hab keine Ahnung, was sie einmal machen
werden, was sie einmal denken werden. Ich weiß nicht mal, was
sie heute in zwanzig Jahren brauchen. Aber wenn sie das Selbstvertrauen haben, eins zu sein mit der Natur und ihrem Schöpfer
und ihre Mitmenschen zu lieben, ist es egal, was sie machen, wofür
sie sich entscheiden. Lieben, das ist das Beste, was man lernen kann."

Am nächsten Morgen verließ ich sie. Ein paar Stunden weiter lag eine andere alte Ranch, diesmal direkt an der Straße. Ich erkannte in dem Mann, der das alte Windrad schmierte, McGhee vom Vortag wieder.

„Hab mir gedacht, daß Sie hier lang kommen", sagte er. „Sind nicht allzu viele. Die letzten waren hier im März. Schwestern. Hatten viel Schnee vor ihnen, da hab ich gesagt, daß sie 'ne Weile bleiben sollen, aber die ham bloß 'n Kaffee getrunken." McGhee blickte nachdenklich drein. „Werden schon irgendwo jetzt sein, denk ich."

Von Pie Town zur Route 66

Von Pie Town nach Continental Divide brauchte ich insgesamt sieben Tage, und dabei blieb ich den ganzen Weg auf der Wasserscheide. Ich sah Bussarde in der Ferne, Maultierhirsche und spindeldürre Eselhasen, aber das einzige Tier, das ich aus der Nähe beobachtete, war eine einmeterzwanzig lange Wühlnatter, gelb und schwarz gestreift wie eine Wespe. Wühlnattern sind nicht giftig. Diese lag mitten auf der Straße und zischte, als ich sie hochhob, aber als ich das Mikrophon herausholte, um sie aufzunehmen, war sie plötzlich still.

Ein Kombi überholte mich und hielt. Der Fahrer steckte den Kopf aus dem Fenster. „Hab dich von da ganz hinten gesehen", sagte er. „Dachte, du wärst 'ne Kuh."

Er hatte mich als schwarzen Punkt ein paar Kilometer weiter unten an der Straße gesehen – zu Fuß, also eine Kuh –, hatte sein Pferd gesattelt und auf dem Anhänger hierher gefahren, um mich einzufangen. Am nächsten Tag erlebte ich, wie dieses Einfangen gemacht wird. Ich sah die Staubwolke eines anderen Kombis, der mir entgegenholperte, und wartete an einem Zaun auf ihn. Der Fahrer hieß William. Er hielt an, holte sein Pferd vom Anhänger und schnallte sich die lederne Überziehhose um. Seine Jeansjacke

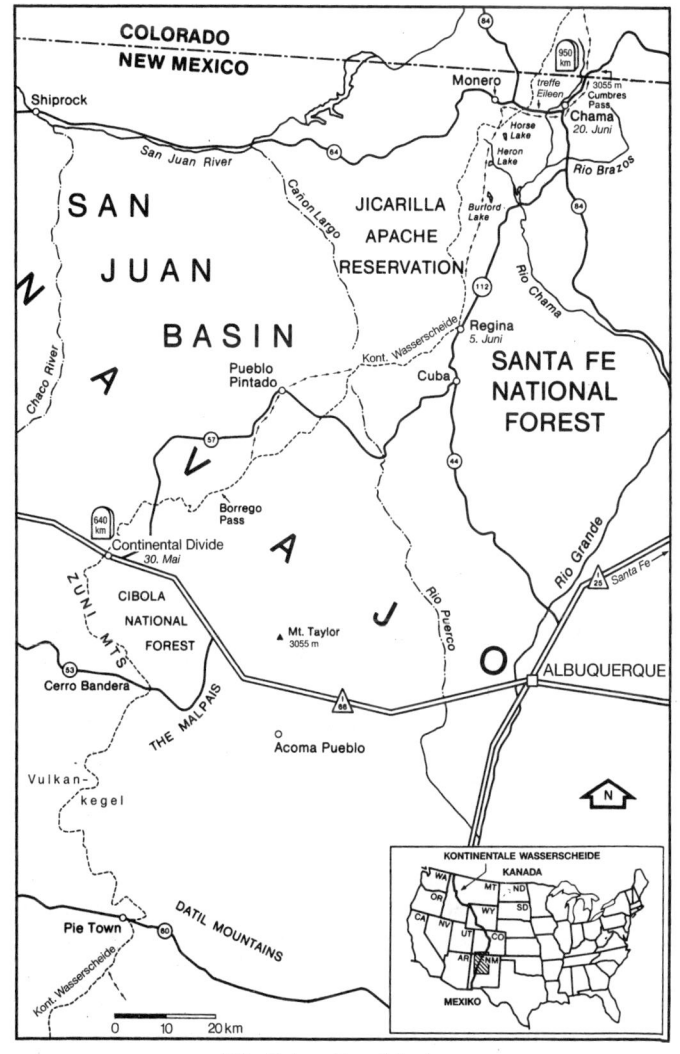

Nördliches New Mexico

hatte er hinter dem Sattel zusammengerollt. „Der Drahtzaun dort hinten bei den Bäumen ist runter", erklärte er. „Der Verwalter bringt einen entlaufenen Ochsen rein."

Ich blickte mich um und sah einen Reiter, der den Zaun entlangritt. Er schwang langsam ein Lasso, den Ochsen vor sich her treibend. Auch William bewegte sein Pferd behutsam vorwärts und wickelte dabei das eigene Lasso ab. Es sah gut aus, wie die beiden hellen Schlingen sich über die dunklen Flanken des Ochsen legten. Beiläufig plaudernd führten William und der Verwalter das Tier zum Anhänger. Sie schlangen die Lassos um die vorderen Pfosten, halfen mit ihren Pferden ein bißchen nach, und der Ochse war auf dem Hänger. Ich hatte kaum gemerkt, wie sie es gemacht hatten, und der Ochse schien auch etwas überrascht. Ich sehe gern Leuten zu, die etwas machen, was sie wirklich gut können.

„Fünfzig Prozent geht aufs Pferd", sagte William, „und das hier is meins. Is 'n Klassegaul. Hält nach Kühen Ausschau, sobald man auf ihm sitzt. So ein Tier muß man gar nicht erst ermutigen."

Die nächsten 80 Kilometer wurde auch ich nicht ermutigt. Ich lief einfach vor mich hin, wie hypnotisiert, Kilometer um Kilometer. Als am dritten Tag nach Pie Town ein Truthahngeier in einen Baum am Wegrand einfiel, war ich fast verärgert über diese Störung. Ich hatte gar nicht vorgehabt, mich noch eine halbe Stunde aufzuhalten, aber ich mußte jetzt halt machen, wenn ich ein Foto wollte. Seufzend setzte ich den Rucksack ab. Natürlich flog der Geier fort und mit ihm das letzte bißchen Ferienlaune.

Ich war inzwischen drei Wochen unterwegs und hatte 480 Kilometer hinter mich gebracht – eine halbe Million Schritte, meine Beine dünne Metronome. Tick – wunde Hüften. Tack – wunder Rücken. Tick – vor Schweiß brennende Augen. Was hatte Shine da für Zeug geplappert vom Jetzt, das allein zählt? Das Jetzt war für mich eine mühselige Plackerei. Es währte den ganzen Tag – zwölf oder vierzehn Stunden –, und ich tat alles, ihm auszuweichen. Stundenlang ließ ich mich treiben, den Kopf voll mit tröstlichem Quatsch. Auf dem einen internen Kanal liefen Höhepunkte vergangener Liebesaffären, auf einem anderen Lies-deine-Sterne: Was würde ich heute in einem Jahr machen? . . . wie weit war es bis zum nächsten Baum?

Orqueta, Lobo, Americano, Comadre – die Prärie hatte einen Ausschlag bekommen. Längst versiegte Vulkankegel reihten sich wie bei einem Verbinde-die-Punkte-Spiel die Wasserscheide entlang. Ich lief zwei Tage, um die Linie zu vervollständigen.

Die nicht mehr als 60 bis 100 Meter hohen kleinen Hügel mit ihren schüsselartigen Kronen und schwarzen Flanken waren von Kiefern leicht behaart, wenngleich der letzte Hügel 100 Kilometer nach Pie Town völlig kahl war. Die Wasserscheide lief an einem verwitterten Hang hinauf, umrundete zur Hälfte den Krater und fiel auf der anderen Seite nach Norden ab. Der Cerro Bandera war ein kleiner Bilderbuchvulkan. Er war auch in Privatbesitz.

„Hab das Potential schon vor langem erkannt", sagte der Typ im Besucherzentrum. Seit 35 Jahren betrieb er sein „Land aus Eis und Feuer". „Und jetzt will es der Staat haben."

Die Leute vom Amt für Nationale Denkmäler boten ihm nun eine Entschädigung, sagte er, aber – und ich wurde fast eine Stunde an der Tür des Souvenirladens festgehalten – es sah so aus, als ob ein langer Rechtsstreit bevorstünde. Wer hatte den Zugang durch die Lava gesprengt? Geländer angebracht, wie die Versicherung es verlangt hatte? Die Bänke aufgestellt, die Picknicktische, die Hütten zum Übernachten? Wo war der Staat da gewesen? Seit 35 Jahren war er schon hier – und als ich ihm endlich entfloh, hatte ich das Gefühl, es ebenfalls gewesen zu sein. Aber seine Frau sprudelte noch über vor Lebensgefühl, das absolute Gegenteil in Person. Sie schenkte mir ein Exemplar ihrer Gedichte, die in einem Stapel unverkauft an der Kasse lagen. Der Krater und die Eishöhlen waren auf den ersten Seiten allgegenwärtig – satanische Ehrenmale, allmächtige Furien und so fort –, aber als ich weiterlas, fingen die Gedichte an zu sprechen. Sie hatten das Potential auch erkannt. Sahen es noch. Sie liebte ihn.

Ich bestieg den Bandera, um den Sonnenaufgang zu erleben, und konnte den ganzen Weg bis über Pie Town hinaus zurückverfolgen – die vulkanischen Pusteln, die Kiefern und der Beifuß, die wie schwarze Sahnekaramelle ausgebreitete Lava. Die Spanier hatten das Gebiet El Malpais genannt, das schlechte Land, das so zerklüftet und rauh war, daß sie es völlig hatten umgehen müssen.

Man schrieb das Jahr 1540. Mexiko, Peru, die Karibik waren überrannt, und wohin konnte ein junger Caballero sich wenden? Nach Norden selbstverständlich, mit Francisco Coronado auf den Spuren von Gerüchten über ein neues El Dorado. Bruder Marcos de Niza, ein Wanderpriester, hatte es da oben in der Einöde funkeln sehen und war mit Berichten über ähnliche Plätze zurückgekehrt – die Sieben Städte von Cibola, die überquollen von Türkisen und Silber. Warum sollte nicht noch mehr zu finden sein? Azteken-Gold und Inka-Silber verschwanden schiffeweise hinüber nach Spanien, aber obwohl Coronado und seine Männer über 1000 Meilen geritten waren, hatten sie bisher noch nichts gefunden.

Aber das Militär kam der Sache näher, denn direkt unterhalb des Bandera-Kraters verläuft eine wirklich sehr alte Straße – der Cibola-Pfad, der die Pueblos von Acoma und Zuni verbindet, die beiden am weitesten entwickelten einheimischen Siedlungen, die man je in den Vereinigten Staaten gefunden hat. Aber die Spanier waren keine Archäologen, und ein Blick auf Zuni genügte. „Alles zerfallen", schrieb ein Chronist. „Es gibt Bauernhäuser in Neuspanien, die einen besseren Eindruck machen. Bruder Marcos wurden solche Verwünschungen entgegengeschleudert, daß ich Gott bitte, er möge ihn schützen."

Unbeirrt zog die Expedition weiter nach Norden. Die Männer hatten inzwischen sechs Monate beschwerliche Reiterei hinter sich, und es mußte sich bald etwas Gutes finden. Aber sie fanden nichts. Ein Monat auf der großen Prärie – sie kamen bis zum heutigen Kansas City – bescherte nicht mehr als ein paar Indianertrupps der Comanchen und Unmengen von Büffeln, „das Gewaltigste an Tier, das man je gesehen oder von dem man gelesen hat". Sie schossen ein paar, um etwas zu essen zu haben, und kehrten um. Die ersten ernsthaften Versuche zur Besiedlung des Rio-Grande-Tals wurden erst 40 Jahre später unternommen, und Santa

Fé, die Hauptstadt des Bundesstaates, wurde schließlich 1609 gegründet. So ist sie die älteste Stadt Nordamerikas.

Leere Straßen vermitteln ein eigenartiges Urlaubsgefühl, und die Route Nummer 53 in New Mexico, die Nachfolgerin des Cibola-Pfads, lag zu dieser frühen Stunde verlassen da. Aber ich hielt nicht an, beachtete den Weg nicht, der im Zickzack den Hang vor mir hinauflief, und pflügte mich geradeaus zwischen den Bäumen hindurch, eine halbe Stunde auf vollen Touren, um das Einschläfernde der Prärie zu verscheuchen. Mit jagendem Puls setzte ich mich zum Ausruhen auf die Stufen des Feuerwachturms auf dem Gipfel. Ein junger Mann trat auf den Rundgang über mir, gähnte und rief mir zu, ich solle hochkommen.

Die Hütte war etwa so groß wie die einer Seilbahn und hatte in der Mitte einen Landkartentisch. Trotz des stark bedeckten Himmels konnte man weit in alle Richtungen sehen – der Mount Taylor, eine Autostunde nach Osten, Bandera, ein kleiner Punkt im Süden. Die größte Feuergefahr lag im Norden, an den bewaldeten Hängen der Zuni-Berge, einem Wirrwarr aus langen, scharfen Kämmen und parallel laufenden Gräben, die nordwärts zur Route 66 laufen. Die nächsten zweieinhalb Tage würde ich dem Bergrücken folgen, dem Oso-Grat.

„Klassische Sattelfalte", erklärte Wayne, der Geologie studierte.

Die Universitäten hatten also Ferien. Als ich in Antelope Wells aufgebrochen war, hatten noch nicht einmal die Prüfungen begonnen.

Ich blickte noch immer angestrengt durch die metallgerahmten Fenster, konnte aber keine Sattelfalte sehen.

„Präkambrischer Kern", sagte Wayne. „Granit und nachvulkanisches Gestein."

„Was? Das hohe Stück mit den Bäumen?"

„Genau. Läuft von Nordwesten nach Südosten."

Es war offensichtlich, sobald man es erklärt bekam: der zigarrenförmige Kern, wie ein U-Boot, der durch das Sedimentgestein der Prärie zutage trat. Warum hatte ich das nicht selbst gesehen?

„Wo du bisher durchgelaufen bist, war alles nur ein Durcheinander", meinte Wayne. „Lauter verworfenes Vulkangestein mit Quartärablagerungen vermischt. Aber sobald du durch die Zuni-Berge kommst, wird's wieder ordentlich – regelmäßiger Wechsel von Steilhängen und Bodensenken, die immer jünger werden, wenn du nach Norden kommst."

Ich lief an dem Nachmittag noch zehn Kilometer, entlang der Felsplatten des Oso-Grats. Immer wieder stolperte ich, nicht gewöhnt an den unregelmäßigen Boden, die Kiefernnadeln und die krausen Flechtenstückchen in meinen Strümpfen. Der bewaldete Grat war breit und vermittelte kaum ein Gefühl für die Höhe, wenngleich ich gelegentlich einen kurzen rosa Schimmer durch die Bäume sah – die fernen Steilabbrüche, die Wayne beschrieben hatte – und unter mir auf beiden Seiten des Grats die Andeutung feuchter, sumpfiger Täler. Tiefe Wolken blockierten die langen Grate, und es nieselte tatsächlich eine Stunde lang, gerade so stark, daß ich meine Regenjacke hervorholte. Ich raschelte weiter, kam mir halbnackt in den Shorts vor, packte die Jacke dann wieder weg. Das war ihr einziger Einsatz in New Mexico.

Ich lag auf einer feuchten Platte, übrigens aus Perm-Sandstein, und sog die würzige Abendluft ein. Die Sonne, eine rote Scheibe, sank unerbittlich im Westen. Dunstschwaden stiegen kräuselnd aus dem Fels, und Insekten, leicht wie Zigarettenasche, fingen an zu tanzen. Eins setzte sich auf meinen Arm. Ich wollte es verjagen und zerdrückte es versehentlich, eine Art kleine Motte, glaube ich. Im dunkler werdenden Tal flog ein halbes Dutzend Eichelhäher auf. Unbeholfen landeten sie auf starren Ästen in Höhe meiner Felsplatte. Als ich die Hand ausstreckte, um sie zu berühren, kreischten sie auf und flogen fort, Arme hoch, Arme runter, wie Sträflinge, die Gymnastik machen. Ich lachte und kroch in den Schlafsack.

Continental Divide

Beim Abstieg vom Grat am 30. Mai verlor ich 500 Höhenmeter
und tauchte wieder in die Sagebrush-Steppe ein. Gegen Mittag erreichte ich die Route 66 bei einer Ansammlung von Motels und
Tankstellen, die tatsächlich Continental Divide – Kontinentale
Wasserscheide – hieß. Der Ort ähnelte einer Reihe von Trampern,
die sich alle einen Gag aus blinkendem Neon ausgedacht hatten,
um die Autofahrer zum Anhalten zu bewegen: elektrische Satzzei-
chen in einer Landschaft ohne Wörter.

Es gab Augenblicke hier in der Neuen Welt, in denen ich mich
verzweifelt europäisch fühlte. Ich brauchte den Trost der Geschichte, das Gewirr beim Aufeinandertreffen alter Landschaften.
Ich war des erbarmungslosen Nützlichkeitsdenkens überdrüssig.
Als ich die Brücke über die Straße überquerte, wurde ich für einen
Moment zu einem Kelten auf einem Berggipfel. Ich begriff, warum die herrlichen Straßen der Römer nicht beachtet wurden,
nachdem diese Britannien verlassen hatten. Römische Straßen waren nur Objekte, Werkzeuge an sich. Aber Stammespfade sind anders. Sie haben keine vorgeschriebene Breite, man kann auf ihnen
umherstreifen, sie wachsen mit den Menschen, die sie benutzen.
Und das beunruhigte mich an Amerika: Religion, Essen, egal was
– die Menschen sprangen immer ins Auto und brausten los. Hier
wurde das Leben erst eingerichtet und dann gelebt. Zu Hause war
es umgekehrt.

„Gene Gonzales' Continental Divide Lebensmittel (Großhandel
mit Indianerschmuck)" war ein richtiger Ramschladen – gewöhnli-
che Neonbeleuchtung, eine Kühlvitrine mit Glasfront, Holzregale
mit Konservendosen, Fernsehzeitschriften auf dem Ladentisch –,
aber als ich einen kurzen Blick zur Decke warf, fand ich den Trost,
den ich suchte. Zwei Dinge meinte ich zu erraten: Erstens, daß
Mr. Gonzales den Laden selbst gebaut hatte, und zweitens, daß es
irgendwas mit Navajos zu tun hatte. Zur Hälfte hatte ich recht. Es
war ein Navajo-Laden, aber gebaut hatte ihn ein Onkel von Mr.
Gonzales. Ich hatte eine solche Konstruktion noch nie gesehen –

mit einer Kuppel, wie Shines Jurte, aber mit freitragenden, rohbe-
hauenen, astdurchsetzten und gemaserten Stämmen; nicht schön,
nicht rechtwinklig, nicht praktisch, nicht sauber, den Streifen an
den Wänden nach zu urteilen nicht einmal wasserdicht. In
Washington hatte ich mir ein bißchen die Stadt angesehen, aber
dieser schäbige, kleine Laden mit seinem lustigen Balkendach hinterließ einen weit tieferen Eindruck als das Weiße Haus.

Wind wirbelte Staub von der Landstraße und der Bahnlinie auf.
Continental Divide war wahrscheinlich zuerst ein Camp gewesen.
Mr. Gonzales führte mich zu seinem Schuppen, nahm die Kette ab
und hielt die Tür mit einem Stein offen. Ein paar Regentropfen
streiften meine Wange. Ich streckte die Hand aus und blickte zum
Himmel.

„Spürst du Regen?" fragte Mr. Gonzales aus dem Schuppen heraus. Er reichte mir meine Kiste. „Wenigstens schneit es nicht."
Seine Muttersprache war Navajo. „Vor zwei Monaten sind hier
zwei Mädchen durchgekommen. Waren ganz durchgefroren. Sind
ein paar Tage in einem Motel unten an der Straße geblieben, aber
dann haben sie sich ausgeruht und sind weitergelaufen."

Das mußten die Schwestern gewesen sein, von denen McGhee
gesprochen hatte. Kanadierinnen, sagte Mr. Gonzales. Kurze, kleine Füße. Ich fragte mich, ob ich sie wohl noch einholen würde, obwohl ein achtwöchiger Vorsprung und die vielen möglichen Wege
das sehr unwahrscheinlich machten.

„Zwei Männer sind letztes Jahr hier durchgeritten", erzählte Mr.
Gonzales. „Kamen den ganzen Weg von Durango in Old Mexico.
Sie hatten eine Prügelei in der Bar – weiß nicht, warum, aber sie
sind nie weitergeritten. Haben nur gestritten, glaub ich."

Die „Top o' the World Bar" lag drei Minuten zu Fuß weiter
oben an der Zufahrtsstraße. Draußen parkten ein paar Lieferwagen. Vor der Tür wuchs Unkraut. Was machte eine amerikanische
Bar so anders als ein englisches Pub? Diese hier hatte überhaupt
keine Fenster, nur eine Tür in einer nackten Schlackensteinmauer.
So trinkt man nun einmal in den Staaten, weniger eine Belohnung
als eine Betätigung. Und ihre Bars spiegeln das wider. Es sind Ein-

richtungen, die das Trinken ermöglichen, während Pubs als gastliche Stätten es angenehm machen.

Die Bar zum Gipfel der Welt hatte selbstverständlich keinen Garten, nicht einmal einen Blumenkübel am Eingang. Die nachmittägliche Helligkeit vermischte sich kurz mit dem Schummerlicht, als ich die Tür öffnete und schloß. Ich sah teilnahmslose Gesichter, aufgereiht, und schlaffe Körper, die auf Barstühlen hockten, zwei Frauen, unverblümt fett, billig gekleidet, schlampig – meine Augen hatten sich an das Billardtisch-Mondlicht gewöhnt. Draußen war es Montagnachmittag. Hier drinnen stand die Zeit still, eine Art Theater, eine weitere Scheinwelt. Pubs sind keine Scheinwelt. Die Wirte wohnen in ihnen, wirkliche Menschen, mit Kindern, die einen Stock höher in ihren Betten schlafen. Die Stammgäste stöhnen über die Polizeistunde und die Qualität des Biers. Aber ich war ins Schwärmen geraten. Ich wollte hier drin nichts weiter als telefonieren. Das Telefon befand sich direkt neben der Musikbox, deshalb mußte ich Connie bitten zu schreien.

„Wo bist du?" brüllte sie.

„Route 66 – der Typ mit dem Ramschladen."

„Hört sich so an, als gibt er eine Party für dich. Ich muß nächste Woche nach Albuquerque. Willst du einen Trag freinehmen?"

Eine Woche war es zum nächsten Depot, einem kleinen Ort namens Regina, 130 Kilometer vor der Grenze von Colorado und nur zwei Busstunden von Albuquerque entfernt. Bis dahin würde ich eine Erholungspause brauchen können – und endlich auch Ersatzshorts. Ich hatte die hochgerollten langen Hosen satt.

„In Ordnung", schrie ich. „Ich hol dich am Flughafen ab."

Als ich den Hörer einhängte, hörte ich einen dumpfen Schlag und drehte mich um. Eine der Frauen war von ihrem Stuhl gefallen.

Ich ging zum Schuppen zurück und fing an, den Proviant zu sortieren. Ich freute mich auf Connie.

Der Sohn von Mr. Gonzales saß neben seinem Tonbandgerät und sah zu, als ich die Kiste aufmachte. Er wußte, daß ich durch die ganzen Staaten lief, auch wenn ich jetzt gerade mit marmeladeverschmierten Hosen an einem abgelegenen Flecken saß. Ich hatte das Gefühl, ihn zu enttäuschen. Ich hätte ein Gewehr oder sonst etwas reinigen sollen und dem Jungen Dinge erzählen, die er nie vergessen würde, von Burschen, die sich in fairen Kämpfen prügeln und die Spitzen von Kakteen abschneiden, wenn sie am Verdursten sind – und ihn nicht bitten sollen, mir einen Lappen zu geben. Aber er wohnte schließlich hier. Er fragte, ob es stimme, daß es im britischen Fernsehen keine Werbeeinblendungen gibt, wollte wissen, welche Musik mir gefällt, erzählte mir von seinen Schafen – er hatte vier – und vom Navajo-Farm-Club, dem er in der Schule angehörte. Für seine elf Jahre wußte er eine Unmenge über Wollpreise. Er brach ab, als ein Güterzug vorbeifuhr, bang-bang, bang-bang, Fahrzeuge, bang-bang, Chemikalien, Pflastersteine, Kisten, bang-bang-bang, Atchison, Topeka und Santa Fé, Zielorte mit Kreide auf Waggontüren geschrieben, 123 . . . 124 . . . 125 . . ., dann kam ein dicker Mann um die Ecke.

„Hi", sagte er. „Ich bin Robert E. Sandberg. Ich bin Amateurfunker und habe schon beispielsweise mit ungefähr 285 verschiedenen Ländern in der ganzen Welt mit meinem Amateurfunkgerät gesprochen und sie bestätigt zum Beispiel spreche ich ziemlich oft mit Leuten in Großbritannien vor allem mit einem Mann zwei- oder dreimal in der Woche und heute oder morgen abend wenn die Wetterbedingungen rund um die Erde es zulassen rufe ich ihn und berichte ihm wie Sie hergekommen sind und er kann die Nachricht verbreiten daß es Ihnen gutgeht und Sie es bis Continental Divide in New Mexico geschafft haben und Sie zum Beispiel 650 Kilometer zurückgelegt und noch 3200 vor sich haben."

Mr. Sandberg sah den Sohn von Mr. Gonzales an. „Willst du mitfahren zu deiner Großmutter"

„Ja."

„O. k."

Beim Postamt stieß ich am nächsten Morgen wieder auf Mr. Sandberg. Es tue ihm leid, daß er nicht nach Großbritannien durchgekommen sei, sagte er, aber er werde es an diesem Abend erneut versuchen. Ich fragte ihn, worüber Amateurfunker sich durch den Äther unterhalten.

„Worüber? Oh, wir reden über das Wetter, die Ausrüstung, die wir haben, unsere Familie. Um vier Uhr heute früh habe ich zum Beispiel mit einer norwegischen Dame auf der Insel Pitcairn gesprochen und es geht ihr gut dann hatte ich jemanden in Missouri dran der fragte wann die Kommunisten Afghanistan verlassen würden was man eigentlich nicht machen kann wenn man nach Rußland sendet wie er und ich habe selbst sechs Weihnachten in Vietnam verbracht aber es gibt Dinge über die die Sowjets nicht sprechen können und dann meldet sich einer aus British Columbia ich spreche schon seit Jahren mit ihm der hat 18 Kinder und 35 Enkel. Muß irgendwann mal da hoch und gucken, wie er aussieht. Nehme vielleicht den Wohnwagen.“

Es wurde Zeit, weiterzugehen. Ich lief hinunter zu Stuckeys Raststätte zum Frühstück und betäubte mich mit einem Teller Bratkartoffeln und Waffeln. Die Rechnung lag in einer Kaffeepfütze. Ich steckte mir eine Zigarette an und blickte hinaus auf den Parkplatz. Die Glasscheiben dämpften die meisten Geräusche, doch ich hörte sie im Geiste – faszinierende Vertrautheit, Männer, die zum Tanken vorfuhren und genau das machten, was auch ich machen würde, gähnen, Türen schlagen, am Sack kratzen, den Ölmeßstab weit von der Hose weghalten; Frauen, die von der Toilette kamen und sich den Rock zurechtrückten, Kinder, die hinein wollten und heftig an den Armen zogen.

Es war herrlich, einfach so dazusitzen und nichts zu tun, von diesem unaufgeräumten Tisch aus die Steilabbrüche zu ignorieren, die jenseits der Straße lauerten. Der Aufbruch bei Stuckeys war wie aus dem Bett aufstehen müssen.

Ich hätschelte mich noch weitere zehn Minuten. Ich hatte eigentlich nur fünf vorgesehen, wurde aber in der Herrentoilette aufgehalten, als ich dem Kommen und Gehen lauschte, wie man das so macht. Die Außentür ließ einen Luftzug und das Klappern von Tellern herein.

Zwei Paar Füße liefen über den gekachelten Boden, und ich hörte das folgende kleine Gespräch mit:

„Willst du Aa machen?"

„Nein."

„Versuch's wenigstens. Ich halte nicht noch mal."

Ich verließ die Toilette erst, als sie gegangen waren.

Der Navajo

Der steilaufragende Felsen nördlich von Stuckeys Raststätte war aus Trias-Sandstein, horizontal geschichtet und porös genug, um die Abdrücke meiner verschwitzten Handflächen wiederzugeben, als ich hinaufkletterte. Oben auf der einsamen Ebene traf ich eine junge Frau, die Dolores hieß und sich mit einer Tragetasche und einem vier Monate alten Säugling auf dem Weg befand. Sie sah sehr arm aus und sprach kaum ein Wort Englisch, aber sie brachte mir die Navajo-Worte für „Hallo" bei, und als sie den Weg verließ, für „Auf Wiedersehen". Ich habe keine Ahnung, woher sie gekommen war oder wohin sie ging. Als ich zurückblickte, war sie nur noch ein einsamer Punkt. Dann verschwand sie.

Am späten Nachmittag fuhr ein alter Lastwagen über die Ebene, hinter sich die obligate Staubwolke. Er steuerte auf eine alte Hütte zu. Ein Auto, eine Hütte, eine riesige, eintönige Fläche nur mit Sagebrush. Eine Landschaft, zu groß für Überraschungen. Ich sah, wie der Staub sich legte, die Lkw-Tür zugeschlagen wurde, zwei schwankende Punkte sich dem Fahrer anschlossen. Die Hüttentür ging auf. Und schloß sich. Und das war Navajo-Land. Hütten in einer Landschaft. Der Geruch von totem Pferd zog vorbei, wo ich an jenem Abend halt machte, und auch das war Navajo-Land. In den folgenden fünf Tagen durchquerte ich es.

Am nächsten Morgen folgte ich Kilometer um Kilometer derselben Reihe Zaunpfähle. Der Draht lag am Boden, und so vertrieb ich mir die Zeit damit, im Slalom um die Pfosten zu laufen. Ich kam zu einer runden Hütte aus sauber zugehauenen Steinen, das Kuppeldach wieder aus freitragenden Stämmen, nur daß der

Lehmmörtel herausgefallen war und ein schönes Muster aus saphirblauen Ritzen zwischen den verzahnten Stämmen freiließ.

Gegen Mittag hörte ich vor mir ein Auto – offensichtlich festgefahren. Ein Mann mit blauer Hose und Plateauschuhen mit hohem Absatz versuchte, den Wagen freizubekommen. Er hieß Andy Bodie. Als er seine Baseballmütze abnahm, um sich die Stirn zu wischen, sah ich, daß er einen kleinen Pferdeschwanz trug. Die Räder wirbelten Sand auf, als er den Motor erneut hochjagte, aber auch daß ich mich hinten auf den Wagen setzte, half nichts.

„O. k.", sagte Andy. „Mein Onkel und mein Vetter kommen irgendwann her. Laß uns nur das Wasser runterholen."

Andys Schuhe wirkten ein bißchen deplaziert, als wir die beiden schweren Fässer vom Wagen stießen – nicht gerade das, was ein normaler Amerikaner, ein Bürger der Vereinigten Staaten, unter solchen Umständen tragen würde. Und auch Dolores, die junge Frau mit der Tragetasche und dem Säugling, hatte mich kurz stutzen lassen. Fast alle Indianer, denen ich begegnete, bewirkten das bei mir auf die eine oder andere Weise. Sie gaben der Normalität einen kleinen Schlenker. Wir hatten die Fässer etwa fünfzig Meter gerollt, als mir auffiel, daß Andy zwei Hemden trug, beides ganz normale Baumwollhemden mit langen Ärmeln, aber das eine über dem anderen zugeknöpft. Wieder dieser sonderbare Schlenker.

Ich erschauerte. Hallo Erde, hallo Erde, hier Mondbasis Eins. Mondbasis Eins ruft Erde. Fremde in der Luftschleuse! WIR HABEN FREMDE IN DER LUFTSCHLEUSE. Anscheinend Menschen . . . haben alle Wachen übertölpelt . . . oh, mein Gott! (Zischen einer Kryptonpistole) . . . die Hemden . . . sie tragen zwei Hem . . . (laute Detonation. Übertragung reißt ab).

Wir stemmten die Wasserfässer aufrecht gegen zwei knorrige Wacholderbäume, die einzigen Bäume weit und breit. In den Ästen des einen hing ein Gewehr, aus dem anderen ragte eine Fernsehantenne. Das Kabel lief über den nackten Boden an zwei Lkw-Batterien vorbei unter eine hellgelbe Plane. Vor dem Schuppen stand ein wackliger Tisch, auf dem sich überdimensionale Töpfe und Pfannen stapelten, und hinter dem Tisch ein Ofen – ein altes Ölfaß, das in der Mitte durchgeschnitten worden war, mit einem gerollten Zinnblech als Rauchfang. Der Wind ließ die Asche rund um den Ofen wie Flaum auffliegen und raschelte in der gelben Plane. Himmel, Sagebrush und eine gelbe Plane – aus mehr schien dieser Ort nicht zu bestehen. Die einzige sichtbare Verbindung zur Außenwelt war die Fernsehantenne im Baum.

Rein äußerlich hätte dies das Camp von ein paar Hippies sein können – es lag genug Gerümpel herum –, aber selbst hier war der beunruhigende Zwei-Hemden-Schlenker spürbar. Dies war kein Ersatzhaus. Es fehlten die vertrauten Dinge – sicher, es gab einen Fernseher, aber keine Bücherregale, keine Fotos, keine Uhr, keine Pflanzen, keine alternativen Energiequellen. Alternativ wozu? Wer immer diese Leute waren, sie kamen aus einer anderen Richtung. Es gab weder Naturkost noch Frikadellen von gegärten Bohnen. Andy bot Lammeintopf an.

Die gelbe Plane verbreitete ein friedliches Leuchten im Inneren der Hütte. Auf dem Boden lagen Decken und alte Säcke. Andys Cousine Kathleen sah sich von einer niedrigen Couch aus – ein anderes Möbelstück gab es nicht – eine Krankenhausschnulze im Fernsehen an. Ihr Baby schlief auf dem Boden. Sie sagte Andy irgend etwas in Navajo.

„Sie möchte wissen, ob du einen Fotoapparat hast."

Ich machte die Tasche auf.

„Machst du ein Bild von Adrian?"

Ich hätte dafür bezahlt, Adrian fotografieren zu dürfen. Er sah wie ein winziger Dschingis-Khan aus, zeigte keinerlei Regung, als Kathleen ihn hochnahm. Sie nannte mir eine Postfachnummer, an die ich die Fotos schicken sollte, in einem Ort, der nicht auf meiner Karte verzeichnet war. Ich legte zweimal einen neuen Film ein und fotografierte, was mir vor die Linse kam.

Aber irgendwie verpaßte ich dabei das Wesentliche. Als ich die Bilder sah, waren nur ein alter Lagerplatz und eine Menge weggeworfenes Gerümpel zu erkennen – ein Durcheinander von Symbolen, eher Hohn als Erklärung. Der Wind trug das Klingeln von Glöckchen herein. Andys Mutter brachte die Schafe heim.

Die alte Indianerin mit ihren Schafen

„Der Platz hier gehört ihr", sagte er. „Sie hat ihn von ihrer Mutter bekommen. Es gibt noch ein anderes Grundstück im Nordosten von hier, wo wir unser Getreide anbauen, und zwischen den beiden pendeln wir hin und her, immer dahin, wo das meiste Gras ist."

Fressend näherten sich uns die Tiere. Es war die Art Schafe, die genau wie Ziegen aussehen. Andy erzählte, daß sie alle zwei Stunden zusammengetrieben werden müssen, da sie sonst platzen würden. Von dem hier? Selbst die Eselhasen hatten einen hungrigen Eindruck gemacht. Aber ich konnte dem nicht weiter nachgehen, denn inzwischen war eine alte Frau vorgeritten und abgestiegen.

„Das ist sie", sagte Andy, „Nan Nez Bah Bodie, meine Mutter. Sie ist dreiundsiebzig Jahre alt."

Ich kannte dieses Gesicht. Es hatte mich von den Seiten jedes Buches angesehen, das je über Indianer geschrieben worden war.

Ich widerstand der spontanen Regung, mir die Kamera zu schnappen, und wir reichten uns die Hand. Nan Nez Bah fragte über Andy, ob ich schon gegessen hätte, und wandte sich dann wieder den Schafen zu. Sie setzte sich einfach auf den Rand eines zerbeulten Abfalleimers und betrachtete die Tiere. Ich betrachtete sie. Sie war nicht einfach alt, sie war urtümlich. Ihre Kleidung hätte aus einem klassischen Wildwestfilm sein können. Als die Navajos in den 60er Jahren des vorigen Jahrhunderts auf Fort Sumner eingesperrt worden waren, hatten die Frauen die weiten, losen Röcke und Blusen übernommen, die sie bei den weißen Frauen gesehen hatten. Die Generation von Nan Nez Bah trug sie noch heute. Breite Türkisarmbänder umspannten ihre Handgelenke, deren silberne Fassungen schon stark abgetragen waren.

„Sie trug sie schon als junges Mädchen", sagte Andy. „Seit der Zeit, als sie zum erstenmal die Schafe hütete. Und weil sie das so gut kann und sie so ein schönes Mädchen ist, schenken der Vater und die Mutter ihr diesen Schmuck, damit sie stolz darauf sein kann. Aber heute leben alle in Häusern und sprechen Englisch, und es ist sehr schwer für meine Mutter, alles zu verstehen. Und daher ist es so verwirrend für sie, wenn sie einkauft und wir ihr die meisten Wörter übersetzen müssen."

Er machte eine Kopfbewegung in Richtung der Schafe. „Das da ist ihr Leben. Das ist alles, mit dem sie lebt – Schafe, Lämmer, sonst nichts. Sie kann nicht mal ein oder zwei Tage von den Schafen weg sein, denn das war schon ihr Leben, als sie noch ein kleines Mädchen war, und seitdem ist es so geblieben."

Ich war keine vierzig Minuten hier gewesen: Der festgefahrene Kombi, die Wasserfässer, das Gewehr in einem Baum, die Fernsehantenne im anderen, die karge Weite der Prärie, eine alte Frau, die mit ihren Schafen angeritten kommt, jetzt mit gekreuzten Beinen auf dem Boden sitzt und Wolle spinnt, in der linken Hand einen Ballen geschorene Wolle, in der rechten die beschwerte Spindel, auf die sich der grobe Faden wickelt, die Fernsehschnulze in der Ecke immer noch voll im Gange. Ich wußte nicht, was ich aus alldem machen sollte. Ich bin verrückt nach Ursprünglichem – alte

Nan Nez Bah Bodie

Frauen mit Gewehren bekommen jederzeit meine Stimme, vor allem wenn sie nicht Englisch sprechen können und im Freien Lammeintopf kochen. Ich nenne dies das Kaminecken-Syndrom – Althergebrachtes ist edel; Geschichte ist gut; stör dich nicht an den Wurmlöchern, sieh die Maserung.

Und die Maserung ging tief. Indianer waren eindeutig anders. Aber war das gut oder schlecht oder die Bürde des weißen Mannes oder was? Ich wußte es nicht. Letztlich gehörte es alles dazu und war gut so, wie es war.

Ich lag auf dem Boden, das Kinn auf die Hände gestützt, und beobachtete eine dungfarbene Biene. Ich hatte eine Stunde von den Bodies entfernt neben einem Pfad haltgemacht und ruhte mich aus.

103

Der Wind ließ einen Augenblick nach, und die Biene ergriff die Gelegenheit und summte davon, sirrte durch ein Büschel Narrenkraut, bis ihre Hosen sich vor Pollen blähten. Sie flog erneut los und wurde nach Süden in die Richtung eines seichten Sees abgetrieben. Dann schlug ich in meinem Pflanzenbuch Narrenkraut nach. „*Astragalus purshii*", hieß es dort, „hat die Fähigkeit, aus Schieferböden Selen aufzunehmen... Verlust der Herde kann die Folge sein." Schiefer – Selen – Nan Bez Bah, die alle zwei Stunden die Schafe hereinbrachte. Ich lag im Sagebrush und registrierte erfreut die unerwarteten Zusammenhänge.

Ein Wagen hielt, als ich wieder aufbrechen wollte, und der Staub wirbelte mir in die Augen. Der Fahrer hatte strohblondes Haar – er war offensichtlich kein Navajo – und roch ganz leicht nach Desinfektionsmittel, wenngleich ich mir nicht sicher bin, ob mir das aufgefallen war, bevor oder nachdem er mir erzählte, was er machte. Er war der staatliche Gesundheitsbeamte für die Indianer und hieß Gary. Der Wind blies inzwischen kräftig, und ich stellte mich hinter die schützende offene Wagentür, während wir miteinander sprachen. Gary goß sich einen Kaffee aus seiner Thermosflasche ein. „Hat Ihnen noch niemand angeboten, Sie mitzunehmen?" fragte er.

„Schon viele."

„Und was sagen Sie denen?"

„Ich sage vielen Dank. Dann plaudern wir meistens noch ein Weilchen, und dann fahren sie weiter."

Gary nippte an seinem Kaffee – er rauchte nicht –, und ich antwortete ihm auf die üblichen Fragen, was ich aß, wieviel ich schleppte, wieviel ich täglich zurücklegte, dann die Frage: „Wie können Sie es sich leisten, neun Monate nicht zu arbeiten?"

Mir machte die Frage nichts aus – ich bin selber auch immer neugierig, wenn es um Geld geht – und legte richtig schön los, schwadronierte über Kredite und langfristige Ersparnisse, bis ich merkte, daß Gary gar nicht zuhörte. Er machte eher einen enttäuschten als gelangweilten Eindruck. Ich sah seinen Augen an, daß ihn die wirkliche Antwort überhaupt nicht interessierte. Er hätte es lieber gesehen, wenn ich dank eines Glücksfalls herumgezogen wäre – ein Lotteriegewinn, vielleicht eine Erbschaft, irgend etwas, das diese Tour seinen eigenen Möglichkeiten entrückt hätte. Ein schrottreifer Laster ratterte vorbei, und eine leere Flasche flog aus dem Fenster.

„Das ist hier in der Gegend die Haupttodesursache", sagte Gary. „Trinken und Schrottautos. In allen Reservaten das gleiche. Die neueste Theorie dazu lautet, es sei nicht genug Zink im Wasser."

„Klingt total beknackt", sagte ich.

„Ist es wahrscheinlich auch", meinte Gary, „aber es klingt gut, und ich muß hier arbeiten. Auf jeden Fall sind die Navajos in besserer Verfassung als die meisten Indianer. Sie haben mehr Einfluß als alle anderen Gruppen zusammen."

„Wieso?" wollte ich wissen.

„Tja, am Geld liegt's nicht. Sie haben zwar ein Ölfeld, aber ihre Gewinnanteile pro Kopf sind gar nichts im Vergleich mit dem, was manche andere Gruppe bekommt. Vielleicht liegt's an ihrer Zahl – ungefähr 160 000 verstreut über Arizona und New Mexico –, vielleicht auch an den Frauen. Das Erbe geht von den Müttern auf die Töchter über." Gary kippte den letzten Rest Kaffee hinunter und schraubte die Tasse wieder auf die Thermosflasche. Er suchte nach irgend etwas im Handschuhfach. „Dachte, ich hätte irgendwas für die Nase", sagte er. Ich hielt den Kopf vor den Außenspiegel.

„Die sieht immer so aus", erklärte ich.

„Kochen Sie immer das Wasser ab?"

„Was hat das mit meiner Nase zu tun?"

„Nichts", erwiderte Gary. „Aber wenn Sie's nicht machen, laufen Sie Gefahr, sich eine Lambliasis zu holen. Da läuft Ihnen die Scheiße unten aus der Hose. Aber wenn Sie Hautcreme haben wollen, am Borrego-Paß ist ein Laden. Die Leute dort heißen Don und Fern Smauss."

Garys Bremslichter leuchteten nach etwa vierzig Metern auf.

„Hab ganz vergessen, Sie zu warnen", schrie er gegen den Wind. „Treten Sie nicht in Präriehundlöcher. Die übertragen die Pest."

Haha, Gary, sehr witzig!

Zum Borrego-Paß waren es noch zweiundzwanzig Kilometer entlang der Wasserscheide. Ich war erschöpft, als ich dort ankam, riß mich aber an der Tür zusammen: „Wählt Dunkin zum Sheriff", stand auf dem Plakat. „Veteran aus dem Zweiten Weltkrieg." Die Zapfsäulen standen wie aufgereihte Soldaten steif in der Sonne.

Auf der kleinen Veranda sah ich eine alte, an einen Teewagen erinnernde Waage, an deren Seite mit Kreide die wöchentlichen Wollpreise angeschrieben waren. Die Plattform wackelte, als ich die Gewichte an der Stange verschob – ich hatte seit Kalifornien sieben Pfund abgenommen.

Der Stapel der Drahtkörbe unter Dunkins Plakat (Dunkin sah wirklich gemein aus; ich fragte mich, auf welcher Seite er wohl gestanden hatte) war klein, und ich war daher nicht überrascht, den Laden voll vorzufinden, als ich die Tür aufstieß.

„Monatserster", sagte Fern Smauss, die Sonnenblumenkerne kaute. „Heute ist Zahltag vom Sozialamt."

Ich hockte mich auf einen Stapel Zementsäcke und aß um die faule Stelle eines Pfirsichs herum. Der Borrego-Paß war kein guter Ort für frisches Obst, aber das machte nichts. Don und Fern waren jetzt schon seit über fünfzig Jahren hier, und es war ein Hochgenuß, ihnen zuzuschauen.

Um die Warentheke hatte sich eine Traube aus Einkaufswagen gebildet, als sich dort ein paar Männer, die es nicht besonders eilig hatten, auf die Theke stützten, miteinander plauderten, Kaugummi kauten, mit dem Daumen ihre Mütze zurückschoben. Bis eine alte Frau zwischen den Regalen hervorgetrippelt kam. Wütend starrte sie auf das Hindernis und rief heftig etwas auf navajo. Friedlich grinsend machten die Männer mit ihren Wagen Platz; ihre Baseballmützen und massigen Schultern schauten über den Regalen hervor, als sie einer unsichtbaren Oma hinterherschlenderten. Den Sohn oder Enkel im Schlepptau, kamen die kleinen Frauen in der Nähe des Ausgangs wieder zum Vorschein. Es gab nur zwei Kassen, beide an der einen Theke.

„Hast du das, Don?" Ferns Brille glich alten, braunen Fenstern. „Vier Gallonen normal" – sie wandte sich an die winzige Gestalt mit dem Kopftuch an der Theke –, „normal, ja? Vier Gallonen normal auf Estellas Rechnung."

Aber Don hielt eine Klarsichtpackung mit Zündkerzen hoch. „Eins-Null-Eins Strich... ist das eine Sieben?"

„Vier normal..."

„...sieben neun? Müßte auch für achtundsiebzig passen. Was war das auf Estellas Rechnung?"

„Vier normal", sagte der Mann, der die Zündkerzen kaufte.

Fern saß an der Kasse auf meiner Seite. Mit der Sonnenblumen- kernehand hämmerte sie auf die Tasten, in der anderen hatte sie die feuchten Schalen. Immer wieder schluckte sie zu früh, stieß eine Packung mit dem Ellbogen weiter und rief einem Jungen, der an der Theke lehnte, barsch zu: „Was machtas, Freddy?" Ich glau- be nicht, daß er dort arbeitete. Es war ein geschäftiger Tag, und er war nur zufällig hier. Fern mußte eigentlich alle im Laden von Ge- burt an kennen. Niemand zahlte bar, die Summen – „Was mach- tas, Freddy?" – wurden einfach flüchtig auf Rechnungen geschrie- ben, die unter der Kasse lagen, aber eine Frau bekam eine Gut- schrift für einen handgewebten Teppich, den sie mitgebracht hatte.

„Wir kaufen jetzt fast nur Wolle", sagte Fern, „Später dann Lämmer und Kühe." Sie spuckte die Sonnenblumenhülsen aus. Mr. Smauss, erzählte sie, hatte im Laufe der Jahre versucht, den Viehbestand zu verbessern, indem er gute Zuchtböcke angeschafft hatte, doch die Qualität ließ nach. Fern und Freddy fertigten noch ein paar Einkaufswagen ab, dann: „Was haben Sie gesagt, woher Sie kommen, junger Mann?"

„Aus England", antwortete ich.

„Mein Großvater war aus England. Er war zur Mormonenkir- che übergetreten, aber sein Onkel war der Bischof von London, und er riet meinem Großvater, da auszutreten, und so ging er nach Amerika. Die Mormonenkirche machte meinen Großvater zu einem Kolonisator, wie sie es nennen – für ganz Arizona und Old Mexico –, doch wir wurden von Pancho Villa vertrieben. Schon von ihm gehört? Dann ließ sich mein Vater, kurz nachdem ich ge- boren war, hier in der Nähe nieder. Ich habe also mein ganzes Leben in einem Reservat verbracht. Und ich kann Ihnen sagen, daß dieses Sozialprogramm unser Navajo-Volk ruiniert hat. Sie waren ein fleißiges Volk. Sie haben gewebt. Sie haben schönen Silberschmuck gemacht und hatten gute Schafherden, doch jetzt haben sie kaum noch welche. Sie wollen nur noch in ihren Autos herumfahren."

Aber wanderten die Sozialhilfeschecks nicht direkt in die Smauss'sche Kasse?

„Das ist Geschäft", sagte Fern, „aber es ist nicht die richtige Art Geschäft. Wir glauben, daß wir tun müssen, was unser himmlischer Vater von uns will – Gott meine ich damit –, und was hat er den Menschen gesagt? Er hat ihnen gesagt, sie sollen gehen und ihr Brot im Schweiß ihres Angesichts verdienen. Das hat der Herr zu Adam gesagt, nicht wahr? Aber unsere Navajos verdienen es nicht im Schweiß ihres Angesichts. Sie bekommen es umsonst, und das gefällt uns nicht."

Ich fragte Fern, ob sie sich inzwischen als Navajo fühlte.

„Nein", erwiderte sie, „ich bin einfach eine Weiße, die ihr ganzes Leben bei ihnen verbracht hat. Aber es stimmt schon, ich fühle mich nicht sehr wohl, wenn zu viele Weiße um mich herum sind. Der einzige Weiße, mit dem ich jemals zusammen war, ist der hier." Don spähte über seine Brille und stieß einen kleinen Überraschungsschrei aus. „Wir sind seit fünfundfünfzig Jahren verheiratet."

Ich lief an dem Abend nicht mehr sehr weit, sondern entrollte die Matte unter ein paar Kiefern und las die *Navajo Times:* Geburten, Eheschließungen, Todesanzeigen, Jumbo Toilettenpapier 1,98 $. Es war kalt. Ich lag in meinem Schlafsack, blies den Dampf vom Tee und betrachtete die blinkenden Sterne. Ich hatte das Reservat ungefähr zur Hälfte durchquert, bis jetzt etwa 1100 Kilometer zurückgelegt, und der Mai war in den Juni übergegangen. Als ich am nächsten Morgen aufbrach, bemerkte ich, daß die Nachtkerzen, die bei meinem Start an der Grenze noch so frisch und weiß gewesen waren, allmählich verblühten.

Die Wasserscheide tauchte aus dem Dunst auf und neigte sich hinunter auf ein Erdölfeld. Auf den ersten ein, zwei Kilometern wurde mir durch den Geruch fast schlecht, doch dann gewöhnte ich mich daran und genoß sogar den Anblick der Dutzenden von Pumpen, die sich eifrig auf und ab bewegten wie mechanische Enten. Der braungefärbte Weg führte an einem Schuppen vorbei, vor dem ein paar Männer in Overalls und Arbeitshandschuhen einen Lastwagen säuberten. Unter den Schutzhelmen der meisten schauten dicke, schwarze Zöpfe hervor. Aus dem Radio war ein Navajo-Sender zu hören. Der Chef bot mir ein Sandwich an, und wir unterhielten uns eine halbe Stunde über dies und das und das Erdölfeld. Es wurde seit 1928 ausgebeutet, gab vierzehn Leuten Arbeit und lieferte 1000 Barrel pro Tag.

Die Straße wurde wieder sandigweiß. Ferne Steilhänge wuchsen sphinxartig aus dem Dunst. Ein orangefarbener Schulbus überholte mich. Der Fahrer winkte, die Kinder winkten, ich winkte. Ich sah ihn wieder, viele Kilometer weiter, wie er überall in der Gegend anhielt.

Am nächsten Tag sah ich drei Kilometer abseits des Weges einen dunklen Klotz und änderte die Richtung, um ihn mir anzusehen. Drei Kilometer, das war inzwischen nicht mehr weit. Ich kroch unter einem Zaun durch, stieß auf einen kaum begangenen Pfad und blickte auf.

Trotz Autoaufkleber, T-Shirts und neu inszenierter Schießereien befand sich die Geschichte hier im Westen auf ziemlich dünnem Eis, ein konzessioniertes Aufgebot aus Gründen des Nationalstolzes. Aber bei Pueblo Pintado gab das Eis schlicht nach. Dies war kein weiteres Blockhaus und auch nicht die lauthals ausposaunte Stätte eines gemeinen Massakers. Keine Konzessionsträger, keine Parkplätze. Nur Eidechsen und Spinnen und Ruinen, die aus dem Sagebrush emporwuchsen. Ich hatte zerbrochene Lehmziegel erwartet, morsche Balken, vielleicht ein paar verrostete Konservendosen, doch als ich näherkam, sah ich drei Stockwerke hohe Mauern. Sie bestanden aus übereinanderliegenden Sand-

steinplatten, eine außergewöhnlich schöne Fassade. Die Fenster-
flügel und Portale warfen makellose Schatten. Selbst die Sockel,
auf denen Bodenbalken geruht hatten, standen noch in Reih und
Glied. Der Himmel sagte nichts, und der Wind flüsterte unbehindert über die weite, trockene Ebene. Diese herrliche Ruine war
lange vor der Geburt des Kolumbus aufgegeben worden. Es gab
keine Schilder. Sie hatte nicht das geringste mit den Vereinigten
Staaten zu tun.

Die Ruine blieb regelmäßige fünf Kilometer pro Stunde zurück;
der Umweg hatte mich zehn Kilometer gekostet. Auf einer Tour
wie dieser, hatte alles seinen Wert in Kilometern. So sehr ich mich
auch bemühte, es gab kein Entkommen vor diesem heimtücki-
schen Wirtschaftlichkeitsdenken.

Die Landschaft wurde zu einem Gewirr aus Schwemmsteinen
und Schiefer. Abgeflachte, salzweiße Alluvialberge durchbrachen
den Horizont im Norden. Die ausgewaschenen Rinnen, die die
Ebene durchfurchten, waren knochentrocken. Auf den letzten
dreihundert Kilometern hatte es kein fließendes Wasser gegeben.
Ich hatte mich mit hochgezogenen Schultern niedergekauert, um
aus breiten, seichten Mulden zu trinken, und gewartet, bis die
Sandpartikel sich in meinen hohlen Händen gesetzt hatten. Diese
sich ständig verändernden, einsamen Seen hatten kein eigenes Leben. Sie kamen und gingen mit dem Regen, an den klebrigen Rändern ragten die Spitzen überfluteter Gräser hervor. Manchmal sah
ich Vögel mit langen Beinen, hörte das Di-di eines Regenpfeifers
über den Wasserrippen, aber das war alles. Der Wind heulte ohne
Unterlaß, meine Augen waren rot vor Staub.

Irgendwo hier in der Gegend war eine Grenze zwischen den Navajos und den Jicarilla-Apachen gezogen worden, wo, war mir
ziemlich egal. Ich hatte jetzt seit zwei Tagen keine Menschenseele
gesehen. Es war schon fast dunkel, und ich fühlte mich erbärm-
lich. Vielleicht hatte ich zuviel Sonne erwischt? Ich ließ mich fallen, wo ich stand, und hoffte, daß ich mich morgen wieder besser
fühlen würde. Ich sammelte gerade die nötige Kraft, um den Kocher zusammenzusetzen, als ein Hund durch die Sträucher ge-

sprungen kam, sich am Rucksack aufrichtete und mir das Gesicht leckte. Verpiß dich, du Köter – ich bin krank. Ein zweiter Hund sprang mir an den Beinen hinauf, und einige Augenblicke später starrte mich ein Mann von seinem Pferd herunter an. Es war ein Indianer, aber kein Navajo.

Ich freute mich über dieses unbewußt erworbene Wissen. Man braucht nicht darüber nachzudenken, warum man weiß, daß ein anderer beispielsweise ein Franzose ist oder Engländer oder Deutscher oder Holländer – man weiß es eben, und das Gesicht dieses Mannes paßte einfach nicht in die Navajo-Schablone, die sich unbewußt in meinem Kopf gebildet hatte. Das hieß, daß er ein Jicarilla war, und die Jicarilla-Apachen hatten geschrieben, sie würden sich nicht mit Wanderern befassen – mit anderen Worten: Halte dich dem Reservat fern. Aber Alvarido war aus Neugier hergeritten. Er hatte mich schon vor einer Stunde entdeckt, wie er sagte, aber er hatte nach seinem Vieh geschaut und wußte, daß seine Hunde mich finden würden, wenn er sie losschickte. Ich konnte mich bei dieser Ausführung kaum mehr auf den Beinen halten, wurde aber munterer, als er seine Töchter erwähnte. Er hatte sechs.

„Sie können vergessen, daß sie mal Apachen waren", sagte er. „Habe sie alle auf die Schule nach Santa Fé geschickt. Macht euch die Haare, sage ich ihnen, feiert die Stammesfeste – das ist in Ordnung, aber laßt es dabei. Diese Reservate sind wie Safari-Parks. Wenn ihr hier bleibt, sage ich meinen Mädchen, dann verrottet ihr in größter Geborgenheit."

Das war interessant, aber ich mußte mich wieder setzen. Ich benutzte die Hunde als Vorwand, hockte mich nieder und machte ein paar Spielchen mit ihnen, um zu verbergen, wie kaputt ich war.

„Zu reich", sagte Alvarido. „Wir haben zuviel Geld für einen kleinen Stamm. Wir arbeiten nicht. Wir haben es nicht nötig. Wir sind wie die Araber. Schrottreife Autos, leere Flaschen – das sagt eigentlich alles."

Trotz der Töchter hoffte ich inständig, daß er mich nicht zu sich nach Hause einladen würde. Ich wollte nicht als kranker Mann vor seiner Familie auftauchen.

Aber bis zum Morgengrauen hatte ich mich erholt. In der Nacht war es schneidend kalt gewesen, und zum ersten Mal fand ich Eis im Wassersack, als ich aufwachte. Um sechs brach ich auf, hätte fast noch einen Dachs über den Haufen gelaufen und schwitzte um acht, als es hoch zum Rand eines bewaldeten Steilhangs ging. Nachdem ich in den letzten sechs Tagen über das übergroße Doppelbett des San-Juan-Beckens gekrochen war, konnte ich jetzt die Ritze zwischen der Matratze und der Wand überblicken. Die vereinzelten Felsen waren bis jetzt mehr oder weniger flach gewesen, aber die bewaldeten Hügel, die vor mir aufragten, waren die ersten Vorboten der wirklichen Berge, die noch kommen sollten, obwohl es noch keine größeren Kämme waren. Das Tal zu meinen Füßen würde mich die restlichen hundertdreißig Kilometer bis zur Grenze von Colorado führen, wo die Kletterei erst richtig anfing.

Jetzt mußte ich erst einmal absteigen. Regina, mein viertes Proviantdepot, war die Tankstelle an der Autostraße, die durch das Buschwerk unten lief. Ich hatte vor, den Rucksack dort ein paar Tage abzustellen, um in Albuquerque Connie zu treffen.

Neue Verpflegung

Ich verbrachte den Rest des Nachmittags damit, mich mit Virginia zu unterhalten, der Eigentümerin der Tankstelle. Jedesmal, wenn ein Kunde hereinkam, sagte sie: „Wissen Sie was? Dieser junge Mann ist direkt von Mexiko bis hierher gelaufen!", und ich biß dann verlegen in mein Sandwich. Als sie hinüberging zu George, um ihm bei irgendwas zu helfen, hatte ich die Tankstelle für mich. George hatte einen Schlaganfall gehabt und konnte nicht mehr viel tun. Später kam er herübergeschlurft und saß mit offenem Mund in einem Sessel, aber ich konnte nicht verstehen, was er sagen wollte. Niemand sprach mehr richtig mit ihm. Etwa so: „Hi, Virginia. Wie geht's George?", und sie antwortete: „Nicht schlecht heute", oder: „Ihm geht's gut". Mir gefiel Virginia. Die Nacht verbrachte ich in ihrem Schuppen.

Die Morgensonne warf meinen Schatten quer über die dampfende Straße. In der Nacht hatte es heftig geregnet, und der Bus nach Albuquerque hatte wegen Überflutungen zwei Stunden Verspätung. Als er schließlich auftauchte, war er voll. Ich setzte mich auf den Boden und unterhielt mich fast den ganzen Weg mit einer Datenverarbeiterin, aber sie hatte einen Sitzplatz, und so bekam ich einen steifen Nacken.

Das Sitzen auf dem Boden war eine gute Methode, meine besorgten Gedanken loszuwerden. Städte sind etwas Praktisches, um Shorts und ähnliches zu kaufen, aber sie sind keine Umgebung, in der ich mich wie von selbst wohl fühle. Ich reiße mich immer bis zu einem gewissen Maß zusammen, wenn ich mich einer Stadt nähere. Aber Albuquerque machte einen guten Eindruck – ein niedriger, ausladender Ort, pseudospanisch im Stil und überwiegend hellbraun angestrichen. Ich suchte im Branchenverzeichnis Campinggeschäfte heraus, als ein Mann quer über den Busbahnhof auf mich zuwatschelte. Er stellte sich als Tank vor.

„Hey, Mann", sagte er, „auf Achse?"

Volltreffer, Tank.

„Die Good Sheperd Mission ist dufte, wenn du einen Platz brauchst", erzählte er weiter, „aber check das, Mann, du mußt bedürftig aussehn. Deshalb läßt du dein Zeug am besten hier in einem Schließfach. Sag mal, Mann, gehst du auch zum Regenbogen-Fest? Eigentlich organisiert es ja keiner, aber dieses Jahr ist es in Michigan, 4. bis 6. Juli. Alles campt im Freien – Koks, Hasch, jeden Stoff. Hastu mal'n paar Zehner für'n Kaffee? Ja? Danke, Mann. Hier, geb dir das. Ja! Ist 'ne Kreditkartennummer. Gehört einem Freund. Ist ungefährlich – er hat nichts dagegen, daß ich sie benutze, du brauchst also nur . . . hey, Mann, wohin gehst du? . . . Hey, nicht vergessen . . . 4. bis 6. Juli . . ."

Ich nahm einen Bus zum Coronado-Einkaufszentrum, kaufte mir Shorts und zog sie an. Connie sollte am nächsten Morgen ankommen, aber ich kümmerte mich nicht weiter um die Mission zum guten Hirten, weil eine Frau beim Forstamt, wo ich wegen weiterer Karten vorbeigegangen war, mich zum Übernachten einlud. Sie hieß Jan, ihr Mann Paul. Da ich am nächsten Tag ein paar Stunden übrig hatte, rieten sie mir, mit der Seilbahn auf den Sandia-Gipfel zu fahren, der im Osten über der Stadt thronte. Aber ich verpaßte diese Gelegenheit, weil ich in der öffentlichen Bibliothek einschlief. Nur eine Stunde vor Ankunft von Connies Maschine weckte mich ein Angestellter, und ich gähnte den ganzen Weg zum Flughafen. Jan und Paul hatten mich mit ihren Fragen bis drei Uhr wachgehalten.

Connie sagte, ich hätte Gewicht verloren. Ich sagte, sie auch. Wir waren beide verlegen. Daß wir in einem Motel waren, half nichts, und so verließen wir es wieder. Connie führte einige Telefonate, ich mietete einen Wagen. Wir fuhren nach Denver, stellten einen Supermarkt auf den Kopf, verwandelten ein Motelzimmer in ein Schlachtfeld aus leeren Kartons und fuhren, nachdem wir ein großzügiges Trinkgeld für die Putzfrau hinterlassen hatten, mit elf Verpflegungspaketen im Kofferraum los. Viertausendachthundert Kilometer und elf Tage später waren wir wieder zurück, meine Depots bis zur kanadischen Grenze komplett.

Donnerstag, 16. Juni, halb zwei nachts. Ich schlich mich aus dem Zimmer, aber als ich ins Taxi stieg, sah ich am Fenster ein kleines, weißes Gesicht. Zeit für das Taschentuch.

Ich hatte an der Bushaltestelle ein Exemplar der *Albuquerque Tribune* mitgenommen, konnte mich aber nicht richtig konzentrieren. Ich dachte an die Kilometer, die Connie und ich zurückgelegt hatten – Stunde um Stunde mit konstant hundertzehn –, und die ich jetzt laufen wollte. In Wyoming hatte es noch geschneit. Ich blätterte um – weitere Überschriften, nichts Interessantes, dann:

„Junge in Arizona an Pest gestorben

Ein fünfjähriger Junge aus dem in Arizona liegenden Teil des Navajo-Reservats ist an Beulenpest gestorben. Außer diesem Fall in Arizona sind in diesem Jahr insgesamt sieben Pestfälle in New Mexico bestätigt worden..."

Tut mir leid, Gary!

Durch die Ritzen im Dach von Virginias Schuppen fiel Sonnen-
licht. Ich steckte den Kopf unter den Wasserhahn und ging ins
Büro. Der Hocker an der Kasse war leer, aber im Aschenbecher
glomm noch eine Zigarette.

„Hab gerade Kaffee für George gemacht", sagte sie, als sie hereinkam. „Ich habe mich schon gefragt, wo Sie abgeblieben sind."
Ich erklärte ihr die Sache mit den Verpflegungsdepots. Das nächste
befand sich in einem Ort, der Creede hieß.

„Creede in Colorado? Ist ein ganz schönes Stück."

Über die Route hatte ich mir noch keine großen Gedanken gemacht, aber die hundertdreißig Kilometer, die es noch bis zur
Grenze nach Colorado waren, würden ziemlich leicht sein. Über
die Berge würde ich mir den Kopf zerbrechen, wenn ich dort war.

„Erwarten die Sie?" fragte Virginia.

„Wer?"

„Die Leute in Creede."

„Irgendwann, denke ich, aber es gibt keinen festen Termin."

„Und was passiert, wenn Sie sich nicht zeigen?"

„Dann werden sie die Sachen wahrscheinlich selbst essen", sagte
ich.

„Ich meine, was wird aus Ihnen? Wenn die nicht wissen, wann
sie kommen, wie wissen sie dann, ob auch alles in Ordnung ist?"

Mir war noch nie in den Sinn gekommen, daß bei mir etwas
nicht in Ordnung sein könnte.

„Colorado ist schließlich nicht New Mexico", sagte Virginia. „Ich
mache mir Sorgen."

Von Regina zur Grenze

Seit siebenundzwanzig Kilometern maulte ich über meine Beine.
Jetzt saß ich auf der Erde und war sauer. Alles tat mir weh. Alles
lag quer. Alles war eine sinnlose, mörderische Schinderei. Ver-
drossen starrte ich zu Boden. In den letzten elf Tagen hatte ich
Menschen um mich gehabt, Sachen zu lesen, Aktion, Reaktion,

Ablenkung. Jetzt nicht mehr. Ich brauchte zwei, drei Tage, meinen Laufrhythmus wiederzufinden, immer nach Norden, wo die ansteigenden Ebenen dunkle Kiefernkappen trugen. Anstelle von Sagebrush bewegte sich kurzes Gras im Wind, und am zweiten Morgen zeigten sich am Horizont weiße Toppsegel aus Schnee.

Ich kam an mehreren Seen vorbei, richtige Seen, deren seichte Stellen mit Schwertlilien und Riedgras zugewachsen waren, und spürte die ersten Moskitos. Insektenmittel richten bei mir offenbar nichts aus. Es ist so ähnlich wie Superklebstoff – unfehlbar, bis man ihn wirklich benutzt –, aber zu meiner Überraschung erfüllte dieses Zeug tatsächlich seinen Zweck. Die Moskitos glichen Kamikazefliegern an kurzen Fäden, die kurz vor dem Ziel ruckartig haltmachten. Ich verspottete sie in den nächsten zweieinhalb Monaten, bis sie mich, von den ersten Herbstfrösten am Boden gehalten, sowieso in Ruhe ließen.

In der dritten Nacht nördlich von Regina schlief ich in einem mit Gerümpel gefüllten Cañon. Aufgegebene Bergwerke übersäten die Hänge, und das Flußbett lag voller Autowracks. Die Morgensonne kroch die Cañonwände hinunter und fing Weidenflocken in der warmen Luft. Ein schmutziger Hund fing an zu bellen. Er war an ein leeres Ölfaß gekettet, neben einem Schild, auf dem stand: „Tor schlißen – Tire". Das Tor war selbstverständlich sperrangelweit offen, und direkt dahinter lag eine Hütte.

Der alte Mann auf der Veranda hieß George Carillo. Er saß auf einem gußeisernen Bettgestell, die Hände um ein Knie geschlungen, während das Morgenlicht sich über das Geländer ergoß. Als ich ihn um Wasser bat, löste er einen Haken an der Tür, hantierte im Innern der Hütte herum und kam mit zwei Humpen Kaffee zurück.

„Ich glaub an mein Herr Jesus Christus", verkündete er und ließ sich wieder auf dem Bettgestell nieder. „Glaub nur an ein, un das ist er. Hab genug zum Essen. Hab genug zum Beißen. Hab ein Haus, vier Ziegen, hab fünfzehn Hühner, un ich tu nieman' nichts zuleid." Die Stimme glich einem Brodeln und Gurgeln. „Wenn ich es brauch 'nen Whiskey oder es brauch 'nen Wein, kauf ich mir einfach kleine Flasch'n, un ich versprech es mein Herr, ich helf alle. Ja, mein Freun. Alle brauchen, und ich tu Hilfe."

George schob sich etwas Tabak hinter die Lippe. Ich hatte gemeint, er müsse Mexikaner sein, aber das war nicht der Fall.

„Ich bin in Colorado geboren", sagte er. „Bei Pagosa Springs. Ich arbeit in Goldmine mein ganzes Leben. Oh, ja." Er nickte in Richtung der fernen Berge. „Vor drei Jahren nehm ich mein Schwiegersohn. Jetzt is er reich. Hat 'n schönen Wagen, aber er gibt mir nichts. Jaja. So is das, mein Freun." George beugte sich vor und spuckte über das Geländer. „Kennst du Plata? Silver? Hab eine Mine dort, verstehst du? – Da oben. Doch ein Problem mein Pferd. Schlägt aus an mein Bein, un so arbeit ich nich mehr in mein Loch. Aber ich hab Luzerne. Hab bißchen Getreide. Diese Woche bringt jemand 'ne Maschine, schneidet mein Getreide. Gestern hab ich gewartet. Is wohl beschäftigt, glaube ich."

Georges Cañon führte zu einer Straße, und die Straße zu einem Ort, der Chama hieß. Ich hatte den halben Weg schon hinter mir, war mit den Gedanken in den vor mir aufragenden Bergen, als ein Fahrzeug vom Naturschutz anhielt und die Fahrerin mir anbot, mitzufahren. Sie hieß Eileen.

„Ich laufe", erklärte ich, „aber mein Rucksack muß das nicht unbedingt."

„Holen Sie ihn im Büro ab."

Mir wurde ohne den Rucksack fast schwindlig. Die ersten Kilometer waren wie ein Spaziergang auf dem Mond. Ich stürzte in den ersten Laden, an dem ich vorbeikam, schüttete zwei Cola in mich hinein und kaufte Erdnußbutter, Brokkoli und Apfelsinen.

„Zeigen Sie mir mal den Brokkoli", sagte Eileen. Sie hielt nicht viel davon. „Wir bekommen hier nicht genug frische Sachen", sagte sie. Ich erzählte, daß Georges Stückchen Luzerne das einzige bebaute Land gewesen war, das ich im ganzen Bundesstaat gesehen hatte.

„Stimmt", bestätigte Eileen. „Hier unterhalb der Berge ist es feuchter. Deshalb sind die Spanier auch geblieben. Aber wenn Sie sich an die Wasserscheide halten, werden Sie keine Farmen sehen. Im Grunde werden Sie jetzt überhaupt nichts sehen. Laufen Sie Ski?"

„Nein", antwortete ich.

„Das werden Sie vielleicht müssen", meinte Eileen. „In den San-Juan-Bergen hat es im letzten Winter Rekordschnee gegeben, und das meiste davon ist noch da."

Blumen, feuchte Erde, Moskitos, schneebedeckte Gipfel, die Veränderungen waren langsam gekommen, und zur Sommersonnenwende, am 21. Juni, überschritt ich die Grenze nach Colorado. Der junge Chama toste neben mir, ein unersättliches, grünes, reißendes Wasser. Ich warf den Rucksack ab, zog die Stiefel aus und legte mich der Länge nach in den Rittersporn. Bienen summten vor einem Hintergrund aus Kiefern. Das Tal war verträumt und tannengrün. Ich fühlte mich körperlich stark, meine Haut war fest, meine Muskeln bereit für die Berge. Seit Antelope Wells hatte ich einen weiten Weg zurückgelegt. Ich erinnerte mich, wie blöd ich mir vorgekommen war, als ich Señor Casillas, dem Zollbeamten, gesagt hatte, daß ich nach Kanada laufen wolle. Und er hatte mir eine Dose Sardinen angeboten – „was Sardinen, um zu helfen", hatte er gesagt. Irgendwie hatten sie das schon.

Statistische Anmerkung:
New Mexico – 5. Mai bis 21. Juni, abzüglich 2 volle Ruhetage und 11 Tage für das Verteilen der Verpflegungskisten mit Connie. 950 Kilometer, 33 Nächte im Freien. 4mal das Zelt benutzt, 4½ Kartons Verpflegung leergegessen, im Durchschnitt 29 Kilometer pro Tag gelaufen. 1mal Regen, 1mal Nieselregen, 1mal Hagel. 1mal 3280 Meter Höhe erreicht.

Teil III Colorado

Gebirge

Ich erwachte, noch immer im Rittersporn, wenngleich die Bienen inzwischen sicher andere waren. Ich wollte ihr Leben erleichtern, kleine Schildchen an den bereits besuchten Blüten anbringen – erledigt, erledigt, erledigt –, aber warum sollte ich ihnen ihr Abenteuer verderben? Ich stocherte statt dessen mit einer spitzen Kiefernnadel in meinen Zähnen herum. Ich war... unentschlossen.

In den letzten zwei, drei Tagen hatte ich gewissermaßen den Prospekt von Colorado durchgeblättert: blauer Himmel, weißer Schnee, dunkle, bewaldete Hänge, Schmelzwasser, das in Kaskaden über ferne Steilwände stürzte. Es hatte beim Näherkommen alles so lieblich ausgesehen, so beschaulich, aber ich war kein Zuschauer mehr. Ich war im Begriff, auf die Bühne zu klettern. Als ich aufblickte, fiel mir jenes Gefühl in der Magengrube wieder ein, das ich gehabt hatte, als ich zwischen Lordsberg und Deming aus dem Bus gestiegen war. Aber ich hatte es überwunden, hatte geistige Schutzdämme errichtet, als ich nach Norden mäandert war, die der Fluß neben mir jetzt zu zerstören drohte. Ich bezweifle, daß der Chama zu diesem Zeitpunkt breiter als zehn Meter war, doch die Wassermenge, die schiere Wucht des Sturzbachs, waren ernüchternd.

Ich hatte den Rittersporn inzwischen hinter mir, schlängelte mich durch dichten Löwenzahn, und das Poltern rollender Felsbrocken wurde schwächer, als ich mich vom Fluß entfernte. Eine Reihe Espen nickte am Rand der Wiese vor dem Dunkel der Fichten. Ich fühlte mich sehr allein. Die Bäume hatten es gut, sie hatten einander. Die wenigen abgestorbenen traten als knochenweiße Gerippe hervor, und hoch oben in den tief eingeschnittenen Wasserläufen standen die Tannen, um sich den abrutschenden Geröllhalden entgegenzustemmen. Ich kam mir sehr klein vor, hatte Angst vor dem, was mir bevorstand. Ich begann zu steigen.

119

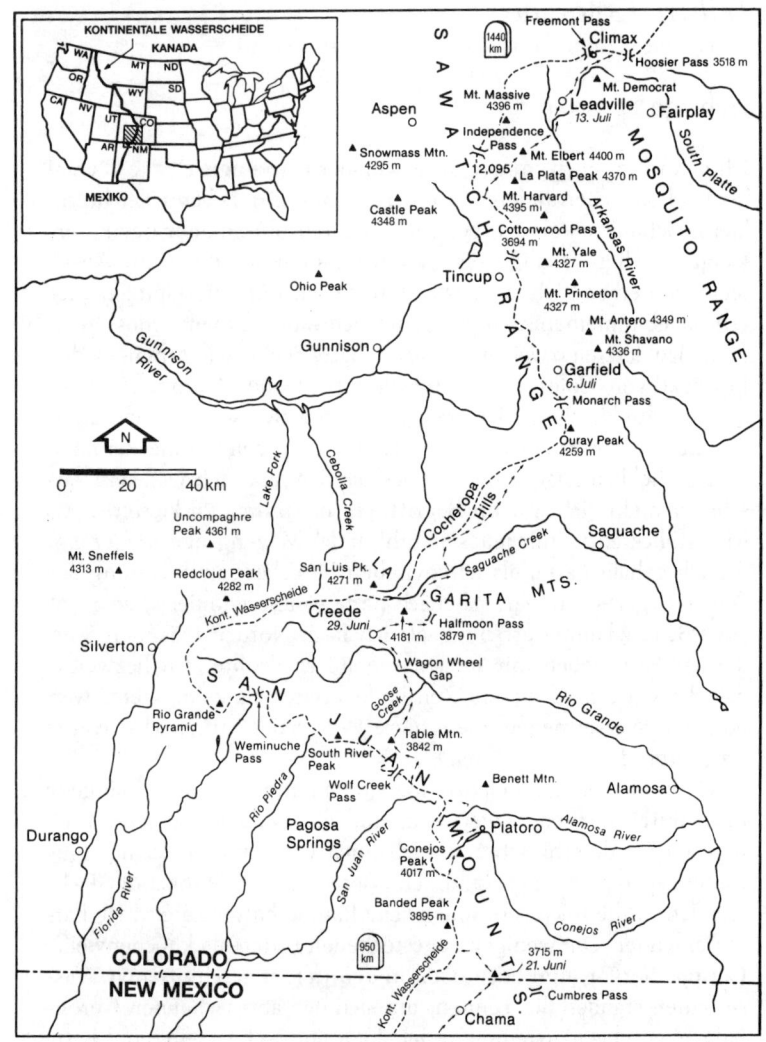

Süd-Colorado

Ich verließ die Wiese und pflügte mich zwischen den Espen hindurch den Hang hinauf. Nach so langer Zeit auf freier Fläche war das Gefühl von Ästen, die sich über mir schlossen, etwas Neues. Kleine Bäche tosten durch die Bäume talwärts. Wo sich der Hang sanfter neigte, waren Sümpfe mit stinkendem Zehrkraut und Trollblumen, und ganz im Schatten wuchs eine Primel, die Götterblume hieß, mit rosenroten Blütenblättern, die wie der Schweif eines Kometen aufleuchteten. Die Orientierung war einfach – immer bergauf, links und rechts interessierten nicht so sehr. Der Schweiß lief in Strömen, nichts Neues, aber ich hechelte wie ein Hund. Der ganze Körper änderte seinen Rhythmus. Draußen im Flachland war ich der Homo erectus gewesen, der vorwärtslief und wie in Trance sein Gehirn betätigte. Hier oben gab es nichts von diesem ektomorphen Unsinn. Hier gab es nur Schweiß und Speichel und Bizeps und Lunge und Kniescheiben und Sehnen und Schenkel – der Muskelapparat des Sprinters, nur daß dies ein 1000-Kilometer-Parcours war. Das nächste flache Stück kam erst in Wyoming.

Dicke Fichtenkerzen waren an die Stelle der Espen getreten, obwohl ich diesen Wechsel bei dem auf vollen Touren laufenden Motor kaum bemerkt hatte. Ich spürte zerbröselnde Flechten unter den Handflächen und schaute auf – ein chaotischer Geröllhang, Winkel und Flächen, in der wärmenden Nachmittagssonne. Ich spielte weitere hundert Meter Himmel und Hölle und fand auf graubraunem Gras Zuflucht; die zerzausten Büschel waren gerade von ihrem neunmonatigen Federbett aus Schnee befreit worden. Das kahle Stück führte steil bergauf und wand sich zwischen zerborstenem Fels über den Grat. Ich blieb stehen und blickte zurück. Der Fluß, den ich nicht hatte überqueren können, war jetzt nur mehr ein silberner Faden.

Fast vier Stunden war ich jetzt gestiegen, aber trotz der Ablenkung durch die körperliche Anstrengung wurde ich wieder unruhig. Wie würde es ganz oben sein? Ich befand mich jetzt direkt unter dem Grat und suchte nach einem Weg hinauf, als ich bei einer kurzen Verschnaufpause merkte, daß ich nicht allein war. Ein pel-

ziges Geschöpf kauerte, den Rücken zum Wind, vor dem Himmel.
Ich zerrte die Kamera hervor. „Ein Silberlöwe!" dachte ich und
wechselte hektisch das Objektiv, obwohl das Tier ebensogut eine
rotbraune Katze sein konnte. Es war gar nicht so weit weg, doch
die vertikale Entfernung zwischen uns ließ es seltsam fern erscheinen, wie eine Statue auf ihrem Sockel, und solange man nicht direkt neben Statuen stehen kann, sind sie größenmäßig unmöglich
einzuordnen. Bei Bergen ist es ebenso. Ich war im Wunderland.
Die Felsen über und unter mir konnten kleiner als ein Fußball
sein, aber auch größer als ein Schreibtisch. Und der Blick über das
Tal – nach der Karte war die Schlucht zehn Kilometer breit, aber
was bedeutete das wirklich? Ich mußte eine völlig neue Sprache
lernen. Der bloße Gedanke, daß die Länge eines Kilometers
schwanken konnte, je nachdem, von welchem Ende aus man aufbrach, schien grotesk. In New Mexico war ein Kilometer ein Kilometer gewesen – zwölf Minuten hin und zwölf Minuten zurück,
wenn man aus irgendeinem Grund umkehren mußte. In Colorado
sagte ein Kilometer nichts aus. Tatsächliche Entfernungen waren
das letzte, woran man dachte. Im Grunde existieren sie kaum –
ausgesetzt dem kläglichen Geschick durch die Wirklichkeit in
Form von Felsen und tiefem Schnee, von Steigung und Felsnasen,
von Wind und Regen gebeutelt. Colorado war nicht einfach ein
neuer Bundesstaat, es war eine neue Denkweise.

Aber die euklidische Welt aus eintönigem Beifuß war schwer
abzuschütteln. Ich hatte den Hang einer fingerförmigen Rinne er-
stiegen, die etwa tausend Meter hoch war. Ungeheure Mengen
von Erde und Fels waren abgetragen worden, abgewetzt vom
längst verschwundenen Eis, und im Geist versuchte ich, alles zu-
rückzubringen, das Tal wieder aufzufüllen, Ordnung in diese neu-
en Dimensionen zu bringen. Bis zu einem gewissen Grad gelang
mir das. Der Silberlöwe war ein Murmeltier.

Schnee hatte beim Aufstieg nur an einigen Stellen gelegen, und
außerdem wenig. Die steilen oberen Hänge waren fast schneefrei,
doch als ich den Kamm erreichte, sah ich mich einer geschlossenen
Schneedecke gegenüber. Ich verschwendete keinen einzigen Ge-

danken an sie. Hier stand ich, und dort, keine fünfzig Meter entfernt, saß das noch immer ahnungslose Murmeltier. Das würde
ein tolles Foto geben. Wieviel näher konnte ich noch ran?

Mein Schrei erscholl beim dritten Schritt. Ich war bis zur Taille
in den Schnee eingesunken und schnappte nun erschrocken nach
Luft. Ich war entsetzt über meine Naivität. Das, wurde mir klar,
war, was der reißende Fluß hatte sagen wollen. Wach auf, hatte er
mir zugerufen, erkenne, wo du bist.

Ich robbte auf festen Boden zurück. Das Geschehen der letzten
Sekunden war in dem schmutzigen Schnee deutlich sichtbar. Dann
stand ich einfach da und biß mir auf die Lippen, ein halbherziger
Steuermann, der sich vor einem zweiten eisigen Start drückt. Ich
hatte erwartet – was eigentlich? Zickzacklinien als Berge, kleine
umgekehrte „w"s am Himmel als Vögel? Aber das hier war entsetzlich. In keiner Richtung eine Erleichterung. Ich war in 3600
Meter Höhe, und trostlose Tundra erstreckte sich weiß bis an den
kalten Horizont.

Mich schauderte. Ich mußte nicht hier oben sein. Es gab Straßen, die diese Berge umgingen, schneefreie Täler unterhalb der
Wasserscheide. Ein Umweg wäre einfach gewesen. Aber dachte ich
nach nur zwei Schuhen voll Schnee schon an den Schleudersitz?
Ich hatte mich nicht für einen gehalten, der so schnell aufgibt,
aber es soll doch festgehalten werden: Mein erster Gedanke unter
diesen neuen Umständen war, umzukehren. Ich verwarf ihn, zog
die Gamaschen über und fühlte mich jetzt, da ich zumindest wie
ein Kletterer aussah, etwas sicherer.

Die Schneeverwehung vor mir bedeckte rittlings den ganzen
Grat, doch entdeckte ich genau an ihrem Rand einen vom Wind
freigeblasenen Korridor. Zwanzig Meter freier Fels inmitten einer
Schneeverwehung – ein Geschenk zur rechten Zeit. Er führte auf
den nächsten schneefreien Flecken, und plötzlich war die Angst abgefallen. Das Plateau lag offen vor mir. Von dem Augenblick an
hatte ich, höhere Gewalt ausgeschlossen, nicht den geringsten
Zweifel, daß ich die Tour beenden würde.

Die Sonne war soeben verschwunden. Ab jetzt würden die Tage kürzer werden, wenn auch in den nächsten Wochen noch kaum wahrnehmbar. Ich fragte mich, was meine Freunde wohl heute abend machten – am Johannistag zu Hause in England. Sicher lagen sie völlig fertig an irgendeinem Berghang. Ich schickte ihnen ein Grinsen aus der Ferne und sah mich nach einem Lagerplatz um.

Ja! Ich suchte einen Platz zum Zelten. Nicht zum Schlafen, nicht zum Übernachten, nicht um meine Matte auszurollen, sondern um richtig zu zelten. Ich verabscheue Zelten. Zelte sind eine spießige Plackerei. Aber es war kalt, und ich brauchte einen Platz, um meins aufzustellen. Das Problem war, daß es keinen richtigen Boden gab – nicht das, was man terra firma nennen würde. Es gab entweder Schnee – und zwar reichlich – oder steinbruchartige Felsreste. Ökologisch gesprochen befand ich mich auf alpiner Tundra, in der zwar ein paar wetterfeste Pflanzen Wurzeln schlagen, aber keine kleinen Zeltheringe. Schließlich befestigte ich die Spannschnur an niedrigen Sträuchern und beschwerte das Überdach mit Steinen: In dieser Höhe überleben die Bäume nur als verkümmerte Zwerge und brauchen hundert Jahre, um kniehoch zu werden. An solch einem sogenannten Krummholz hatte ich das Zelt befestigt.

Mein Lebensstil änderte sich ganz offensichtlich. Während ich mich in der Wüste zum Essen ausgezogen hatte, tat ich hier das genaue Gegenteil: Ich zog eine Bundhose an, Kniestrümpfe und eine Faserpelzjacke. Ganz der kleine Bergsteiger. Das Essen selbst waren der übliche Eintopf und Dörrfleischstreifen. Danach fühlte ich mich kein bißchen weniger hungrig, steckte mir eine Zigarette an und betrachtete, wie die Sterne die Dunkelheit durchdrangen.

Die hellsten waren die Planeten Venus und Jupiter tief am südlichen Himmel. Seit Mai waren sie etwa in der gleichen Position geblieben, aber einige der Konstellationen hatten sich geändert. Die Strichmännchen der Zwillinge waren verschwunden, so daß der Löwe den Marsch nach Westen anführen konnte; hinter ihm kamen die Schwergewichtler – der Bärenhüter, der Fuhrmann und der riesige Herkules, und dazwischen der nicht zu übersehende Halsring der Nördlichen Krone. Zu dieser Stunde kam im Osten

Trügerischer Schnee

gerade der Schwan hoch. Ich stellte mir vor, wie er einsam rufend seinen Hals in die funkelnde Nacht reckte, obwohl das, was ich durch die Kapuze des Schlafsacks hörte, etwas anderes war – die Millionen Geräusche von Wassertropfen, Schneeregen, der bis zum Morgen frieren würde, wie ich hoffte.

125

Die südlichen San-Juan-Berge

Es war noch dunkel, als ich aufstand. Nichts bewegte sich. Der Aluminiumlöffel fiel mir aus der Hand und gab ein scharfes, helles Geräusch von sich, als er auf den Fels traf. Die Geräusche hier oben hatten so harte, saubere Kanten, daß auch die Stille deutlicher wurde. Man hörte sie, vor allem nachts. Ich wuchtete die 30 Kilo auf den Rücken und brachte die Gurte mit Schulterzucken in die richtige Lage. Zwölf Stunden später kam ich wieder zum Stehen. Das Gelände war nicht sonderlich zerklüftet gewesen – ein paar An- und Abstiege, eigentlich nicht mehr als kleine, kantige Hügel –, aber der Boden war ein beschwerliches Gemisch aus Fels, Schlamm und Schnee. Ich hatte dreizehn Kilometer geschafft.

In den ersten beiden Stunden blieb die Kruste hart, und ich konnte lange Schneewehen überqueren und jeweils mehrere hundert Meter am Stück mit knirschenden Schritten zurücklegen, bevor die Oberfläche nachgab, um mich manchmal in einen Fluß rutschen zu lassen, meistens jedoch in verborgenes Krummholz. Es waren Slapsticknummern, auch wenn ich allmählich die Lacher schon voraussagen konnte. In New Mexico hatte ich das Flachland „abgetastet", hier „las ich im Schnee" und suchte nach verräterischen Anzeichen von Hohlräumen. Ich war froh, allein zu sein. Stundenlang vergnügte ich mich mit Späßchen über verräterische Anzeichen und hätte damit einen Begleiter höchstens in den Wahnsinn getrieben. Bei einer Teepause am Vormittag drehte ich mich in einem kleinen Kreis, folgte meinen Spuren im Schnee, Runde um Runde, und murmelte verschwörerisch: „Hab ich mir doch gedacht, hab ich mir doch gedacht – verräterische Zeichen!" Ich hielt mir den Bauch vor Lachen. Bald gab es überall verräterische Zeichen. Meine Hände waren kalt – ein verräterisches Zeichen: Meine Hände mußten kalt sein. Das Wasser auf dem Kocher kochte – ein verräterisches Zeichen: Das Wasser auf dem Kocher mußte kochen.

Aber gegen Mittag war der Schnee weich, und meine neuen Erkenntnisse waren wertlos. Egal wo ich stehenblieb, ich brach bis zu den Oberschenkeln ein. Ich nahm den Rucksack ab und versuchte, ihn hinter mir herzuziehen, um das Gewicht zu verteilen. Wenn ich auf festen Untergrund traf, trödelte ich herum und machte das Beste aus meiner Gnadenfrist. Inzwischen war ich bei schlechten Legionärswitzen gelandet und tat jedesmal, wenn ich in ein Loch fiel, so, als wäre ich gerade ein Stück kürzer gemacht worden. Ich habe keine großen Lateinkenntnisse und rief daher, wenn der Schnee nachgab, was mir gerade in den Sinn kam – „Honi soit qui mal y pense!" oder „Pourquoi moi, oh, César?" –, arbeitete mich ächzend mit kleinen Übersetzungsübungen wieder heraus: „Es wäre schlecht für uns ausgegangen, wäre dieses Loch nicht weniger tief gewesen" oder: „Ich möchte Caius Centenius, den Prätor, vorausschicken, damit er die Parade abnimmt."

Der Grat senkte sich an einer Stelle zu einem See hinunter, der Dipping Lake heißt. Er war von einem Fichtengürtel umgeben. Mit einem Stein schlug ich ein Loch in das Eis, um Tee zu kochen. Das warme Getränk besänftigte meinen Magen eine Weile. Mein Arbeitspensum hatte sich drastisch gesteigert, und was in New Mexico bestenfalls Gleichgültigkeit gegenüber der Nahrungsaufnahme gewesen war, hatte sich zu einem ständigen tierischen Hunger entwickelt.

Die Bäume rund um den See waren schlaff, schallgedämpft und weiß. Flache Schneeplacken fielen – paff – von den oberen Ästen herab. Tannenschuppen bedeckten den Schnee – angeknabberte Zapfen, abgeworfene Nadeln, starre Zweige, Rindenstückchen. Ein Eichhörnchen plapperte erbost, als ich wieder bergauf stapfte, jeden Schritt mit der Spitze der durchweichten Stiefel in die Erde bohrend. Auf der Karte war rechts von der Wasserscheide ein Weg eingezeichnet, und ich sah auch ein paar Steinmänner, aber die meisten waren von den tausend anderen weißen Häufchen nicht zu unterscheiden.

Nachdem sie das letzte bißchen Blau im Himmel bedeckt hatten, stritten sich grau gekleidete Wolken jetzt miteinander um ein annehmbares Maß an Düsterkeit. Diejenigen, die gegen jede Form von Tageslicht waren, hielten eine Versammlung mit, wie es sich anhörte, Tambourin und Trommeln ab – ein Unwetter zog von Norden auf.

Wumm – Rucksack runter! Bssst – Kordel auf. Und – suchen, tasten nach . . . ah! Da ist sie, meine Regenjacke. Ich wurde durch eine scharfe Detonation aufgeschreckt. Ein schwarzes Rauchwölkchen stieg kräuselnd vom Felsen vor mir auf. Rosafarbene Zickzacklinien zerrissen den Himmel. Aber der Reißverschluß der Jakke klemmte, verdammter Mist, und so versäumte ich das alles. In der Aufregung über mein erstes Gewitter hatte ich ganz vergessen, daß Blitze die Gesundheit gefährden. Es folgten weitere Schläge, dann – ping-pong – ein Hagelbombardement, dessen weiße Kügelchen in die Falten meiner Kleidung trudelten. Hagel sieht immer so wertvoll aus – eine Art Gratisgeschenk. Ich bekomme Schuldgefühle, wenn ich ihn schmelzen sehe.

Das Unwetter zog vorbei, und ich lief weiter, mit quatschenden Schritten quer über anderthalb Kilometer getränkten Hang, an dem Schneematsch in Placken über einen Sumpf aus Geröll und Morast abfloß. Zwergweidenstümpfe boten sich gelegentlich als Trittsteine an, doch am späten Nachmittag waren meine Stiefel so naß, daß ich einfach drauflosief. Murmeltiere pfiffen wie argwöhnische Zuhälter und warnten vor meinem Kommen. Die Schneehühner waren feiner, und kurz vor Sonnenuntergang wäre ich fast auf ein Weibchen getreten. Das noch völlig weiße Männchen flog schwirrend auf, aber ihr Sommergefieder war schon komplett, die Tarnung gegenüber der weichen Tundra fast perfekt.

Als ich an diesem Abend mein Tagebuch aufschlug, fiel mir nichts ein. Der Hagel und das Schneehuhn waren das einzige, woran ich mich erinnern konnte. Der übrige Tag war verschwommen. Der Eintrag davor enthielt eine Menge Geschwafel über meine Ängste, von dem ich mir jetzt, einen Tag später, kaum vorstellen konnte, daß ich es geschrieben hatte.

Ich wurde um fünf von Regengeräuschen auf dem Zelt wach. Der Schnee würde noch weicher als bisher sein, und ich lag im Schlafsack und überlegte, ob ich mir aus dem Krummholz nicht Schneeschuhe basteln könnte. Aber ich brauchte ein Paar richtige. Unverständlicherweise machte ich mir weniger Gedanken darüber, wo ich in dieser menschenleeren Gegend ein Paar Schneeschuhe auftreiben konnte, als darüber, wieviel sie kosten würden. Geld war eine der Sorgen, auf die ich immer wieder zurückkam, ein alter Knochen, an dem ich kauen konnte, wenn nichts sonst in meinem Kopf war. Entfernung war eine andere. Würde ich diesen oder jenen Punkt bis zum Abend erreichen? Wo würde ich in einer Woche sein? Es war schlicht Daumenlutschen für Erwachsene.

Ich schüttelte das Zelt aus, und Regentropfen schmückten glitzernd die Luft. Die Wolken hatten sich zerstreut, und der Himmel war lebhaft blau. Obwohl ich die Stiefel eingewachst hatte, durchweichte der Schneematsch sie sofort wieder. Meine Zehen ähnelten, wenn ich haltmachte, um meine Strümpfe auszuwringen, immer mehr irgend etwas Weißem in einem Abfluß.

Dieser zweite Tag auf dem Plateau wurde noch schlimmer als der erste. Für die ersten fünf Kilometer brauchte ich fünf Stunden, aber das war noch geschmiert im Vergleich mit dem, was vor mir lag. Die Bedingungen verschlechterten sich rapide. Beim Anstieg über den Steilhang am Ende des Conejos-Tals war die Schneedecke geschlossen, alles weiß. Die Wasserscheide stürzte sich bei jäh abfallenden kleinen Talkesseln in die Tiefe, in denen tief unten die blaugrünen Adern eisbedeckter Seen schimmerten.

Diese kleinen Bergseen hatten unglaublich einfallslose Namen, und die der Flüsse, die sie speisten, waren noch dümmlicher: North Fork East Creek – Nördlicher Ostbach, Middle Fork South Creek – Mittlerer Südbach und so fort. Obwohl es einige wenige sinnträchtige amerikanische Ortsnamen gibt, vermittelten sie mir doch nie das richtige Gefühl – ein ganzer Kontinent, der noch naß war vom Taufwasser. Das Geheimnis eines guten Namens liegt darin, daß man nicht genau weiß, was er bedeutet, und deshalb waren die spanischen weit überzeugender – Laguna Ruybal, Trujillo Meadows und, jetzt unter mir, El Rito Azul, was soviel exotischer war als Blue Creek. Wie blau El Rito tatsächlich war, konnte ich nicht sagen, denn er lag unter zwei Meter Schnee, aber wahrscheinlich war er infolge der Frühjahrsschmelze, die inzwischen eingesetzt hatte, schwarz von Torf.

Ich trottete auf weitere Bäume zu und fand mich dort in grauenvollen Schneeverwehungen wieder, die sich vor den dichtstehenden Stämmen auftürmten. Die enorme körperliche Anstrengung des Vorwärtskletterns und die Notwendigkeit, immer wieder den Rucksack abzunehmen, machten die nächsten ein, zwei Kilometer zu den anstrengendsten der ganzen Tour. Ich brauchte über drei Stunden. Die sechs Tagesrationen, die ich noch im Rucksack hatte, würden mich bei diesem Tempo nicht sehr weit bringen.

Durch den Conejo bei Platero

Die Karte zeigte knapp fünfzehn Kilometer vor mir eine Forsthütte, und sie schien der beste Anlaufpunkt zu sein, auch wenn ich von der Wasserscheide abweichen und in ein Tal absteigen mußte, um dorthin zu kommen. Die Hütte hatte einen Namen – Platoro –, und wenn sie bewohnt war, konnte ich vielleicht irgendwohin mitfahren, um mir Schneeschuhe zu besorgen. Wenn nicht, mußte ich einen anderen, niedrigeren Weg zum nächsten Proviantdepot in Creede suchen. Die Phase des Durchhaltenmüssens bis zum bitteren Ende hatte ich hinter mir, und ich quälte mich auch nicht mehr mit Rückzugsvorwürfen. Dies war ein taktischer Rückzug, wenngleich ich beim Abstieg zweimal fast verunglückt wäre – einmal, als ich auf Eis ausrutschte und zweihundert Meter eine Rinne hinunterschlitterte, und dann, als ich beim Versuch, den Conejos zu durchwaten, von den eiskalten Füßen gerissen wurde. Ich kroch aus dem Wasser, setzte mich ans Ufer und fühlte mich kalt, krank und dankbar. Ich hätte eigentlich ein Dankopfer bringen müssen, aber dann zog ich mich doch nur um und lief weiter.

Platoro

Ich war allein in einem langen, grauen Tal. Es führte sicher irgendwohin, das tun alle Täler, obwohl die Wasserscheide nirgendwohin führt. Sie hat kein Stromauf und kein Stromab, wird nicht größer oder kleiner, erweckt nicht, wie Täler es tun, Erwartungen. Aber aus diesem aufgeweichten Weg würde früher oder später eine Straße werden, und aus dem verbrannten Zelt, das ich am Rand der Bäume gefunden hatte, vielleicht eine Stadt.

Inzwischen war die Forsthütte aufgetaucht. Ich hatte Fahrzeugspuren entdeckt, der Fluß war breiter geworden, und da, in grünen Wasserstiefeln, den Eimer voller Köder, stand ein Texaner. Zumindest wies das Nummernschild am Jeep Texas aus. Die Zigarre und der Akzent bestätigten es.

„Platoro?" sagte er. „Ist nur ein altes Bergarbeiter-Camp."

Also nicht bloß eine Hütte! Aber lebte irgend jemand dort? Und was konnte man kaufen? Kaffee? Schneeschuhe? Lebensmittel? Aber ich war ja fast da, das konnte warten. Am nächsten Morgen um neun erreichte ich den Ort, ein paar verstreute Hütten im kalten Nieselregen.

Platoro, Colorado: 3400 m über Meereshöhe; Einwohnerzahl – schwankend; Angeln von Juni bis September; Jagd im Herbst; November bis Mai eingeschneit. Das erfuhr ich an den ersten vier Türen, an denen ich es versuchte, aber noch hatte ich keine Schneeschuhe.

Die fünfte Hütte war die El Ranchero Lodge. Ich trat in den Empfangsraum, roch Kaffee und Wärme und sah an der Wand eine Reihe Elchgeweihe. Direkt darunter saß Fred Blair.

„Schneeschuhe?" sagte er. „Meine Frau Debbie und ich sind den ganzen Winter hier oben geblieben – die einzigen, die es gemacht haben –, und wir sind mit diesen verdammten Dingern ins Bett gegangen. Gibt nichts Besseres."

Ich blieb zwei Tage. Es regnete fast ununterbrochen. Wenn es nicht regnete, gingen wir angeln (Fred sieben, ich nichts), sahen den ersten Wapiti der Saison und suchten Freds Goldmine auf. Sie sah wie ein großer Dachsbau aus. Mit seinem Partner Chuck hatte Fred vor kurzem einen Durchgang zum alten Stollen gesprengt.

„Seit fünfzig Jahren ist dort nicht mehr gearbeitet worden", erzählte er. „Muß sie trockenlegen und dann richtig aussprengen. Chuck fährt morgen nach Alamosa und holt eine Pumpe."

„Kriegen Sie so ohne weiteres Sprengstoff?"

„Na klar. Wir sind hier in Amerika."

Freds ganze Leidenschaft waren Flugzeuge. Er war selbständiger Pilot. Der Zweite Weltkrieg hatte ohne ihn angefangen, aber in Korea hatte er Erfahrung gesammelt. Er sprach von Biafra und dem Kongo. Es hatte, wie ich folgerte, irgendwelche kleine Geschäfte gegeben – kleine Frachten, nicht viel Schreibarbeit. Ich fragte, wie er nach Platoro gekommen war.

„Union Minière von Brüssel", erklärte er. „Sie schürfen ziemlich viel in dieser Gegend. Ich und Debbie haben ein Bohrlager geleitet. Dann stießen Chuck und Leslie zu uns, und wir haben diese Jagdgeschichte aufgemacht."

Es gab an dem Abend über Hickoryholz gegrilltes Steak, Pekannußkuchen, Eis und Scotch. Draußen regnete es immer noch. Ein Stück Glut sprang mit einem Knall aus dem Feuer, und aus dem Fell der Neufundländerhündin Sarah, die auf dem Teppich lag und schlief, stieg kräuselnd dünner Rauch auf. Ich schlug mit der Hand den Funken aus und lag ausgestreckt mit dem Kopf auf ihrem Rücken. Die Decke war etwas undicht, und es tropfte in eine Waschschüssel.

„Was machen Sie im Winter?" fragte ich.

„Was machen wir im Winter? In diesem Raum sitzen unglaublich viele Talente. Ich bin Buschpilot, Debbie ist eine exotische Tänzerin. Yeah, sie ist zwanzig Jahre jünger als ich, aber der Arzt meint, das sei gut für meine Atmung. Chuck ist Elektronikfachmann, und Leslie ist Buchhalterin in einer Bank."

„Ich habe im letzten Winter in einer Fleischwarenfabrik gearbeitet", sagte Leslie. „War das toll, als wir im Mai wieder hierherkamen! Ich stehe gern nackt auf der Veranda und strecke mich und begrüße die Berge. Daheim in Texas würden sie mich dafür einsperren."

„Haben Sie das Bärenfell in der Halle gesehen?" fragte Fred. „Ich war splitternackt, als ich diesen Bär schoß. Wo kann man das in der Stadt machen? Habe nachts ein Geräusch gehört, und dann stand der Bär schon vor der Tür. Hab ihn buchstäblich aus der Hüfte heraus geschossen. Wog 145 Kilo. Hier können wir unsere Phantasien ausleben. Wie unsere Gäste. Die sind nicht unbedingt auf eine Trophäe aus. Sie wollen das Lagerfeuer, die Gitarre, die Bilder, an die sie sich aus den Filmen als Kinder erinnern. Und das geben wir ihnen. Wir haben jetzt Sahnekännchen und Zucker auf dem Tisch, aber verwöhnt wird hier niemand."

Die Wolken hingen tief, und Scheibenwischer und Scheinwerfer waren während der ganzen zweistündigen Fahrt nach Alamosa eingeschaltet. Leslie fuhr mich der Reihe nach zum K-Mart, zu Tru Value, zum Sportgeschäft und zum Trödelladen Pink Ele-

phant, aber es gab keine Schneeschuhe, die ich mir leisten konnte.
Schließlich fuhren wir wegen der Pumpe zu Taylors Werkzeugmaschinen und -verleih, und dort auf dem obersten Regal stand ein
Paar, das wie rote Stapelkästen für Milchflaschen aussah.

„Nicht gerade die besten, die Sie bekommen können", sagte Mr.
Taylor. „Hatte sie fünf Jahre und nicht einmal verliehen. Ich wäre
froh um den Regalplatz. Sind Sie mit zehn Dollar einverstanden?"

„Selbstverständlich", erwiderte ich, „natürlich."

Fred war an diesem Sonntag an der Reihe, in der freien Kirche
von Platoro die Predigt zu halten. Die Gemeinde würde aus nicht
mehr als zwei Dutzend Leuten bestehen, die er alle kannte, aber er
war nervös, vor allem, als wir ihn fragten, was er sagen werde.
Aber nach dem Essen an jenem Abend und einigen Whiskeys
schob er seinen Stuhl zurück und erhob sich. Augenblicklich trat
Stille ein.

„'n Abend", plapperte er los. „Hier is Reverend Freddy in der
Kirche Was-passiert-Jetzt!"

„A-men!" schrie Chuck. „Amen, verdammt noch mal!"

Freddy lächelte anerkennend. „Viiele von euch hab'n Reverend
Freddys Sendung'n gehört bei der Fahrt auf den Straßen und Wegen unseres schöönen Landes, und ich möchte euch für all die
Schpend'n danken, all die Schpend'n, die ihr gegeb'n habt, um bei
sein guten Werken ßu helf'n!" Er hob eine Hand. „Und ich möchte all mein'n Freund'n draußen im Radio- un Fernsehland sag'n,
daß ich morg'n am Sonntag in Platoro, Colorado, predige – in
P-l-a-t-o-r-o, Platoro, Colorado, Poßleitzahl Acht Eins Eins Sieb'n
Fümff – und ich möchte, daß ihr alle kommt."

„Jawohl!" schrien wir.

Freddy strahlte. „Meine Predigt morg'n handelt von den Gefaahn, den Gefaahn des dämooonisch'n Alkohols! Ich weiß, ihr alle
habt es schon getan. Ich weiß, ihr alle habt schon diese verdammten Ssigaretten geraucht, und ich weiß, wie ihr eure Stütze nennt!
Ihr nennt diese Stütze Skootsch – jaa, waahrlich –, und ihr nennt
diese Stütze Böörben, und ihr nennt sie Bier, und ihr nennt sie...
Nun, wie immer ihr sie nennt – wie immer ihr sie nennt, der Herr

will nich, daß ihr trinkt! Reverend Freddy will nich, daß ihr trinkt! Und es is mir egaal, was die Jungs in Louisville, Kentucky, woll'n – ich will, daß ihr's aufgebt, jetzt aufgebt! Weil es schlecht is, schlecht, schläächt für euch! Und ich meine, wir sollt'n all den Waain nehm, jawoohl, all den Waain, und ihn in den Fluß schütt'n! Und all den Whiskey, wohin soll der Whiskey geschüttet wer'n, wohin? – in den Fluß! Und alle Drog'n und das Rauschgift soll'n wohin geschüttet wer'n? Jaaa! – in den Fu-luß!

Un wenn ihr jetzt im Gesangbuch Seite ßwei ßwei drei aufschlagt, woll'n wir das alte Lied sing'n" – Freddy hob beide Arme – „Laßt uns alle geh'n zum..."

„Fu-luuuß!!!" brüllten wir. „Jaa, waahrlich!"

Die nördlichen San-Juan-Berge

Der Regen in Platoro vermischte sich mit Schnee, als ich mich der Wasserscheide näherte, und in 3300 m Höhe hatte ich körnigen und wieder kraftraubenden, hügeligen Sulzschnee. Es war ein lausiger Nachmittag. Die schneebeladenen, nassen Gipfel ringsum blitzten drohend durch schnell vorbeiziehende Himmelsfenster. Die meisten waren mit Nadelwald bedeckt und zernarbt, aber da! – ganz kurz drängten sich zwanglos Fichten gegen eine trübe Wand. Ich blinzelte. Der Berg war vollkommen kahl, nur ein weißgefleckter Hintern grinste mich höhnisch aus der Düsternis an. Die vulkanischen Trümmer dieser nackten Hänge, die in den südlichen Rocky Mountains häufig vorkommen, bilden unbeständige tiefe Einschnitte, oft gelb oder rot, in denen fast nichts wächst, außer vereinzelten Borstenkiefern.

Die Bäume lichteten sich, und ich quatschte über eine freie Fläche – mir war hundeelend, aber ich war wenigstens hier. Ich gab mich wieder meinen Phantasien hin – dem alten Spielchen „Haben diese Wälder jemals den Abdruck eines menschlichen Fußes gesehen? Aber was, wenn diese Wälder tatsächlich schon einmal den Abdruck eines menschlichen Fußes gesehen hatten? Was machte das schon? Reichte es nicht, einfach hier zu sein, eins mit der Natur – aber Moment mal, was war das? Ich war an einem kleinen gelben Schild vorbeigelaufen, und da war noch eins weiter unten zwischen den Bäumen – vielleicht eine Art Feuerschneise? Regen tropfte von meinem Gesicht, als ich mich vorbeugte, um zu lesen, was darauf stand. „Pipeline", war zu lesen. „Im Notfall R-Gespräch führen." Ich kam mir vor wie jemand, dem man die Schau gestohlen hat. Wäre ich Schauspieler gewesen, wäre ich davongestürmt und hätte ein Telefon und meinen Agenten verlangt. „Mickey", hätte ich gesagt, „Mickey, diese Leute ruinieren mir meine Show."

Die Pipeline war sehr gekonnt im Boden verlegt worden. Die Bäume würden bald wieder nachwachsen. Ich schlitterte weiter über den Schnee, und meine schweißnasse Weste wurde eiskalt unter der Jacke, als ich haltmachte, um mir die Schneeschuhe anzuschnallen. In Platoro hatte kein Schnee gelegen, auf dem ich sie hätte ausprobieren können, dies war also die Premiere. Die Bäume rauschten höflich. Was hatte Debbie Blair mir geraten? Gleiten, schlurfen, gleiten, hatte sie gesagt. Ein Walzer also, Leute – Les Ponts de Paris... und eins, zwei, drei, la-da-di hoppla – aufstehen, di-di au – das tat weh, bauz, bauz, Scheiße – schon wieder sitze ich fest, uaah, uaah, au!

Die Schneeschuhe ähnelten sehr stark Scherz-Türmatten – die Art, die an den Sohlen festkleben und einen direkt in den Hutständer krachen lassen. Ich würde den Dreh bald rauskriegen, dachte ich, wie ein Eskimo des gar nicht so weit entfernten Nordens, aber so richtig schaffte ich es nie. Obwohl die Schneeschuhe mich über die nördlichen San-Juan-Berge und hinunter nach Creede brachten, wurden sie doch nie ein fester Bestandteil der Reise. Sie waren eigentlich nur ein Stückchen Spaß-Stützen, die den manchmal ziemlich schwachen Ruf der Wildnis zu verstärken schienen.

Die beiden Nächte in Platoro einbegriffen, war dies die sechste seit der Überschreitung der Grenze nach Colorado. Ich verbrachte sie unter dem Dach einer Forsthütte und knallte mit der Stirn gegen einen Balken, als ich mich in der Dunkelheit aufsetzte, um eine Maus zu verscheuchen. Ich hatte in dieser Woche nur zweiundsiebzig Kilometer geschafft. Ich war aus dem Chama-Tal aufgestiegen, hatte das Hochplateau der südlichen San-Juan-Berge überquert, war nach Platoro abgetaucht, hatte die Wasserscheide wieder erklommen und war jetzt im Begriff, nach Westen in das unwirtschaftliche Weminuche-Gebiet oberhalb von Creede abzudrehen.

Die arme Maus krabbelte noch immer im Dachgebälk herum, und ich konnte nicht einschlafen. Ich griff nach der Taschenlampe und breitete die Karte aus. Es war ein bißchen so, als läse ich in einem Comic – ein Comic strip mit Bergen, den ich mir Folge für Folge zu Gemüte führen würde. Der Lichtkegel der Taschenlampe folgte der Wasserscheide nach Westen, wich nach Norden ab und wanderte langsam wieder nach Osten. Die Wasserscheide bewegte sich wieder zurück, um den Rio Grande einzuschließen. Als nächstes kam, zumindest in der Theorie, die längste Haarnadelkurve der Tour auf mich zu, eine etwa hundertfünfzig Kilometer lange Durchquerung des Gebiets in fast immer viertausend Meter Höhe. Selbst auf der Forstamtskarte sah das gewaltig aus.

Am nächsten Morgen schneite es, und ich brauchte drei mühsame Stunden, um den Sattel des Bonito-Passes zu erreichen. Dort stieg ich aus und schnitt die nächsten zehn Kilometer der Wasserscheide ab, indem ich für den Rest eines langen Nachmittags eine weitere große Kurve beschrieb; aber am Mittag des nächsten Tages – dem dritten seit Platoro – war ich wieder in fast viertausend Meter Höhe, auf dem Gipfel des Table Mountain.

Es ist eigenartig, aber ich fing an zu heulen. Manchmal überwältigte Amerika mich allein mit seiner Größe. Ich zog die Nase hoch, runzelte die Stirn und wischte mir mit dem Ärmel über das Gesicht. Ich nehme an, daß ein Amerikaner, der nach England kommt, genau das Gegenteil tun und in Gelächter ausbrechen würde. Ich würde ihm das nicht vorwerfen – unsere popeligen, kleinen Felder und niedlichen Hügel müssen ihm wie eine Art Modell erscheinen. Schottland ist zwar ausgeprägter, aber selbst

dort ist ein zwanzig Kilometer langes Tal schon beieindruckend.
Hier waren zwanzig Kilometer lange Täler eine Lappalie. Es war
nicht nur die Größe der Dinge hier, die einem die Sprache ver-
schlug, sondern auch ihre Ausdehnung. Man sah von hier oben
ganze geographische Hauptzüge – ganze Gebirgsketten, vollständige Entwässerungsgebiete. Man erkannte, wie gewaltig alles in
Wirklichkeit ist. Man sah eine Wetterfront aufkommen, Wolken-
schatten, die über den Sagebrush viele Kilometer weiter unten
hetzten, ganze Wälder tüpfelten, ungehindert über die schneebedeckte Tundra zogen und an den zerklüfteten Gipfeln auseinandergerissen wurden. Und all das sah man mit einem einzigen Blick.
Man mußte sich nicht den Hals verrenken oder zum nächsten
Aussichtspunkt fahren. Man brauchte nur dazustehen und zu
schauen.

Ein Sägeblatt blendendweißer Gipfel erstreckte sich über den gesamten Horizont, und Wälder vom dunkelsten, seidigsten Grün
wogten die Talhänge hinunter. Irgendwo, viele Kilometer unter
mir, floß der junge Rio Grande. Dieses gewaltige, nur nach einer
Seite offene Tal war sein Zuhause, der hochgelegene Pfad an seinem Rand einer der aufregendsten Abschnitte der Wasserscheide.

Zu dieser Jahreszeit war er auch einer der gefährlichsten. Der
Schnee war äußerst labil, mächtige Wächten glitten über die Grate, und abgebrochene Bäume weiter unten markierten die Bahn
frischer Lawinen. Eine vollständige Durchquerung des Weminu-
che-Gebiets würde erst in einigen Wochen möglich sein. Mehrere
Monate später bekam ich einen Brief von Nolan J. Doeskin, einem
Klimaforscher aus Colorado. „Vielleicht interessiert es Sie, zu erfahren", schrieb er, „daß Sie in dem Jahr über die Kontinentale
Wasserscheide in Colorado gelaufen sind, in dem der Schnee zu
der Jahreszeit eine Rekordhöhe erreichte . . ."

Es ist ein Brief, den ich aufgehoben habe, denn man kann leichter mit Unmöglichkeiten leben, wenn sie offiziell bestätigt sind.
Ich machte kehrt und nahm Kurs auf Creede, das einen Tages-
marsch entfernt im Tal lag.

Creede

Meine Verpflegungskiste lag im Forstamt, und Mrs. Rogers saß hinter dem Schreibtisch. Draußen war eben ein Wohnwagen vorgefahren, und der Fahrer kam hereingeplatzt, ein alter Mann in grellen Shorts.

„Wo kann ich hin, wo es tiefer ist als hier?" erkundigte er sich. „Ich kriege keine Luft." Offensichtlich bekam er doch welche.

„Fahren Sie einfach weiter das Tal hinunter, Sir", sagte Mrs. Rogers, „und dann nach Süden, Richtung New Mexico."

Die Shorts rauschten wieder hinaus. Im Wohnwagen kam es zu einer mürrischen Beratung. Ich sah einen blauondulierten, quasselnden Kopf auf dem Beifahrersitz, und der Wagen fuhr fort.

Ich legte mich auf die Wiese. Meine Sachen sahen wie verfilzte, nasse Fußballklamotten aus. Aber die Sonne schien, und gegen Mittag sahen sie wie verfilzte, trockene Fußballklamotten aus.

„Schwierigkeiten gehabt, was?" fragte ein Mann am Parkplatz. Auf der Wagentür stand „Naturpark-Bezirksaufsicht". Er hieß Glen Hinshaw und hatte gute Nachrichten für mich. Trotz dreihundert Meter mehr Höhe lag in den Bergen nördlich von Creede weniger Schnee als in den San-Juan-Bergen, was mit dem übereinstimmte, was ein anderer Naturparkaufseher mir unterhalb des Bonito-Passes gesagt hatte. Er hatte einen Behälter mit jungen Forellen im Wagen gehabt.

„Äh, dann haben Sie den alten Louis getroffen?" sagte Glen.

„Ja", erwiderte ich. „Er hat mir einen Pfirsich geschenkt."

„Das ist nett. Der alte Louis macht seine Sache gut. Beim Fallschirmprogramm für Fische hat es in diesem Jahr Kürzungen gegeben, und so fährt er jetzt wieder mit dem Auto zum Fischeaussetzen."

Der materielle Wohlstand Amerikas war etwas, an das ich mich inzwischen gewöhnt hatte – dicke Leute, dicke Kühlschränke, dicke Autos –, aber der Luxus eines Fallschirmprogramms für Fische machte mich doch ziemlich sprachlos. Ich meine, die halbe Welt verhungert . . .

Aber mir gefiel es. Mir gefiel der Gedanke, Fische aus der Luft in Seen zu schmeißen. In Amerika gab's viel Spaß. Ungesunde alte Männer in albernen Shorts, und Fische, die vom Himmel regnen.

Der Naturpark hatte auch ein erstklassiges Programm für Dickhornschafe, wie Glen mir erzählte. „Wir ködern sie mit gegorenem Apfelsaft. Die sind dann so blau, daß wir sechs auf einmal mit dem Netz einfangen und aussetzen können. Wir haben in den gesamten Vereinigten Staaten neue Herden angesiedelt."

Glen liebte seine Arbeit offensichtlich. Seit neunzehn Jahren war er in Creede. „Hübscher kleiner Ort", sagte er. „Überwiegend Bergleute. Haben Sie schon unser Feuerwehrhaus gesehen?"

Wir fuhren die Hauptstraße hinauf und hielten direkt hinter den letzten Häusern im kalten Schatten der Vulkanfelsen, die das Stadtbild beherrschen. Hätte Creede in Frankreich gelegen, hätten dort oben Marienstatuen gestanden. Statt dessen lagen Bergwerksschächte terrassenförmig in den Felsen übereinander, verlassen und vergessen.

Glen drückte auf einen Knopf, und im Fels öffnete sich sirrend eine Stahltür. „Wir konnten kein Geld für ein normales Gebäude bekommen, und da haben wir das hier gemacht", erklärte er. Flackernd gingen Neonlampen an. „Geht fünfundvierzig Meter tief rein – alles mit ein paar Männern, die nach der Arbeit zusammengekommen sind, und etwas Sprengstoff vom Bergwerk."

Rote Feuerwehrwagen funkelten in Nischen, die in den Fels gesprengt worden waren. Eine Seitentür führte in ein Büro und durch sie trat der Bezirksrichter Robert Wardell – früher Marineinfanteriekorps, einsachtundachtzig groß, sagen Sie Bob zu mir. Er zerquetschte mir die Hand.

„Hallo, Steve. Sie kommen woher? Irland, Deutschland oder England? Ich wette, Sie haben irgendwo ein Fahrrad stehen."

„Er macht die Wasserscheide zu Fuß", bemerkte Glen.

„Ich beneide Sie", sagte Bob. „Wie gefällt Ihnen unser Feuerwehrhaus?" Seine Stimme hallte in dem riesigen Gewölbe wider. „Wir reden hier von einem 500 000-Dollar-Bau, den wir für 60 000 selbst gebaut haben."

Wir schlenderten an den aufgereihten Lastwagen vorbei.

„Sehn Sie sich den mal an", meinte Bob. „Unser alter Neunund-
zwanziger." Froschaugenlampen funkelten.

„Springt der auch an?" fragte ich.

„Das ist ein Chevrolet, Partner." Der Motor gluckste, dann röhrte er auf. Mit heulender Sirene schoß Bob aus der Höhle hervor
und drehte auf dem Hof eine übermütige Runde. „Führt am 4. Juli
die Parade durch die Stadt an", schrie er. „Sind Sie am 4. Juli hier?"

Glen grinste. „Steve ist Engländer", sagte er. „Vielleicht macht
er sich nicht besonders viel daraus." Wir fuhren die Hauptstraße
zurück. Es war ziemlich ruhig, wenngleich es nicht immer so gewesen war. 1889 machte N. C. Creede hier mit Hacke und Maulesel den ersten Fund, und 1893 verließ jeden Monat Silber im
Wert von einer Million Dollar den Ort per Bahn, die einen Beiwa-
gen für Leichen und Bankrotteure mitführte. Mord und Totschlag
waren in der Stadt an der Tagesordnung gewesen. Der Mann, der
Jesse James erschoß, wurde beispielsweise selbst in Creede erschossen – mit einem doppelläufigen Gewehr direkt in den Kopf.

„Creede bekommt unglücklicherweise mehr vom Strandgut der
Gesellschaft ab als einem Bergarbeitercamp im allgemeinen zu-
fällt", beklagte die *Creede Candle*. „Einige seiner Bürger würden
den Hauptpreis bei einer Schweineschau bekommen."

Die alten Todesanzeigen waren herrlich:

Lulu Slain, eine schwache Tochter, legte am frühen Mittwoch-
morgen die Kamelie zugunsten des Mohns beiseite. Sie und die
Mormonenkönigin hatten in einer kleinen Hütte gelebt, doch
die Zeiten wurden hart, und die Mittel zum Leben stellten sich
nicht ein. Sie suchten mit Morphium Erleichterung vom Leben,
das unausweichliche Ende dieser unglücklichen Sorte Mädchen . . .

Zu denen auch Rosy „Timberline" Vastine gehört hatte:

Der Heimsuchungen und Widrigkeiten dieser schlechten Welt
überdrüssig, entschloß sie sich, etwas zu weit zu gehen und

brachte zu diesem Zweck eine Pistole vom Kaliber einundvierzig ins Spiel. Die Mündung auf ihre lilienweiße Brust gerichtet und den Zeigefinger am Abzug, nahm sie sich nicht die Zeit, das traurige Ergebnis zu überdenken . . .

Auch Nicolas Creede selbst nahm ein trauriges Ende.

„Er verließ", so die Unterlagen des Stadtarchivs, „die Stadt und ging nach Kalifornien, um sich dort seines Reichtums zu erfreuen. Dieses Leben war jedoch nur von kurzer Dauer, denn er brachte sich um, als seine Frau, von der er sich hatte scheiden lassen, darauf bestand, mit ihm zusammenzuleben."

„Es wird hier noch immer sehr viel getrunken", meinte Larry Robinson, der so freundlich war, mich für die Nacht aufzunehmen. Er hatte ziemlich zusammengekniffene Lippen. „Und den meisten bedeutet der Sonntag auch nicht viel."

Vor dem Küchenfenster hing ein Futtergerät für Kolibris, eine Säule klaren Zuckerwassers, die vor meinem Horizont baumelte und deren oberes Ende rosa in der Sonne leuchtete. Larry ging nach draußen, um den Rasen zu mähen. Die Spülmaschine war kaputt, und deshalb spülte ich das Geschirr. Larrys Frau und Tochter waren bei einem Bibelkurs, und er selbst mußte auch bald zu einer Gebetsstunde. Er kam noch einmal ins Haus, um sein Gebetbuch und die Wagenschlüssel zu holen, und hielt inne. Die Offenbarung, Brief an die Epheser – Bücher, an deren Titel ich mich kaum mehr erinnerte –, aber er kannte sie kapitel- und versweise auswendig. Er hatte Zitate jeden Kalibers parat, Zitate, um jede Lücke zu füllen, Zitate, die er in furchtbaren Salven oder ganz gezielt einzeln abfeuern konnte. Aber er war eher ein Sanitäter als ein Schütze – einer der Krankenträger des Herrn, die sich um die moralisch Versehrten kümmerten, die Verdammten zurückhielten, das Taschentuch vor das Gesicht gepreßt gegen den Pesthauch der Sünde. Unterdessen war das Spülwasser kalt geworden, und er hatte seine Gebetsstunde verpaßt. Ich hoffte, Larrys Fehlen würde nichts ausmachen – sein Gott klang ziemlich streng, obwohl man bei ihm wenigstens wußte, woran man war. Er war ein Mensch, der sich um einen Sorgen machte. „Offenbarung 20,15", sagte er und reichte mir das Spülmittel. „Und so jemand nicht gefunden ward geschrieben in das Buch des Lebens, der ward geworfen in den feurigen Pfuhl."

„Au!" Der Wasserhahn war kochendheiß.

„Ja", sagte Larry. „Passen Sie auf. Wir haben gerade einen neuen Kessel bekommen."

Näher kam ich nicht an ihn heran. Ich wollte wissen, was ihm gefiel, sehen, was er sah, etwas von seinem Geist spüren, aber es gelang mir nicht. Sein Glaube war wie ein Schild, um den ich nicht herumkam. Und jetzt war es dunkel, und das Futtergerät für die Kolibris nur mehr ein schwarzes Plastikröhrchen.

Larry setzte mich am nächsten Morgen beim Postamt ab. Ein Mann mit Schürze war gerade mit dem Fegen der Treppe fertig geworden. Er schloß die Tür auf.

„Mal seh'n, sagte er. „Pern. P wie Peter. P wie . . . P, P, P . . . sieht so aus, als hätten Sie drei gekriegt."

Ich las sie in der Sonne: eine Hochzeitseinladung – da würde ich in Wyoming sein; einen Brief von meiner Mutter – irgend jemand war gestorben, und ich hatte Mitleid mit seiner Frau; und einen Brief von Connie, bei dem ich lachen mußte. Ein schwarzer Kombi hupte auf der anderen Straßenseite.

„'n Kaffee, Partner?"

Diesmal machte ich die Hand steif, aber sie wurde trotzdem in die Mangel genommen. Bob Wardells Reparaturwerkstatt war mit einer Sternenbannertapete ausgeschmückt – rot, weiß und blau –, und um den Ofen stand ein Dutzend gemütlicher alter Sessel. Bob war schon einige Zeit Bezirksrichter.

„Einundzwanzig Jahre, Partner, und ich habe nicht eine einzige Berufung gehabt. Das haben Sie in Amerika bestimmt nicht für möglich gehalten, aber wenn die Leute in einem Ort wie diesem einen respektieren, dann respektieren sie auch dein Urteil. Wenn sie es nicht tun, ist man bei der nächsten Wahl weg vom Fenster. Ich habe beim letztenmal einundneunzig Prozent bekommen."

Die La-Garita- und Cochetopa-Berge

Ich nahm einen gemächlichen und gefräßigen Abschied von Creede und klapperte im Zickzack die Hauptstraße ab, von Pommes frites über Krapfen bis zur Cola. Bei der letzten Schnellgaststätte
stand ein Käsekuchen im Fenster, und durch die Tür schwebte
„Dear Prudence", ein wunderschöner alter Beatles-Song. Als ich
auf 3300 Meter Höhe war, summte ich die Melodie noch immer.

Ich hatte auch den Käsekuchen nicht vergessen. Mein Bauch
war stramm wie eine Trommel. Ein Zwischenstopp in einer Stadt
blähte mich stets auf, und ich war nach der ersten verschwiegenen
Sitzung immer sehr erleichtert. Manchmal verweilte ich, wenn ich
so hockte, vor allem, wenn der Blick schön war, und betrachtete
die Berge vor und das Häufchen unter mir mit gleicher Neugier.
Es war eine gute Gelegenheit, auf den Boden zu sehen – Käfer und
Spinnen zu beobachten, abgestorbene Zweige wegzuschnippen und
sich zu fragen, wie lange wohl eine Kiefernadel braucht, bis sie

Nasse Socken

144

verrottet –, wenngleich man das, was man an Unmittelbarkeit beim Verdauen im Freien gewann, an Bequemlichkeit ganz eindeutig einbüßte. Im allgemeinen zwang mich ein Krampf, die Position innerhalb einiger Minuten zu ändern. Ich benutzte nie Papier – es ist immer ein solches Theater, es zu vergraben, und Alternativen waren stets zur Hand, wobei Steine die bei weitem beste sind. Ein mit Flechten bewachsener Stein ist jedem auf dem Markt angebotenen Toilettenpapier ebenbürtig; trockene Zweige sind nicht schlechter als das harte Papier von früher; Laub dagegen, das vielleicht als am geeignetsten erscheint, ist oft das schlechteste überhaupt, und ganz besonders schlecht unter diesem Gesichtspunkt sind Tannennadeln.

Wahrscheinlich, weil ich mir nicht viel aus ihnen machte, sah für mich ein Nadelbaum wie der andere aus. Ich mag nun einmal Bäume mit mächtigen, ausladenden Kronen – Eichen, Linden, Buchen –, und ich kam mit den magersüchtigen immergrünen Bäumen der Rocky Mountains gar nicht gut zurecht. Meine erste Reaktion war gewesen, sie nicht zu beachten, doch am Inspiration Point oberhalb von Creede wurde mein Interesse geweckt.

Es hatten keine einzelnen Steine in Reichweite gelegen, und so brach ich einen aufdringlichen Tannenwedel ab und wappnete mich jetzt für die Anwendung, die die Hygiene erfordert. Die Engelmanns-Fichte ist etwa so einschmeichelnd wie eine Drahtbürste, aber die erwartete Züchtigung kam nicht. Ich erlebte sogar ein leichtes Lustgefühl. Ich betrachtete eingehend den Wedel in meiner Hand und blickte dann nach oben in den Baum. Er sah genauso aus wie die übrigen auch, doch meine Kehrseite hatte anders entschieden. In Wirklichkeit war es eine Tanne, eine der siebzehn Nadelbaumarten, die ich schließlich kennenlernte. Am Ende der Tour konnte ich sie mit geschlossenen Augen unterscheiden.

Glen Hinshaw hatte recht gehabt mit dem Schnee. Auf den La-Garita-Bergen vor mir war der Schnee halb weggetaut, als ich zum Half-Moon-Paß hinauftuckerte. Ich hatte den Paß vor drei Tagen vom Table Mountain aus gesehen, ihn beim Abstieg nach Creede

145

aus den Augen verloren, doch jetzt, sechzehn Kilometer nördlich der Stadt, lag er direkt über mir, eine nicht zu verfehlende Kerbe im Horizont.

Da ich noch drei Viertel des Bundesstaates vor mir hatte, war ein Punkt, der eindeutig nicht zu verfehlen war, genau das, was ich brauchte. Ein kurzer Zug nach Norden und Süden, wobei die Wasserscheide gestrafft würde, hätte mir fünfhundert Kilometer Kurven erspart, aber es war weniger das Mäandern der Wasserscheide, das mich so durcheinanderbrachte, als das Einordnen ihrer einzelnen Teile. Ich wollte Zusammengehörigkeit, sich aneinanderschließende Gebirgsketten, die vielleicht zum schnellen Erkennen sogar farblich gekennzeichnet waren. Warum erblickten meine Augen, wenn ich von der übersichtlichen Karte aufsah, nur ein Gewirr von Gipfeln? In den ersten Wochen in Colorado kam ich mir vor wie ein aufgelöster Busschaffner, der sich durch einen verstopften Gang drängt und jeden dazu zu bewegen versucht, sich hinzusetzen.

Ich fühlte mich sehr allein an jenem Abend, dem fünfundsiebzigsten seit Antelope Wells. Der Wind jagte Wolken über einen gleichgültigen Himmel und blies Gischt von einem kalten, grauen, kleinen Bergsee herüber. Die Nordseite der La-Garita-Berge war so abweisend wie die Südseite sanft gewesen war, riesige Geröllhalden, die sich aus erhöhten Felsfriedhöfen ergossen. Ich hatte für die Nacht in einem zerklüfteten, kleinen Talkessel haltgemacht und Zeltheringe im Torf verankert, der sich mit fast erschreckender Leichtigkeit vom Fels löste. Das Leben oberhalb der Baumgrenze hatte nichts Geselliges, keinen Übergang vom Fels zur Erde, nur abrupte, scharfgezogene Grenzen. Die Bewegung war hier eine Huldigung an den Wind, eine Verbeugung vor dem nackten Fels. Ich kam mir klein vor, wie eine Spinne in einer leeren Badewanne. Die überwältigenden Amphitheater schienen eine Aufführung herauszufordern, als ob ich, durch Entfachen eines Beifallssturms, Einsamkeit wie ein Laken um mich ziehen könnte.

Die nächsten hundert Kilometer um das Quellgebiet des Saguache sahen einfach aus, ein gemächliches Schlendern durch eine

hohe, mit Wäldern durchsetzte Parklandschaft, die Gipfel der Sawatch Mountains am Horizont weit im Norden.

Ein Bach verließ plätschernd den kleinen Talkessel, und ich folgte ihm hinab durch die graue Dämmerung, kämpfte mich durch
riesige Flächen mit taillenhohen Weiden. Das Wasser wurde von
dichten Wällen aus lehmverklebten Zweigen in Teichen gestaut,
die so sauber durchtrennt waren, daß die Schnittflächen künstlich
schienen. Aber was hätte es für einen Sinn haben können, so weit
oben in den Bergen Teiche anzulegen?

Mein Wissen über Biber hatte sich bis dahin auf Walt-Disney-
Niveau bewegt: Sie waren immer beschäftigt und fällten Bäume.
Dieser subalpine Sumpf sah mir nicht wie Biberrevier aus – keine
Seen mitten im Wald, keine Kanus aus Birkendämmen, keine per-
fekt abgenagten Baumstümpfe, überhaupt keine Bäume, da die
Baumgrenze tiefer lag. Aber Biber fressen im Grunde kein Holz.
Was sie mögen, ist die weiche innere Rinde, vor allem die der Espen.

Später sollte ich erleben, wie verfressen Biber sein können,
wenn sie weite Waldgebiete in überflutete, morastige Sümpfe verwandeln. Andererseits waren sie bis etwa 1840 in Nordamerika
gleichwertig mit Gold. Ja, und auch in Rußland. Sowohl Sibirien
wie auch der amerikanische Westen wurden zuerst auf der Suche
nach ihrem Fell durchdrungen, wobei Zobel, Füchse, Seeotter und
Hermeline auch gleich mitgenommen wurden. Aber warum, so
fragte ich mich, waren die frühen Fallensteller bei dem vielen ech-
ten Gold unter ihren Füßen keine Bergleute geworden? Die ersten
größeren Funde, zumindest im amerikanischen Westen, gab es
erst in den späten 40er Jahren des 19. Jahrhunderts, mehr als ein
Jahrhundert, nachdem die ersten Europäer – Franzosen vom
Osten, Spanier vom Süden – zu den Rocky Mountains vorgedrun-
gen waren.

Hatte die stürmische Nachfrage nach Fellen (als Hüte bedeckten
sie die Köpfe halb Europas) die Pelztierjäger für alles andere blind
gemacht, oder machte die Pelztierjagd in diesem damals noch so
urtümlichen Land so viel Spaß, daß das Goldschürfen ihnen noch
nicht in den Sinn gekommen war?

Wo die La-Garita- in die Cochetopa-Berge übergehen, entdeckte ich auf der Karte einen Fehler. Ich war überglücklich. Ein kleiner Fluß – er hieß Lake Fork Saguache Creek – überquerte auf der Karte die Wasserscheide, etwas, das Wasser normalerweise nicht kann. In kindlichem Siegesgefühl stand ich an der Stelle des Druckfehlers.

Ein kurzes Siegesgefühl. Die Wälder, die von oben so hübsch und klein ausgesehen hatten, sahen von nahem recht undurchdringlich aus. Es gab fast kein Durchkommen. Ich verlief mich hoffnungslos und landete auf einer Straße, die gar nicht mehr auf meiner Karte war. Ein Auto überholte mich und hielt an. Zwei Männer stiegen aus, offensichtlich Vater und Sohn. Beide hatten ein Fernglas, beide hatten einen Wanst, beide blickten angestrengt zum nächsten Hang hinüber, wo in der Nachmittagssonne zwei oder drei Dutzend Dickhornschafe grasten. Ich hatte sie gar nicht bemerkt. Was hatte ich wohl sonst noch alles verpaßt? Ich fragte mich, um wieviel anders die Tour ausgefallen wäre, wenn ich einen Begleiter gehabt hätte. Oder wäre es mir auf den Nerv gegangen, wenn mir dauernd jemand gesagt hätte, mir dies anzusehen oder über jenes eine Meinung zu äußern? Das Schöne am Alleinsein ist, daß man nicht reagieren muß, wenn man nicht reagieren will, obwohl ich es in diesem Fall wollte und mit der Kamera in der Hand verstohlen durch die Weiden am Straßenrand kroch. Sirrende Moskitos schwirrten vor dem Objektiv herum. Ich machte meine Aufnahmen und tappte, als ich eine Wagentür schlagen hörte, wieder zurück auf die Straße. Ich wollte wissen, wo ich war.

Die beiden Frauen hinten im Wagen hielten ihre Handtasche fest auf den Knien und machten einen unruhigen Eindruck. Ich nahm ihnen das nicht übel. Die Straße war einsam, und ich fiel bei ihnen wohl nicht gerade in die Rubrik „netter junger Mann". Die Männer waren etwas unsicher, ob sie die Fenster hochkurbeln sollten oder nicht. Sie waren aus Philadelphia und wußten auch nicht genau, wo wir waren. Der Sohn, der fuhr, meinte sich zu erinnern, daß sie drei Kilometer weiter hinten an der Straße an einer Forsthütte vorbeigekommen wären.

„Eher fünf", sagte der Vater. Mutter und Schwiegertochter tupften sich mit der Hand die Haare, als sie weiterfuhren.

Tatsächlich waren es dreizehneinhalb Kilometer – ich zählte es an den Kilometersteinen ab –, und als ich ankam, war es gar keine richtige Forsthütte, sondern ein verschlossener Lagerschuppen. Vielleicht hing innen eine Karte. Ich kletterte auf einen Abfallkorb, hielt die Hand an die Augen und spähte durch das schmutzige Fenster. Ich fiel fast von meinem Eimer. Pin-up-Girls hatte ich nicht erwartet. Fotos von nackten Frauen! Ich kam mir vor wie ein Unschuldsknäblein mit seinem ersten Rosenkranz und hatte noch immer glänzende Augen, als ich bei einem Farmhaus von der Straße abbog und von einem freundlichen Bernhardiner umgerannt wurde. Er ließ mich wieder aufstehen, und ich wurde ins Haus gebeten, etwas zu trinken.

Am nächsten Morgen um halb sieben ging ich wieder.

„Biegen Sie nach dreizehn Kilometern von der Straße ab", hatte der Besitzer des Bernhardiners gesagt, „und dann immer Richtung Antora Peak."

Es gab kaum Verkehr. Ich konnte kilometerweit sehen – trockenes Grasland, das gegen ein dunkles Waldband anstieg, und Schneezipfel am Horizont. Ein Pick-up zischte auf der leeren Straße vorbei, zauderte und kam zurück. Der Beifahrer lehnte sich über den Fahrer. Er sah genau wie Charles Manson aus.

„Hey, Mann, willste 'n Bier?"

„Bißchen früh, danke", sagte ich.

„Is doch 4. Juli, Mann!" Er griff unter das Armaturenbrett. „Oh, Scheiße!" Die Dose war aufgegangen und hatte im Wagen alles vollgespritzt. Er hielt sie aus dem Fenster, und Schaum lief ihm zwischen den Fingern hindurch und hinterließ einen hellen Streifen an der Tür. Er fuchtelte mit der Dose auffordernd vor meiner Nase herum. „Komm her, Mann, is offen. Hey, biste Engländer?"

„Ja." Ich bin allergisch gegen Besoffene und packte die Sache nicht besonders gut an.

„Meine Frau is aus England."

Hier schob der Fahrer Charles Manson zur Seite – in Wirklichkeit hieß er Pacho – und sagte: „Von wegen, Engländerin. Sieht bloß nich mexikanisch aus, is alles."

Pacho überging das. „Du mußt... du mußt auf der Stelle reinkommen", sagte er. „Du mußt mit nach Salida kommen und sie seh'n."

Nach Salida waren es hundertzehn Kilometer.

„Schmeiß dein Sack hinten rauf und komm rein. Was schleppst denn überhaupt mit rum? Kamera? Warum machste kein Foto? Nimm 'n Bier un mach 'n Foto. Hier" – er stieß mich mit der Dose an –, „hier, Mann, nimm schon."

Betrunkene wird man schwer wieder los, wie Hundekacke. Es war eine gewisse Spannung entstanden, aber dann sagte der Fahrer etwas, das ich nicht verstand, Pacho zog den Arm zurück und sie preschten davon.

Aber nicht weit. Ich sah, wie sie hielten – das Fahrzeug war ein winziger Punkt fünf Kilometer entfernt –, wendeten und ein zweites Mal zurückkamen.

Alarmglocken schrillten. Die Typen waren zu zweit, beide angetrunken, und die Straße war vollkommen verlassen. Ich ließ das Messer aus der Kameratasche in die Hosentasche gleiten.

„Hey, du!" Pacho lehnte sich wieder aus dem Fenster.

Ich setzte den Rucksack ab. Ich hatte das Messer in der Hand, als der Wagen neben mir anhielt und Pacho ausstieg. Ich fragte mich, ob sie wohl auch Messer hatten. Er nahm den Hut ab.

„Komm, nimm das hier, Mann. Hält die Sonne ab. Und wennste mal nach Salida kommst, du findest uns ganz leicht. Frau is die einzige in der Stadt mit 'nem Buggy für Zwillinge."

Und damit braustensie ab, ließen mich mitten auf der Straße mit einem weißen Hut in der Hand und einem ziemlich dummen Gesicht stehen.

Der Hut war überflüssiger Ballast – meine sonnenverbrannte Nase war inzwischen gut verheilt und alles andere an mir war nußbraun –, aber ich trug diesen nutzlosen Hut dennoch gute hundertfünfzig Kilometer mit mir rum: am Depot Nr. 6 in Gar-

field vorbei, auf dem Weg über die Sawatch Range, auf den zweithöchsten Berg Amerikas und wieder hinunter zum Depot Nr. 7 in
Leadville, wo ich das verschlissene, ramponierte Stück mit der Post
nach Hause schickte und Pacho somit Abbitte tat.

Ich wandte mich von der Straße ab, deren letzte fünfundzwanzig
Kilometer das einzige lange Stück waren, das ich in diesem Bundesstaat auf Asphalt lief, und brachte den Beifuß langsam hinter
mich. Espen schlossen sich über meinem Kopf, wurden Fichten,
Tannen, verkrüppelte Borstenkiefern, nichts. Auf den nächsten
sechshundertfünfzig Kilometern ging ich nur unterhalb der Baumgrenze, um Unwettern auszuweichen oder neue Verpflegung aufzunehmen, bis die Wasserscheide selbst mich nach einem Monat
in das Wüstengebiet von Süd-Wyoming entließ.

Die südliche Sawatch Range

Eine der schönen Seiten Colorados allgemein und der Sawatch
Range im besonderen war, daß die Wasserscheide so offensichtlich
dalag. Man befand sich entweder auf ihr oder nicht. Die messer-
scharfe Kante, die ich mir in New Mexico nur vorgestellt hatte,
war hier oben häufig Wirklichkeit. Abseits des Grates, selbst wenn
es nur wenige Meter waren, kam ich mir vor wie ein Maulesel mit
Scheuklappen vor dem ansteigenden Hang, aber oben auf der Wasserscheide, dem schmalen Drahtseil, wurde ich zum Kondor. Ich
träumte Kondorträume, breitete meine Kondorschwingen aus,
füllte die mächtige Kondorlunge bis zum Bersten. Ich hob den
Kopf und sog die Gipfel ein und lachte über den schwindelerregen-
den blauen Himmel, und ganz Colorado war ein riesiger Jahr-
markt – Zickzacklinien, Schluchten, jähe Abbrüche, jede Fahrt
noch toller als die vorige. Die nächste, ein Baiser aus blendend-
weißem Schnee am Hang vor mir, sah ziemlich heikel aus, aber
ein Umweg hätte Stunden gedauert. Und so nahm ich mir einen
ausgebleichten Prügel als Halt, falls ich ausrutschen sollte, und
mühte mich bergauf in Richtung auf die Wächte. Es war kalt im

Schatten des überhängenden Schnees, und ich zögerte. Die Wölbung über meinem Kopf war gewaltig. Ich hob den Prügel und fing an zu stochern, was wirklich idiotisch war, denn die ganze Wächte hätte auf mich hinabstürzen können, aber es war ein herrlicher Morgen, und mir war nach etwas Riskantem zumute.

Auch die Pflanzen hier oben waren Spielernaturen. Unten in den Trockengebieten hatte ein Beifußbusch wie der andere ausgesehen, aber hier schien jeder Quadratmeter ein anderes Klima zu haben – zehn Monate im Jahr Schnee in dieser Senke, die nächste Mulde ständig freigeweht; eine Miniwüste unter diesem kleinen Fels, feuchte, höhlenartige Bedingungen unter dem nächsten; hier Wurzeln, die in die dünne Erdschicht eindrangen, dort welche, die über den Felsen hingen. Die erste Blüte, die ich im Sawatch-Gebiet oberhalb der Baumgrenze sah, war eine Küchenschelle, die in dieser Höhe drei Monate später blüht als üblich. Wer nicht viel Zeit hat, und mehr als sechs Wochen Sommer bekommen die Pflanzen der Tundra nicht, reagiert entweder mit karnevalistischer Ausgelassenheit, wie der Steinbrech, schmückt sich, stolziert umher und verbreitet seinen Blütenstaub an einem einzigen langen Wochenende oder läßt sich, wie die Bergflammenblume, jahrzehntelang Zeit, um die Größe eines Nadelkissens zu erreichen. Ich trat höchst ungern auf diese winzigen Pflanzen. Welch ein Widerspruch, sich in diesem riesigen, zerklüfteten Land so tölpelhaft vorzukommen.

Wolken hatten sich ungewöhnlich heftig zusammengeballt, und ich beschwerte, da ich ein Unwetter erwartete, das Zelt mit Steinen. Doch am nächsten Morgen war die Erde nach wie vor trokken, und ich lief bei klarem Himmel weiter. Am Horizont im Westen leuchteten weiß die Spitzen des Uncompaghre. Aus dem beifußbewachsenen Gunnison-Becken stiegen die kieferndunklen Vorberge auf. Ich konnte die nicht verheilte Narbe sehen, die die Straße Nr. 50 dem Wald zugefügt hatte, die Spielzeugautos, die sich den Monarch-Paß hinaufquälten. Das Dröhnen des Verkehrs wurde lauter, als ich zur Bergstation eines Skilifts abstieg und den silbrigen Masten nach unten zu einem Großparkplatz folgte. Bunte Blasen voller Menschen stiegen aus der Station auf und schwebten den Berg hinan.

„Gondel zum Himmel", stand an der Tür. „Machen Sie eine unvergeßliche Fahrt . . . Weitsicht 250 Kilometer . . . fotografieren Sie fünf große Gebirgszüge . . ." Betrachten Sie dies, sehen Sie das, erleben Sie jenes – warum äußerten sich die Amerikaner immer mit dieser Jahrmarktsmentalität? Die meisten hohen Pässe wurden angepriesen und lasen sich wie ein Auszug aus dem „Guinness-Buch der Rekorde" – eine Flut von Zahlen und Fakten zum schnellen Lesen am Straßenrand. Wenn man wegfuhr, wußte man alles über den Ort, nur nicht, wie er wirklich war. Man beurteilte ihn nach seinen Schildern. Das war der Trick Amerikas: jeden, selbst die Gefühle, in fröhlich angemalte Aussichtsgondeln zu locken und mit aufmunterndem „Der Himmel ist die Grenze!" loszufahren, um die Schilder zu lesen. Manchmal wünschte ich, im Interesse meiner eigenen Bildung, nicht lesen zu können.

Die Etappe Creede – Garfield war kurz gewesen – nur etwas über hundertsechzig Kilometer in sechs Tagen. Die Proviantbox lag in einem Hotel unterhalb des Passes, und ich lief die gewundene Straße hinunter, um sie zu holen, gegen einen Strom motorisierter Camper – „Sioux", „Tramps", „Renegaten", „Jamborees" –, die sich aus dem Arkansas-Tal hochquälten. Nachdem sie es so weit geschafft hatten, waren die Haarnadelkurven plötzlich reizlos, und ein Typ, der mit Rucksack die Straße entlanglief, wurde die Hauptattraktion. Ein Wagen nach dem andern kroch vorbei, Walkman-Kopfhörer wurden zurückgeschoben, Hühnerkeulen zum Gruß erhoben, die Kinder winkten und lachten. Und ich winkte und lachte zurück – winkte und lachte zuerst richtig, doch zehn Kilometer davon waren zuviel.

Das Hotel war groß, paßte gerade noch in das Tal, das schon nachmittags im Schatten lag, und obwohl ich den Angestellten dankbar dafür war, daß sie meine Kiste holten, gab es doch niemanden, bei dem ich mich besonders hätte bedanken können. Ich kam mir wie ein Vertreter meiner selbst vor und ruhte mich ein paar Minuten aus. Ich griff nach einem der in der Halle ausliegenden Prospekte: „50 gepflegte Skipisten", stand dort, „Auf 280 Hektar subalpinischem Gelände. Reiten... Wildwasserfloßfahrten ... Sauna... Whirlpool... Geschenkladen... beheiztes Schwimmbad ... Bar ..."

Draußen wuchsen Fichten die steilen Hänge empor. Drinnen bedeckten dicke Teppiche die Wände. Fast alle Angestellten waren noch in den Zwanzigern und wohnten im Haus, die Dame im Gesundheitszentrum allerdings nicht. Und das war auch gut so. Ihre Brüste versetzten mich, auch wenn ich sie nur durch zwei Glastüren hindurch sah, um mindestens drei Inkarnationen zurück. Das Mädchen am Empfang sagte, ich solle mich als Gast fühlen, alles benutzen, was ich wolle, und führte mich durch den Keller zu einem Nebengebäude, das mir für die Nacht zur Verfügung stand. Es war, als wäre ich auf Firmenrechnung hier. Meine gewaschene Wäsche – ich hatte die Waschmaschinentür hinter zwei T-Shirts und zwei Paar Strümpfen zugeschlagen – sah darin sehr verloren aus. Ich nahm ein frisches, weißes Handtuch und stellte lässig, nur mit den Fingerspitzen, die Dusche auf heiß.

„Bis später dann in der Bar", hatte Carla, das Mädchen vom Empfang, gesagt, und strahlend sauber stieg ich die Treppe hinauf zu meinem Rendezvous. Sie hatte sich bereits einige Bierchen genehmigt, aber da das An-einem-so-schönen-Tag-wie-diesem-in-der-Bude-Hocken eine Sünde war, ein Gefühl, das abzulegen ich nie geschafft hatte, rutschte ich unruhig auf meinem Hocker herum. Carla bestellte noch eine Runde, und der Barmann hielt den Spatel bereit, um den Schaum abzustreifen. Komisch, daß das Land der Schnellimbisse ein so zeitaufwendiges Bier produzierte. Einer der Köche – er hieß Jim – war aus der Küche gekommen und spielte, als er hörte, daß ich Engländer war, Darts mit mir. Er und Carla luden mich ein, am nächsten Tag eine Floßfahrt mit ihnen zu machen.

Sie holten mich früh ab. Wir fuhren eine Stunde bergab und bogen dann links ab. Es war heiß. Wir befanden uns im Arkansas-Tal. Im Westen stiegen jäh die schneebedeckten Gipfel der Sawatch Range empor, im Osten die sanfteren Hänge der Mosquito-Berge. Den Grat der Sawatch-Berge entlang, würde ich für die hundertdreißig Kilometer nordwärts nach Leadville und zum Verpflegungsdepot Nr. 7 sechs Tage brauchen, aber heute war ein freier Tag, und da der Fluß viel Wasser führte, machte die Floßfahrt richtig Spaß. Wir lachten und alberten auf der ganzen Rückfahrt nach Garfield herum, wo Jim wieder in die Küche ging, Carla zum Empfang, und ich, nach einer gut durchschlafenen Nacht, in die Berge.

Die nördliche Sawatch Range

Die San-Juan-Berge, die nun schon eine ganze Woche hinter mir lagen, hatten zwar ihre rauhe Seite gehabt, jedoch vor allem im Süden meistens hochplateauartig den Horizont begrenzt. Die Berge der Sawatch Range nagten dagegen gierig am Himmel – ein aufgeworfener Kern aus uraltem Granit, der noch die verschiedenartigsten Reste auf dem Rücken trug. Ich weiß immer gern, wo ich mich geologisch befinde, komme aber oft durcheinander, weil ich das Alter des Gesteins irrtümlicherweise für das der Formation halte oder spätere Umwandlungen und Anpassungen mit dem ursprünglichen Aufbau verwechsle.

Der Prozeß der Gebirgsbildung selbst hat im Grunde nichts Schwieriges an sich. Die San-Juan-Berge, vor zwei Wochen im Süden, waren ein Beispiel gewesen für die Gußbetonmethode, bei der das geschmolzene Gestein sich ausgebreitet hatte, bis es seine eigene Höhe gefunden hatte. Die Sawatch Range war dagegen im Stück von unten hochgehoben worden, wenngleich das, was ich jetzt zu sehen bekam – die Gipfel und Täler –, weniger etwas Aufgerichtetes als Verfallenes war, ein unendliches Karussell, das riesig über mir aufragte. Ein Stein polterte vor mir den Abhang hinunter, ein eiliges in der Tiefe verhallendes Klick-Klack. Einigen der Gipfel um mich herum fehlte nicht viel an fünftausend Metern. Wenn man unterstellte, daß sie pro Jahr einen halben Zentimeter an Höhe verloren, wie lange würde es dauern, bis sie abgetragen waren? Die Antwort dämmerte mir schließlich nach einem Kilometer. 800000 bis 900000 Jahre. War das alles? Berge waren beinahe Schmetterlinge.

Irgendwo am nächsten Morgen, es war der 9. Juli, machte ich meine 800ste Meile – 1280 Kilometer. Ich warf den Rucksack ab und kugelte mich auf einer Bergwiese. Sie war übersät mit den herrlichsten Blumen in Gelb und Blau. Ich steckte mir eine Blüte in jedes Ohr, jodelte laut auf und rannte hinunter zu einem pfenniggroßen See. Etwa hundert Meter davor erstarb mir das Jodeln auf den Lippen. Ich hatte Leute auf den Felsen sitzen sehen, und ich war nicht darauf vorbereitet.

Oberhalb der Straßenpässe war Colorado nicht markiertes Gebiet, die hohe Tundra eine Art Freistaat: Ich war nach Amerika abgestiegen, wenn mir danach zumute gewesen war, ansonsten hatte ich mich in meiner eigenen Welt befunden. Nicht, daß ich die Menschen da unten als Eindringlinge betrachtet hätte. Ganz und gar nicht. Als ich mich der Familie näherte, die auf den Felsen saß und angelte, hatte ich eher das Gefühl, Gäste zu haben.

Ich war sicher, ich würde sie mögen. Den Hundert-Meter-Test hatten sie bereits mit Auszeichnung bestanden – die Regel besagte, daß man auf diese Entfernung keine Stimmen hören darf –, und nach einer Unterhaltung von einigen Minuten hatten sie auch den Plappertest positiv hinter sich gebracht. Plappern ist das gesprächsmäßige Äquivalent zum Bergnebel, einem bedeutungslosen Nieseln, das einfach alles verschleiert, was es berührt. Aber die Mitchells hatten die glückliche Begabung, die Dinge, die sie sahen, betrachten zu können, ohne sie zu ersticken, einzufangen, zu lähmen und sich anzueignen. Als Mrs. Mitchell sagte, daß sie zehn Jahre außerhalb der Vereinigten Staaten gelebt hätten, war ich nicht überrascht.

„In Amerika", erklärte sie, „zählen Tatsachen. Alles sind Tatsachen. Die Flagge, die Verfassung, alles Tatsachen, mit denen man sich nicht anlegen kann, und das Ergebnis ist, daß wir nicht so sehr

800-Meilen-Jubiläum

über Dinge nachdenken, sondern mehr auf sie reagieren. Schauen Sie, die übrige Welt, insbesondere Europa und Asien, hat zwischen sich und der Wirklichkeit die Tradition, eine Grauzone, eine Art elastischen Puffer. Was wir Amerikaner zwischen uns und der Wirklichkeit haben, ist die gottverdammte NBC, und wenn Sie jemals einen Fernseher auch nur flimmern sehen, dann können Sie sicher sein, daß die Mitchells nicht in der Nähe sind."

Ich aß mit ihnen und lief weiter. Bienen mit roten Hintern summten über die Wasserscheide, und die Luft war erfüllt vom Duft des Zwergklees. So einsam die Tundra war, dort fühlte ich mich am ehesten zu Hause, fast jeder Quadratmeter ein neues Versteck, in das ich mich mit meinem Tee und einer Zigarette kuscheln konnte. Ich fühlte mich hier oben seelisch völlig gelöst, nicht mehr im geringsten exzentrisch: Mit einem geeigneten Fahrzeug hätte ich mindestens den halben Weg durch New Mexico fahren können, aber in Colorado bestand dazu keine Möglichkeit. Bei der jetzigen Schneelage hätte man den Weg, den ich gelaufen war, nicht einmal auf einem Maulesel zurücklegen können.

Die Wasserscheide lief zwischen 3600 und 4000 Metern über dem Meeresspiegel durch das Sawatch-Gebiet. Die Gipfel wechselten, aber ob rauh oder sanft, die immer gleiche Kammlinie lief vor mir her, die immer gleichen persönlichen Unannehmlichkeiten blieben. Die kleinen Ereignisse, die diese Kontinuität durchbrachen, waren deshalb um so einprägsamer – die leuchtend bunten Flechten, eine einsame Hummel, die sich auf meinem Rucksack mitnehmen ließ, ein Fuchs (was machte ein Fuchs hier oben?), und im Granitgeröll der Pfeifhase.

Der Kocher unter dem mit Schnee gefüllten Topf röhrte, als ich meinen ersten sah. Ich befand mich auf einem Gipfel, der Emma Burr Mountain hieß, und beugte mich gerade vor, um eine zweite Portion Schnee aus einer Wächte zu schöpfen, als ich etwas mit einem Büschel im Gesicht zwischen den Felsen umherflitzen sah. Es verschwand. Ich füllte den Topf neu – das Schmelzverhältnis lag bei etwa drei Teilen Schnee auf ein Teil Wasser –, und der Pika

Emma Burr Mountain

kam wieder zum Vorschein, doch diesmal ohne seinen lustigen Schnurrbart. Er legte sich offenbar einen Wintervorrat an getrocknetem Gras zu. Er rief lebhafte Erinnerungen in mir wach.

Als Wildlife Officer in Westafrika hatte ich einen jungen Klippschliefer, der einem mit einem Satz – boing! – vom Boden auf die Schulter springen konnte. Das pflegte er normalerweise zu den Esszeiten zu machen, und da seine Bewegungen etwas unkoordiniert waren, verlor er bei der Landung fast immer das Gleichgewicht. Dafür bekam er stets Applaus und eine helfende Hand, die ihn aus der Suppe, der Bratensoße oder Tinte holte, in die er mit tödlicher Sicherheit geplumpst war. Sein erster Auftritt hatte ihn in eine Schüssel mit Eiercreme befördert, nach der er dann auch benannt wurde. Der Pika auf dem Emma Burr Mountain und alle weiteren Pikas erinnerten mich so sehr an den kleinen Eiercreme, daß ich manchmal schlucken und mich abwenden mußte.

Der Pika war nicht das einzige Lebenszeichen auf dem Berg. Ich hatte ein paar Schneehühner und einige Sperlinge mit weißer Haube gesehen und konnte jetzt Steine hören, die von etwas losgetreten wurden, das deutlich größer war. Von etwas, das Englisch sprach. Ein gegrunztes „Scheißberg!" und „Wenn Emma Burr es geschafft hat, schaffen wir es auch", kamen beständig näher. Schließlich tauchte ein Kopf über dem Grat auf und rief: „Oh, Mist! Ist schon jemand oben."

Die drei, Jugendliche, machten Ferien in Tincup, einem alten Bergarbeitercamp, das im Tal 1000 Meter unter uns in ein Ferienlager umgewandelt worden war. Emma Burr hatte sie offenbar ziemlich geschlaucht. Sie meinten, ich wäre von der Ostseite aufgestiegen, und als ich ihnen erzählte, daß ich den Berggrat entlangliefe, daß ich die letzten achtzig Kilometer hier oben gewesen sei, zeigten sie sich nicht sonderlich beeindruckt.

„Dann hast du diesen Scheißberg gar nicht von unten bestiegen?"

Ich gab es zu.

„Und du bist kein Amerikaner, stimmt's?"

Auch das gab ich zu.

„Machst du immer um vier Pause und trinkst Tee?"

Ich gab zu, daß ich das im allgemeinen nicht tat.

„Aber du bist wirklich Engländer?"

Ein paar hundert Meter turnten wir zusammen weiter, bevor sie den Grat wieder verließen und die Geröllhalde hinunterliefen. Das letzte, was ich von ihnen sah, waren drei bunte Punkte, die von einem Felsvorsprung aus einen Wettbewerb im Steineschleudern durchführten. Hoch oben am Horizont lachte ich mit jener irren Freude auf, die diese Wanderung so oft mit sich brachte.

Die Collegiate Peaks

Die Route 50 hatte sich unerbittlich zum Monarch-Paß hinaufgewunden, doch zwei Tage und vierzig Kilometer weiter nördlich

Blick vom Cottonwood-Paß

hatte das Band aus Stein und Erde, das über den Cottonwood-Paß gelegt war, noch eine angenehme Unberührtheit. Mit etwas mehr als 3600 Metern ist der Cottonwood-Paß der höchste befahrbare Übergang über die Rocky Mountains, was ihn also auch zum höchsten Punkt macht, an dem man Sachen aus dem Autofenster schmeißen kann. Windeln zum Beispiel, von denen ein halbes Dutzend sich im Wind herumtrieb.

Ich lief gegen den Wind. Trotz der Höhe kam eine Art Stoßtrupp von Moskitos mit. Der Paß lag nur wenige hundert Meter über der Baumgrenze. Die vereinzelten Fichten über der dichteren Ansammlung der Bäume glichen geduldigen Gestalten in dunkelgrünen Mänteln oder, wo hohe und kleine Bäume beieinander standen, Erwachsenen und Kindern, die sich an der Hand hielten. Es sah aus, als ob der ganze Wald von der Wasserscheide weg nach unten geströmt wäre, eine vorwärtsstürmende Menge, die sich auf den unteren Hängen drängte und allmählich die tief eingeschnittenen Rinnen bevölkerte, als die Schlußlichter nachdrängten. Es gab ziemlich viel ebenes Gelände hier oben, doch die 3600-Meter-Linie schien die Obergrenze für die Bäume zu sein. Zehn Kilometer weiter nördlich konnte ich auch andere Grenzen sehen, wo tief hinabreichende Gletscher die Baumgrenze um weitere hundert Meter nach unten gedrückt hatten.

Auf den nächsten hundertzehn Kilometern machte die Wasserscheide einen Bogen durch ein großes Halbrund aus Gipfeln, welches das obere Arkansas-Tal einschloß. Direkt vor mir zerrissen die Grate des Mount Harvard und der Three Apostles leichthin die Wolken. Doch für richtiges Klettern war ich nicht ausgerüstet, und so wandte ich mich, gereizt nach den hartnäckigen Moskitos schlagend, nach unten und lief steil anderthalb Kilometer durch den Wald bis zu einem Sumpf, der vom Texas Creek entwässert wurde. Das Wasser war eiskalt und floß auch nicht nach Texas, aber es war schön, sich wieder sauber zu fühlen.

Die nächsten fünfundzwanzig Kilometer hielt ich mich westlich der Wasserscheide, stapfte auf einem ordentlichen Pfad, dem sogenannten Timberline Trail, durch das Wildnisgebiet der Collegiate Peaks. Kein Mensch war unterwegs – Colorado blieb so leer wie eh und je –, aber ob leer oder voll, ein Pfad ist ein Pfad, und ich bekam seine Enge deutlich zu spüren. Gastronomisch gesprochen, waren die hohen, weglosen Grate Mahlzeiten von organischer Einfachheit; Bergpfade waren Fertiggerichte, die nur noch erhitzt werden mußten; Straßen waren Fritten und Hähnchen zum Mitnehmen.

Der schmale Weg wand sich zwischen den Bäumen hindurch. Meine Stiefel polterten dumpf über die Wurzeln. Der Ton ließ mich an vergrabene Schätze denken. Ganze Banden grauer Eichhörnchen spielten in den Ästen über mir Verstecken. Wie unbekümmerte Kinder tobten sie die dünnen Stämme hinauf, machten dann halt, um sich zu vergewissern, daß man auch zusah, die Art von   Ich-weiß-nicht-was-dein-Vater-dazu-sagen-wird-Verhalten, dem neue Babysitter im allgemeinen ausgesetzt sind. Unter ihnen glänzende, vom Regen feuchte Heidelbeeren.

Der Regen. Nicht vorstellbar, wenn man trocken ist. Regen, der das Gewicht deiner Kleidung verdoppelt, harmlosen Staub in Morast verwandelt. Regen, der sich vermischt, der dich bespritzt, der sich ausbreitet, der klebt, eindringt, verklumpt und zusammenzieht. Widerlicher, scheußlicher Regen. Bis auf drei Tage regnete es nun einen ganzen Monat lang jeden Tag.

Ich überstand es, indem ich einer einfachen Regel folgte, die ich auf hautnahe Art und Weise gelernt hatte. Es war auf einer trostlosen Wiese, durch die ein Graben lief, in den ich mit meinem Rucksack gefallen war. Ich war klein für mein Alter, aber der Graben glücklicherweise auch. Schlammbedeckt hatte ich in einem Dreckhaufen gestanden und geheult – ohne Handtuch, ohne trockene Kleidung (ich hatte geglaubt, Rucksäcke wären wasserdicht – in dem Alter glaubt man eben alles) und ohne Freunde. Die waren einen Kilometer hinter mir und hatten sich angesichts des Regengusses vernünftigerweise untergestellt, den ich als neunmalkluger Zehnjähriger selbstverständlich nicht zur Kenntnis genommen hatte. Sie trockneten mich dann später ab und sagten kein Wort. Die Lehre war, daß Helden, auch wenn sie klein sind, naß werden, wenn sie ihr Glück erzwingen wollen. Die Regel war seitdem, nie wieder so etwas zu tun; ein totaler Waschlappen zu sein; schon den geringsten Anzeichen des Naßwerdens mit soviel wasserdichten Sachen wie möglich zuvorzukommen.

Glücklicherweise ließen die Rocky Mountains einen nie im Zweifel darüber, ob es regnen würde oder nicht. Das typische Wetter war klarer Himmel bis zum Vormittag, aufziehende Wolken und ein Regenguß am Nachmittag. Das Hin und Her, das einen Tag im schottischen Hochland so unsicher macht, gab es hier kaum, und bisher hatte sich meine Theorie als richtig erwiesen, daß es in den Rocky Mountains nicht schlimmer sein würde als in Schottland. Der Boden war im allgemeinen trocken, der Wind weder mit Nebel noch mit Feuchtigkeit vermischt, und trotz des vielen Schnees war es viel wärmer, als ich das durch Erfahrungen im englischen Hochland angenommen hatte. Morgens trug ich meistens Shorts, und die Handschuhe brauchte ich erst im September. Wer sich in England oberhalb sechshundert Meter wohl fühlt, fühlt sich im Sommer auch in den Rocky Mountains wohl.

In den umliegenden Bundesstaaten – dem Festland der Vereinigten Staaten ohne Alaska – gibt es über sechzig Berge, die höher als 4000 Meter sind. Ein Drittel von ihnen konnte ich von da sehen, wo ich gerade saß. Und ich selbst befand mich hier auf dem zweithöchsten dieser Gruppe (der höchste ist der Mount Whitney in Kalifornien). Also bitte – Applaus! Es ist dein, ganz allein dein – Mount Elbert!

Untersetzt und massig stieg er mit seinen 4400 Metern direkt aus dem Arkansas-Tal auf, wobei er nicht direkt auf der Wasserscheide liegt – das tut nur ein einziger Viertausender – sondern zwischen dem Lake-Paß, wo ich den Grat der Collegiate Peaks überquert hatte, und Leadville, auf das ich jetzt zusteuerte. Ich konnte die Stadt sehen, ausgebreitet im Dunst, 16 Kilometer vor und 1200 Meter unter mir. Vom Gipfel hatte ich einen Blick wie ein Adler auf das ganze Sawatch-Halbrund, ungefähr 1300 Quadratkilometer pro Auge. Ich konnte absolut alles sehen.

Als Jurij Gagarin, der erste Mensch im Weltraum, seinen Sicherheitsgurt aufhakte und nach unten blickte, waren seine ersten Worte bestimmt: „Das ist ja sagenhaft!" Jurij muß den gesamten Ural gesehen haben. Hier kam die Ostsee, der kleine Fleck dort war Dänemark, und dieser Wolkenklecks mußte England sein. Alles war an seinem Platz. Alles kam ins Bild. Jurij in seiner Rakete, den Atlas auf den Knien, und ich auf dem Mount Elbert, die Karte im Schoß, wir waren glückliche Menschen. Für uns war die Welt in Ordnung.

Unterdessen hatte ich Gesellschaft bekommen. Der Mount Elbert ist eine Touristenattraktion, und eine Gruppe aus einem Sommerlager – Bommelmützen und Kartoffelchips – war keuchend auf dem Gipfel angekommen. Es waren Jugendliche von der Ostküste, bis auf einen, der Hans hieß und ein sehr deutsches Englisch sprach. Er sagte: „The mountains are good, I like they", – worauf ein Junge aus New York bemerkte, daß Hans auch Mädchen liebe.

„Ja, aber nur samstags kriegen wir sie zu fassen."

Alles kicherte.

„Und am besten im Krankenzimmer."

„Ist da immer jemand drin?"

„Ja", sagte der Junge aus New York, „die Krankenschwester."

Wieder kicherten alle und sahen Ron an, der offensichtlich das Sagen hatte. Er hob einige Apfelsinenschalen auf und sagte, sie würden hier oben nicht biologisch abgebaut, und im übrigen sei es Zeit, wieder zurück zum Bus zu laufen.

„Also Jungs, jetzt hört mal zu. Werde euch beibringen, wie man abfährt. Ihr müßt so'n bißchen den Schnee runterlaufen, 'n bißchen springen, 'n bißchen gleiten . . .", aber die Bommel flogen schon, mit offenen Anoraks und übermütig schreiend, bis es keinen Schnee mehr gab. Sie blickten zurück und johlten, als Ron startete. Ich rumpelte nach ihm los, halb im Sturzflug in ein Feuer von gezückten Pocketkameras. Dann liefen wir weiter – viele Fragen, ob sie wohl mal den Rucksack aufsetzen könnten, und ob ich mich auch wusch und ob mir Amerika gefiele. Keine Warum-machst-du-das-Fragen allerdings – keine Fragen nach einem Motiv. Das war auffallend.

Leadville

Im Morgengrauen lagen die Moränen des Arkansas-Beckens in feuchtem Dunst. Ich war durch espenbedeckte Sümpfe vom Berg abgestiegen, hatte mir einen Weg durch häßliche Abbrüche gesucht und an einem nicht sehr freundlich aussehenden Tümpel gezeltet. Ich preßte das Zelt zu einer scheußlichen nassen Kugel zusammen und lief schnell die Route 24 hinunter.

Aus der Luft – und der Mount Elbert war die Luft gewesen – sah die Stadt Leadville wie ein fadenscheiniger Fleck in einem dunklen Kiefernteppich aus. Ich konnte mir von da oben die übliche Anzeigentafel vor der Bank vorstellen, die abwechselnd die Zeit und die Temperatur zur Hauptstraße hinunterblinkte – als ich dann ankam, war es 10 Uhr morgens und 21 Grad C. Allerdings hatte ich nicht gewußt, daß in den Häusern der Hauptstraße Spitzenvorhänge und altjüngferliche Rollos mit Quasten verziert in den Fenstern hängen würden – tiefe Schiebefenster in viergeschossigen Backsteingebäuden auf beiden Seiten der Straße. Es gab sogar eine Oper.

Meine Begeisterung über Leadvilles viktorianische Fassade war ein beunruhigendes Zeichen. Ich hatte in meine Muttersprache schon eine Menge amerikanischer Ausdrücke übernommen, und jetzt wurde auch noch mein Gefühl für geschichtliche Perspektiven amerikanisch. Das abgenutzte Steinplattenpflaster, das Mauerwerk, die schmiedeeisernen Lampen – Dinge, die ich zu Hause nicht einmal bemerkt hätte –, schienen hier ungeheuer bedeutsam. Auf 1400 Kilometern hatte ich bis auf eine Navajo-Hütte nichts gesehen, das mich ernsthaft an andere Zeiten hätte denken lassen, aber hier war der Beweis, daß das Heute das Gestern wirklich hinter sich hatte. Einige dieser Häuser waren neunzig Jahre alt. Elf verschiedene Mineralien wurden früher im Lake County abgebaut (so erfuhr ich im Museum), in den sechziger Jahren des 19. Jahrhunderts vor allem Gold, in den siebziger und achtziger Jahren Silber, dann Blei, Kupfer, Zinn, Zirkonium und heute Molybdän – dessen Markt inzwischen aber zusammengebrochen war. Das Kino am Ort war geschlossen, wie auch die große Mine am Freemont-Paß und mehrere Geschäfte. Jedes sechste Haus stand zum Verkauf. Als ich in der Post jemanden fragte, ob es in der Stadt einen Schuster gebe, bekam ich einen Vortrag über japanische Importe.

In den Herrenausstattungsgeschäften des Ortes roch es gut nach Leder. Denis Wakeen gab mir seine Karte, sagte mir, ich solle mich setzen, und brachte den Rucksack in Ordnung, während ich darauf wartete. Es ging um eine vorsorgliche Erneuerung eines teilweise zerschlissenen Gurts und einiger verdächtiger Nieten. Denis gefiel mir. Er machte seine Sache gut. In Amerika kaufte man Dienstleistungen im wesentlichen mit der gleichen Einstellung wie Lebensmittel; man mußte keine Kratzfüße machen.

Meine Schuhsohlen, an der mexikanischen Grenze noch neu, waren ziemlich abgelaufen, und ich fragte Denis, ob er sie erneuern könne.

„Können schon", sagte er, „aber es ist eigentlich noch nicht nötig."
„Halten die noch mal zweieinhalbtausend Kilometer?"
„Kann sein", meinte er. „Gibt nur eine Möglichkeit, das rauszufinden."

Ich setzte Denis auf meine Postkartenliste und lief nach Norden aus der Stadt, vorbei an Ron Sweet – Zahnmedizinischer Bedarf, Safeway, Best Western und den Verkehrsschildern mit den Geschwindigkeitsbegrenzungen. Kiefernnadeln und Dosenverschlüsse bedeckten den Straßenrand. Ich dachte an Kokosteppiche in großen Sommerzelten, als ich unter Kiefern halt machte. Ich rollte die Matte aus, versalzte den Eintopf und schlief.

Von Leadville zum Hoosier-Paß

Während meine Vergangenheit sich setzte und die Gegenwart mich unterhielt, war die Zukunft, wie immer, ein unbeschriebenes Blatt, meine Vorstellung von dem, was kommen konnte, so auseinandergerissen wie mein Bündel Landkarten. In den Bergen nahm ich jeden Kilometer mehr oder weniger so wie er kam, wenngleich die nächsten zweihundertfünfzehn oder so besonders schwierig werden sollten, da die Wasserscheide sich in alle Richtungen wandte, außer direkt nach Süden. An den meisten Vormittagen lief ich auf ihr entlang, an den meisten Nachmittagen wurde ich durch schlechtes Wetter von ihr vertrieben. Es regnete ziemlich viel, und an einer Stelle wurde ich durch Nebel festgehalten. Obwohl ich es nicht geplant hatte, landete ich an einem Ort namens Grand Lake. Ich brauchte von Leadville zwei Wochen dorthin, was im Durchschnitt etwa sechzehn Kilometer pro Tag waren. Es war der langsamste Abschnitt der ganzen Tour.

Am nächsten Morgen verließ ich neunzehn Kilometer nördlich der Stadt den Highway und lief quer durch das Molybdän-Abbaugebiet, um durch einen sonnenlosen Engpaß wieder auf die Wasserscheide zu kommen. Riesige Metallgußstücke lagerten im Freien

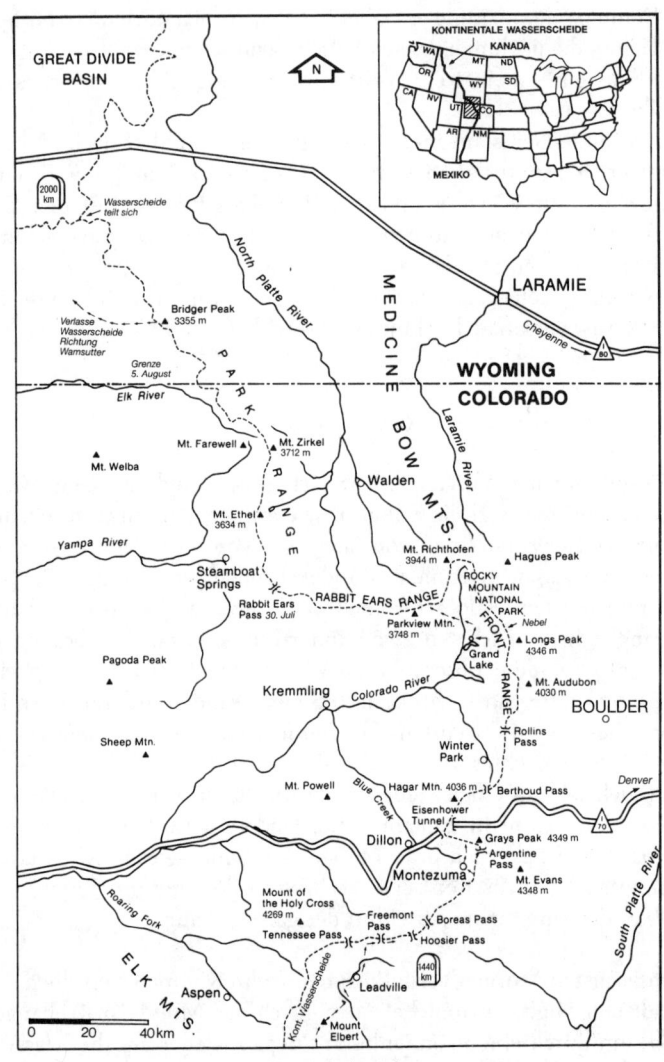

Nord-Colorado

auf Paletten. Fensterlose Gebäude, die durch Förderbänder verbunden waren, verstopften den Talgrund. Der Ort war verlassen, nicht einmal eine Katze streifte durch das wuchernde Unkraut. Ich lief etwas schneller. Ich hatte das Gelände fast hinter mir, war nur noch ein paar Meter von den ersten großen Felsen entfernt, als ich hinter mir ein Fahrzeug hörte. O Gott. Ich würde es niemals rechtzeitig bis zum Berghang schaffen. Sie hatten bestimmt dunkle Brillen auf (das hatten sie immer) und Rollkragenpullover und Hunde. An Leinen. Heißer, fleischiger Atem. Mitleidlose, gutturale Laute.

Aber es war keine Sicherheitsstreife. Als ich mich umdrehte, sah ich einen klapprigen, alten Jeep, der von einem Mann mit nur noch einem Daumen gesteuert wurde. Der Rest der rechten Hand fehlte. Ein Grubenunfall, sagte er. Er fragte, wie ich in das Werksgelände gekommen sei, und ich antwortete, von der Straße her. Es war mir als der beste Startpunkt für meine Kletterei erschienen.

„Ha!" sagte der Mann. „Ha! Dann haben Sie den Hauptzugang gar nicht gesehen?"

Ich war unter der Kette durchgekrochen.

„So ist das!" Der Daumen senkte sich auf die Karte bei der Mine, die zu beiden Seiten den Paß direkt über uns einnahm. „Sie sind eingestiegen! Und ich bin eingebrochen. Ich hatte rechtmäßigen Anspruch auf einen Claim weiter oben im Tal, aber Climax will mich rausboxen. Da hab ich mir dann einen Zeitungsmann geholt" – er stupste seinen fetten Beifahrer – „und hab die Ketten einfach geknackt. Der kleine Mann wird heute viel zu leicht an die Wand gedrückt."

Die verstümmelte Hand fiel auf das Lenkrad. „Wo sind Sie denn her? England? Die Wechselkurse müssen ja ziemlich hart für Sie sein."

Wechselkurse? Hatte er Wechselkurse gesagt? Wie überaus exotisch. Inzwischen hatte ich mich hier so sehr an die seichte Kultur gewöhnt, an Unterhaltungen beispielsweise, bei der schon eine minimale Erkenntnis, daß es außerhalb Amerikas noch eine Welt gibt, erstaunlich war.

„Ich mache mit jemand im County Lancashire Geschäfte", sagte der Mann im Jeep. „Ist das in Ihrer Nähe? Euer Pfund geht in'n Keller, und sein Zeug wird von Mal zu Mal billiger. Hauptsächlich Nazi-Abzeichen. Die Sachen bei uns sind alles Fälschungen."

Geschichte, Kultur und seit neuestem die Geographie – eine dritte unterbewußte Veränderung, die ich bei mir bemerkte, war die Art, wie ich inzwischen mit den Bergen umging. Aus der Ferne wirkten sie so ehrlich. Sie sahen einem offen in die Augen – keine Schluchten, keine Ausläufer, keine zermürbenden falschen Gipfel. Dabei ist der Berg der Hauptbetrüger, der Mann im Anzug mit jenem feinen kleinen Taschentuch aus Schnee in der Brusttasche. Man muß ganz dicht ran, um zu sehen, wie schmutzig dieser Schnee im allgemeinen ist, und man muß die Bergstiefel fest in den Hang schlagen, bevor die Substanz und das Darunter offenkundig wird. Doch diese wie aus Pappe ausgeschnittene Silhouette hielt mich nicht mehr zum Narren. Wenn ich jetzt einen Anstieg begann, stellte ich mich auf Schwierigkeiten ein – auf brüchigen, glitschigen Fels, auf plötzlich doppelt so große Entfernungen, auf überforderte Kniescheiben (was für ein eigenartig schmatzendes, malmendes Geräusch sie von sich gaben) und auf Unwetter. Das wichtigste war, immer in Bewegung zu bleiben, egal wie langsam, um ja nicht aus dem Laufrhythmus zu kommen. Inzwischen blickte ich auf die Mine hinunter, nachdem ich fünfhundert Höhenmeter in genau der Zeit geschafft hatte, mit der ich gerechnet hatte. Was vor drei Monaten noch eine geradezu unglaubliche Leistung gewesen wäre, war jetzt nur noch irgendein Anstieg und die Mine nur noch irgendeine Mine, auch wenn es von hier oben bis da unten einen halben Kilometer steil abfiel – ein ganzer Berghang, den man wegen etwas abgetragen hatte, was ich kaum aussprechen konnte.

Molybdän ist ein silbergraues Metall, das etwa so schwer wie Blei ist. Sein Schmelzpunkt liegt bei 2622°C (Eisen ist bei dieser Temperatur fast schon ein Gas). Als erste benutzten es die Franzosen zum Härten von Panzerplatten. Der Wirtschaftsrückgang hatte den Betrieb bei Climax gegenwärtig zum Erliegen gebracht, aber bei voller Auslastung transportieren die Förderbänder täglich 48 000 Tonnen Erz. Dort unten standen Fahrzeuge, deren Reifen einen Durchmesser von drei Metern hatten; es gab Maschinen im Berg, die riesige Felsbrocken zu Sand zermahlen konnten. Sie schwiegen. Viele Minenarbeiter hatten in den nahen Skiorten Arbeit gefunden – der Angestellte im Postamt von Leadville hatte Aspen und Vail genannt. „Ist trotzdem nicht das gleiche", hatte er gemurmelt.

Ich konnte verstehen, was er meinte. Einen Schlepplift zu betreiben ist vielleicht lustig, aber einen ganzen Berghang wegzusprengen ist Macht. Und ein Gewitter auch. Drei Kilometer weiter südlich hatte der Mount Democrat einen Volltreffer bekommen. Es wurde Zeit, die Wasserscheide zu verlassen. Dabei kam ich vom Arkansas-Becken in das Einzugsgebiet des South Platte.

„Wohl nur ein Verrückter", schrieb Zebulon M. Pike, Leutnant, 1. US-Infanterieregiment, „würde versuchen (dem Arkansas und dem Platte) weiter als bis zum Fuß dieser Berge zu folgen..." der Berge, in denen ich mich jetzt befand. Pike war allerdings in Schwierigkeiten geraten – der Winter des Jahres 1807 war die eine, die Tatsache, daß er sich völlig verirrt hatte, eine andere. „Eine große Demütigung", berichtete er, doch es gelang ihm, wieder Tritt zu fassen und sich nach Süden zu weiteren Abenteuern in Chihuahua durchzuschlagen.

Ich dagegen trottete nach Osten – die Wasserscheide war unberechenbar – und stieg am McNamee Peak ab, um dem Unwetter auszuweichen. Am Hoosier-Paß traf ich am frühen Abend wieder auf die Wasserscheide.

Das Zelt baute sich in diesen Tagen praktisch von selbst auf. Ich merkte kaum, daß ich es tat, und auch der anderen damit zusammenhängenden Alltagsarbeit wurde ich mir im allgemeinen kaum bewußt: Ich kochte weiterhin nach Mengenangaben; ich lief vom Morgengrauen bis zum Einbruch der Dunkelheit; ich schlief die übrige Zeit. Das muß an der frischen Luft gelegen haben.

Ich stand normalerweise um sechs auf – wenn auch widerstrebend. Der Boden, der mich die ganze Nacht gebeutelt und gekniffen hatte, war dann widernatürlich verführerisch. Mein erster Gedanke beim Aufwachen war immer der gleiche: „Ich muß", so nahm ich mir fest vor, „ich muß das mit dem Kissen besser machen." Aber ich gehöre zu denen, die sich viel vornehmen können, um es dann doch nicht zu tun, und fünfzehn Stunden später – Zelt aufgebaut, Sachen verstaut – trank ich noch einen Schluck Tee, pinkelte ins Gebüsch und kroch in den Schlafsack. Und verdammt nochmal, wieder habe ich vergessen, mir ein bequemes Kissen zu machen. Aber es lohnt sich nicht, jetzt alles auf den Kopf zu stellen, und so greife ich nach dem, was am nächsten liegt – fast immer die Kameratasche. Ich schiebe einen feuchten Strumpf unter meine Wange, spüre, wie sich mir eine Objektivkappe in die Schläfe drückt. Ich schiebe mir noch einen Strumpf unter die Wange. Ich werfe mich hin und her, drehe mich, sage mir, nicht so zimperlich zu sein – denn das ist heute die endgültig letzte Nacht so. Morgen werde ich hundertprozentig daran denken. Und so beruhigt, schlafe ich endlich ein. Bis jetzt habe ich zehn Wochen mit endgültig letzten Nächten verbracht.

Es sieht vielleicht so aus, als wäre meine Wanderung entlang der Rocky Mountains ein nicht endendes Ein- und Auspacken, ein Auf- und Abbauen gewesen – und bei der unterschiedlichen Mischung von Schweiß, Regen und Schneematsch, gegen die ich anzukämpfen hatte, war es das auch. Ich verbrachte die meiste Zeit in einer Art Langstreckenfegefeuer. Lkw-Fahrer werden wissen, was ich meine. Aber Lkw-Fahrer haben wenigstens ihre Truck-Stops. Sie können Bratkartoffeln bestellen, jede Menge Eier, und sich über die Knutschflecken der Kellnerin Gedanken machen. Ich konnte nichts von alledem.

Es war die Leere gewesen, das Nichts-zu-tun-Haben, was mir am meisten zu schaffen gemacht hatte, als ich zum erstenmal allein gewandert war. Mit Fröschen und Ungeziefer gefüllte Gräben waren nichts im Vergleich mit der Schrecklichkeit nicht ausgefüllter Zeit. Dann ging ich nach Afrika. Ich verbrachte zwei Jahre mit sehr wenigen Büchern in sehr viel Busch. Ohne die gewohnten Anregungen von außen saß ich plötzlich vor großen Lücken auf meinem Teller, Lücken, wo das Fleisch hätte liegen sollen – der soziale Umgang, Radio, Fernsehen, Bücher. Das Geschenk Afrikas war die Erkenntnis, daß dieses Fleisch nicht so wichtig war, wie ich bis dahin gemeint hatte. Afrika nahm die Schuld des Nicht-Handelns von mir. Es half mir, mich dem Sein zu stellen.

Das Trommeln auf dem Überdach hatte inzwischen aufgehört. Die letzte halbe Stunde Tageslicht wurde von Minute zu Minute schmutziger, und ich wollte wenigstens etwas Tee trinken. Aber selbst die Tundra – unterjocht und verkümmert – bewahrt nach einem Schauer den Regen lange genug für ein lustiges Spiel auf, das „Mach den Camper naß" heißt, eine Herausforderung an Fingerspitzengefühl und Geschick, wobei Größe nicht immer ein Vorteil ist. Die regenbeladenen Fichten am Hoosier-Paß zum Beispiel waren zu offensichtlich durchnäßt, um dieses Spielchen spielen zu können. Hier mußte ich auf Spinnweben achten und auf die fast blattlosen Heidelbeeren unter meinen Knien, wenn ich aus dem Zelt kroch. Das Überdach schwappte eine volle Ladung Wasser über meinen Rücken; ein Halteseil schnellte mir ins Auge. Dann erblickte ich ein kleines Biwak, das direkt vor mir unter den Bäumen stand. Daneben lehnte ein blaues Geländemotorrad. In den zehn Wochen seit der mexikanischen Grenze war dies das erste Mal, daß ich mein Schlafzimmer mit jemandem geteilt hatte. Ich rief „Hallo" und schlenderte hinüber.

Ein untersetzter, durchnäßter Jugendlicher aß getrocknete Bananen und Rosinen.

„Bergsteigermischung", sagte er. „Mehr brauch ich nicht."

Das war wohl auch besser so, denn es war offenbar alles, was er hatte. Ich stellte mich auf ein klassisches Schönes-Messer-Gespräch ein. Er hieß übrigens Steve.

„Schon irgenwelche Viertausender gemacht?" fragte er.

„Nur den Mount Elbert", antwortete ich. „Es waren viele Tagesausflügler oben."

„Abfallprodukte", bemerkte er.

Ich sagte nichts. Sein Schnurrbart war mitleiderregend. Das Biwak auch. Ich gab ihm einen von zehn möglichen Punkten, nicht für das Lager, sondern weil er ein Motorrad hatte, mit dem er ins Tal entfliehen konnte. Er sah wie jemand aus, der es vielleicht brauchen konnte. Ich schwieg weiter und hatte in zehn Minuten ein Essen fertig. Aber wofür, zum Teufel? Steve bedankte sich nicht, er stopfte den Großteil in sich hinein und sagte, die Nudeln seien hoffentlich nicht mit Schweinefett gemacht. Er esse nämlich kein tierisches Fett. Dann lag er im Zelt, in meinem trockenen Zelt, faselte etwas über Felsgruppen und bediente sich mit meinem Zucker. Das waren Eßsachen, die ich kilometerweit geschleppt hatte, knappe, eingeteilte Sachen, die mit jemandem zu teilen niemand von mir erwarten würde. Aber ich spielte das Schöne-Messer-Spiel mit. Dieses Ausschütten scheinbarer Großzügigkeit war ein Potlatch, ein Stammesfest, ein Austausch von Reichtümern zur Steigerung des Ansehens. Ich hatte nicht für Steve gekocht, weil er Hunger hatte, obwohl er ihn hatte – sehr sogar –, sondern um ihn zu beschämen. Meine Beweggründe hätten besser sein sollen, sie waren es aber nicht.

Sobald ich aufgestanden war, konnte ich einen Lagerplatz in zwanzig Minuten abbrechen und losmarschieren – dreißig Minuten, wenn ich frühstückte –, aber das Frühstücken hatte ich in letzter Zeit abgestellt. Es führte nur dazu, daß ich dann inständig das Mittagessen herbeisehnte, und so ging es mir darum, möglichst viele Kilometer hinter mich zu bringen, bevor mein Magen aufwachte. Am Hoosier-Paß aß ich jedoch, bevor ich aufbrach –, Tee, Haferbrei und Erdnußbutter. Erdnußbutter! Hauch von Honigtau, Gipfel aller Wünsche, und bestimmt nicht dazu da, an den noch immer schlafenden Steve verschwendet zu werden. Den Vorrat von zehn Tagen auf einmal aufzufressen, war die größte Versuchung, die ich kannte. Die zweitgrößte war, die ganze Marmelade zu verschlingen.

Die Geschmackssorten waren verschieden. Von Leadville nach Winter Park war eine Erdbeeretappe. Von Winterpark zum Rabbit-Ears-Paß würde deshalb eine Aprikosenetappe werden. Ich hatte die Marmelade in einer Plastiktube. Wenn sie leer war, goß ich heißes Wasser hinein und schüttelte sie, um auch das letzte Bißchen herauszuholen, aber ich konnte mit einem ganzen Keks wie mit einer Kelle in die Erdnußbutterdose fahren. Der Pegel fiel jeden Tag um genau einen halben Zentimeter: Wer dabei ertappt wurde, daß er mehr als seinen Anteil nahm, war kielzuholen, zu erschießen, zu foltern, zu verbrennen und dann auf dem Masttopp zu Mus zu schlagen. Glücklicherweise kannte ich den Kapitän, einen alten Trottel, der unzählige Male die Augen zumachte.

Meine dritte Lieblingsspeise war Zucker, den ich nicht rationierte, denn etwas nur halb Gesüßtes ist so unbefriedigend wie ein halbes Stück Kaugummi. Halber Hunger war dagegen etwas, womit ich mich abfinden mußte. Dies war der zweite Tag nach Leadville, und die euphorisierenden Auswirkungen von Hot dogs und Milch-Shakes ließen rasch nach. Der aus den Gedanken verbannte Hunger kam zurück, eine böse Fee, die ich beschwichtigen mußte. Meine Taktik bestand darin, so oft wie möglich zu essen – im Schnitt alle zwei Stunden –, jedoch so kleine Mengen, daß die Vorratseinteilung eingehalten wurde. Das erforderte ein gutes Timing. Verpaßte ich es, bekam ich das gefürchtete flaue Gefühl in der Magengegend, wurde schwach und mußte mich setzen. War ich zu früh dran, machte ich die Wirkung zunichte. Es war ein bißchen so, als stünde die Benzinanzeige wegen eines Lecks am Tank ständig auf Rot.

Montezuma

Am 5. Mai war ich in Mexiko aufgebrochen. Heute war der 15. Juli, und ich hatte während der ganzen Zeit noch keinen einzigen Wanderer mit Rucksack getroffen. Die Begegnungen mit denen, die tatsächlich unterwegs waren, waren so selten gewesen, daß ich mich an alle erinnerte: Peggy, das angesäuselte Cowgirl; Dolores, die Navajo-Indianerin, mit der ich ein, zwei Kilometer gelaufen war; Dee und Bonny, das Pärchen, das die Wasserscheide entlangritt; und nur vom Hörensagen die kanadischen Schwestern, die offenbar wie ich die Wasserscheide entlangliefen.

Der Einfluß der Außenwelt war also weitgehend zu meinen Bedingungen erfolgt. Aber Denver war jetzt nur noch eine Autostunde entfernt, und in den Tälern unter mir lagen versteckt einige ehemalige Bergarbeiter- und jetzt Ferienorte – Breckenridge, Fairplay, Dillon –, obwohl von hier oben noch nichts zu sehen war. Ich setzte den Rucksack auf und überschritt, während ich in Gedanken schon den Hang gegenüber erstieg, den Hoosier-Paß. Ein Radfahrer fuhr mich über den Haufen.

Glücklicherweise war nichts passiert. Ich entschuldigte mich, weil ich nicht aufgepaßt hatte, und bemühte mich, nicht zu glotzen – funkelnde Speichen, Designer-Trainingsanzug, und da kam seine Freundin, ebenfalls gebräunt, wenn auch etwas wacklig, als sie den Scheitelpunkt erreichte. Phantastisch! Denver war nah – ich wußte es von der Karte –, und simsalabim, schon taucht ein Yuppiepärchen auf, und Erwartung, Bestätigung und Verwirklichung stellten sich auf einen Schlag ein. Ich liebe diese köstliche Übereinstimmung. Stell die Milch raus für die Katze am nächsten Morgen, und boing! – schon ist sie da. Irgendwie lassen die Gedanken sie aus der Untertasse entstehen, die Milch, das Geräusch der sich öffnenden Hintertür. Ihre Anwesenheit ist nicht unbedingt erforderlich, aber wenn sie sich dann zeigt, paßt sie genau in den bereitgestellten freien Raum.

George und Suzu, die ich mittags kennenlernte, wohnten auch in Denver, hatten aber jeder eine Wohnung. Sie machten eine Tageswanderung mit dem Hund von Georges Frau. Trotz der Höhe – über 3900 Meter – war es warm, und Suzu fragte, was ich normalerweise anhätte. Shorts, sagte ich, und ein T-Shirt. Eine Wolljacke bei Wind, eine Bundhose bei schlechtem Wetter.

„Nehmen Sie, ich meine, ziehen Sie die Sachen auch mal aus?"

Ich war sprachlos. Was für eine ausgezeichnete Frage. Zweifellos die beste der Tour. Rumms! – der Sache direkt auf den Grund gegangen. Nicht viel herumgeredet um Gewicht oder Kilometer –

ihr ging es nicht um die Regeln oder das Ergebnis, sondern um das unmittelbare Gefühl des Spiels. Leider lautete die Antwort auf ihre Frage nein, einige Male beim Zelten ausgenommen. Ich wußte, worauf sie hinauswollte – nackt wandern ist ein herrliches Gefühl, aber auf dieser Tour brauchte ich etwas zwischen den Rucksackgurten und meiner Haut.

Ich machte meinen üblichen nachmittäglichen Umweg hinunter zum Wald, um dem heraufziehenden Unwetter zu entgehen. George und Suzu hatten mir eine Tragetasche voll Eßwaren gegeben – Huhn, Wurst, Pfirsiche, ein Stück Käse und Weintrauben –, die etwa zwanzig Minuten gehalten hatten, aber als ich die letzten Traubenkerne ausspuckte, beschloß ich, das Huhn für das Abendessen aufzuheben. Das war falsch.

Ein reißender Bach, der durch die mit Felsen übersäte Wiese zu Tal stürzte, regte mich zum Pinkeln an – das Geräusch von laufendem Wasser hatte häufig diese Wirkung –, und ich war gerade in voller Aktion, als ich in der Nähe der Tragetasche ein Rascheln hörte und aufblickte. Ein Tier von der Größe eines Frettchens hatte die Hühnerkeule im Maul. Seine schwarzen Augen blickten ganz klar, zwei kugelrunde Computer, die in Ruhe Entfernung und Geschwindigkeit berechneten. Ping! Die Antwort kam, die Hühnerkeule fiel zu Boden, und das Tier schlüpfte ins Gebüsch. Ich stieß den angehaltenen Atem aus und nahm mit dem Wasserstrahl einen Kiefernzapfen unter Beschuß. Ob ich ihn wohl in den Bach würde spritzen können, bevor mein Haupttank leer war? Ich hatte ihn gerade zum Rollen gebracht, als ich das Rascheln erneut hörte. Diesmal war ich zu spät. Ich erhaschte noch einen kurzen Blick auf das entführte Fleisch, dann war der Räuber, ein Baummarder, verschwunden.

Am nächsten Morgen erreichte ich einen Sattel, den Boreas-Paß, und die Freude, die ich vor zwei Wochen bei der Entdeckung des Fehlers auf der Karte empfunden hatte, verflog jäh. Der Lehrer hatte doch recht gehabt. Ein offensichtlich von Menschenhand geschaffener, ein Meter breiter Kanal lief zielstrebig über die Wasserscheide. Ich erkannte, daß auch Lake Fork, Saguache Creek, ein Bewässerungskanal gewesen sein mußte. Wasser ist in Colorado zwar nicht unbedingt knapp, eigentlich ist es sogar der Hauptexportartikel, aber der Colorado, den das meiste Wasser hinunterfließt, läuft in die vollkommen falsche Richtung – nach Arizona und Süd-Kalifornien, anstatt über die Prärie, wo das gute Ackerland und die meisten Menschen darauf warten. Mehrere Stauseen im oberen Colorado-Becken versorgen die verstreut liegenden Stadtgebiete unterhalb der Front Range durch Tunnel, die mitten durch das Gebirge getrieben worden sind. Es erschien irgendwie verwunderlich, daß so große und so weit auseinanderliegende Städte wie San Diego und Denver via Pipeline und Tunnel auf einen Fluß angewiesen waren, in dessen Becken keine von beiden lag.

Die Karten, die ich im inzwischen fünfundfünfzig Kilometer hinter mir liegenden Leadville gekauft hatte, waren herrlich plastisch. Die Sawatch Range wurde wie umherwirbelnde grüne Dämonen dargestellt, die Hänge am Talschluß fast als massive Farbblöcke, während die Höhenlinien auf der anderen Seite des Boreas-Passes sich in einem sinnenfrohen Flamenco nach Nordosten wandten. Die Veränderung war in Wirklichkeit ziemlich abrupt. Auf der Karte waren aus den lachenden grünen Linien ein paar freundliche Gluckser geworden; am Boden wand sich die Wasserscheide jetzt quer durch Berge, die stark dem schottischen Moorland ähnelten, hoppelte über bucklige, freundliche Hänge, baumlos, beruhigend und anscheinend übersät mit frischen Erdlöchern.

Das Zeichen für ein Bergwerk auf den Karten, die ich gekauft hatte, war ein winziges Kreuz. Es gab Hunderte, dicht an dicht in den tiefen Tälern, auch einsame Flecken auf den Gipfeln, einige so hoch gelegen und an so steilen Hängen, daß man aus Stämmen Plattformen gebaut hatte, um die Eingangsschächte zu terrassieren. Ich konnte sehen, wo Maultierbahnen sich mühsam einen Weg zu diesen längst verlassenen Einsiedeleien gesucht hatten; die blassen Flecken der aufgetürmten Erdhaufen waren weithin sichtbar. Die verstreuten Bergwerke hatten etwas eigenartig Zwingendes an sich – sie waren winzige Fenster der Hoffnung in den sanften Hügeln.

Das bucklige Land hatte mir Siebenmeilenstiefel angezogen. Ich träumte im Wind, nicht länger auf jeden Schritt achten zu müssen, sondern kilometerweit zu fliegen, der einzige Mensch auf dem Dach der Welt. Dann war ich es plötzlich nicht mehr. Es ging „Hi!" und „Wie geht's?" und Klick! Klick! Klick!, als eine Rotte unter der Bezeichnung Breckenridge Jeep Tours vorbeirauschte, und ich machte schnell den Weg frei. Dies war eine der wenigen Stellen in den hochgelegenen Rocky Mountains, wo man mit einem geeigneten Wagen die Wasserscheide nicht nur überqueren, sondern ein Stück entlangfahren konnte.

Ein zweiter Geländewagen fuhr vorbei, ein dritter. Ich kam mir wie ein Löwe in einem Wildpark vor. Sollte ich mich auf den Weg legen und den Leuten einen Schauer über den Rücken laufen lassen, indem ich an einem Mars-Riegel nagte? Der Lärm der Jeeps wurde schwächer, um einem kläglichen Stottern Platz zu machen. Ein Personenwagen wurde über die Bergkuppe bugsiert. Rockmusik und Lachen drangen zu mir, und Köpfe flogen nach hinten, als die Räder über einen Felsbrocken schlingerten.

„Hi!" rief der Fahrer. „Versuchst du, dem ganzen Rummel zu entkommen?"

In dem Wagen, der bemerkenswert ungeeignet für Geländefahrten war, ging es lustig zu – drei Amerikaner, zwei Neuseeländer und jemand aus Blackpool in Lancashire bevölkerten das Auto. Eric, dem der Wagen gehörte, saß hinten.

„Komm runter nach Montezuma", sagte er.

„Montezuma, Colorado", ergänzte Corrie auf Erics Schoß.

„Verdammt!" rief Dominic. Ich hatte ihm den Rucksack auf die Knie gestellt.

„Wo ist das?"

„Einfach...", Lindsay zeigte ins Tal, „...einfach da runter. Es ist ein ganz kleiner Ort."

„Durchschnittsalter siebenundzwanzig Jahre und vier Monate." Das war Brad. „Wir haben nur zwei Rentner, aber beide mögen

Pink Floyd. Sie kommen heute abend auch zum Grillen. Frag nach dem Tiltin' Hilton – dem schrägen Hilton."

„Dem was?"

„Dem verdammten Tiltin' Hilton", sagte Dominic, der so dünn war, daß man es kaum für möglich hielt. „Das ist ihr Haus. Ist von einem Psychiater gebaut worden. Verdammt, dieser Rucksack bringt mich noch um."

Alles an Dominic war dünn, wie ich in den nächsten Tagen feststellte, vor allem seine Stimme, die keinerlei Ausdruckskraft besaß. So weit von zu Hause auf einem Berg einen Landsmann zu treffen, einen, der, alles andere als ein Kletterer, die letzten sechs Jahre am Strand von Blackpool ein Angelgeschäft gehabt hatte, hätte eigentlich eine Riesensache sein müssen. Aber diese Stimme machte alles kaputt. Flotte Abenteuer, von denen Dominic offenbar einige erlebt hatte, hörten sich an wie Schülergeschichten. Wäre er plötzlich aufgesprungen und hätte „Feuer!" gerufen, hätte das Ausrufungszeichen gefehlt, und kein Mensch hätte auch nur aufgeschaut. Die Folge war, daß alles, was er sagte, sich erst Stunden später setzte, und ich holte noch nach Monaten Sachen von ihm aus meinem Gehirn.

Brad dagegen holte aus mir auf der Stelle fast alles heraus. Er machte am nächsten Nachmittag ein paar Aufnahmen von mir, und in der Woche darauf erschien ich im *Summit Sentinel* – „dünn und muskulös steht Pern mit seinen einsfünfundsiebzig vor uns . . . auf seinem Weg nach Kanada ist sein einziger Wunsch . . . er sieht Amerika als . . . bla, bla, bla, sagt er. Hinter dem bärtigen Gesicht steckt . . . ein Mann, der . . . und auch weiterhin . . . auf einer Reise, die nur wenige machen." Aber ich mochte Brad. Er ist der einzige Journalist, den ich je getroffen habe, der seine eigene Zeitung besitzen und verlegen wollte.

Eric dagegen wußte nicht genau, was er machen wollte – Jura zu Hause in Süd-Dakota oder Geschichte irgendwo anders. Solange jobbte er im Sommer in einem Hotel unten im Tal. Das tat auch Corrie, die genau wußte, was sie wollte, aber Eric hatte das wohl noch nicht ganz mitbekommen. Auch Lindsay arbeitete in dem

Das Tiltin' Hilton

Hotel. Sie war der Grund, warum Gerry, der zweite Neuseeländer, in Montezuma aufgetaucht war. Gerry sah einen nicht an, wenn er sprach, sondern befragte mehr oder weniger sein Bierglas. Vielleicht fragte er sich auch, was mit der Lindsay los war, die er von zu Hause gewohnt war. Es lief nicht. Er und Dominic fuhren am nächsten Tag nach Denver, und ich brach zum Loveland-Paß auf, einem Achtzehn-Kilometer-Marsch durch dichten Nieselregen.

Ich hörte die Autos, die, seit sie Denver verlassen hatten, schon eine Stunde auf der Interstate 70 im höchsten Gang dahinzischten, und sie würden mindestens noch weitere achtzig Kilometer nicht herunterschalten müssen. Die Interstate 70 gibt sich nicht mit Haarnadelkurven ab. Sie prescht schnurgerade zum Clear-Creek-Tal hinauf, bohrt sich mittels eines drei Kilometer langen Tunnels durch die Wasserscheide und zieht auf der anderen Seite ruhig weiter. Am Morgen hatte ich den Tunneleingang von oben gesehen. Jetzt kuschelte ich mich in den Schlafsack, um im Licht der Taschenlampe die Karte zu studieren.

Kartenstudium bei Taschenlampenlicht – wie nüchtern das klingt, wie entsetzlich britisch. Aber das war keine nüchterne Lektüre, kein flüchtiger Kuß auf die Wange, bevor das Licht ausgemacht wird. Ich warf nicht nur einen Blick auf die Karte, ich vergewaltigte das Mistding, jeden Abend, todsicher, ließ ihr die denkbar gründlichste Aufmerksamkeit zukommen, die eine Karte bekommen konnte. Das war der Augenblick, wo ich das Gold des Tages zählte, geifernd über dem Kassenbuch saß, mir Gedanken machte – über das Essen, den Brennstoff, die Zeit, über alles, was mir einfiel. Es war der Augenblick, wo ich mir die Lippen leckte und den rosa Punkt – er war immer rosa – in die Karte malte. Der erste, zweite, dritte, vierte . . . der fünfundzwanzigste Punkt in Colorado. Und meine Augen bewegten sich hin und her und folgten ihnen, Punkt für Punkt, einer für jedes Lager. Ich schrieb „Ank. 19.30, 18. Juli" neben den letzten und knipste die Taschenlampe aus. Sogar daran hatte ich Freude. Taschenlampe an – ich konnte mich den Büchern hingeben; Taschenlampe aus – ich schonte die Batterien.

Es war heute allerdings keine so erfreuliche Kartenstudie wie üblich gewesen. Die Interstate 70 markierte ziemlich genau die Hälfte der Reise, doch ich war nicht so zufrieden, wie ich hätte sein können. Ich hatte mir etwas genauer die Berge angesehen, die ich durch meinen Abstecher nach Montezuma umgangen hatte – eine Reihe rheumatischer alter Männer, die sich um das Horseshoe-Becken aufgestellt hatten. Allem Anschein nach hatte ich nicht viel versäumt – schöne, offene Anstiege, nichts wie die Messerschneide, der ich an diesem Morgen hatte entlanggehen müssen. Also nur interessehalber – welche Berge hatte ich versäumt? Ich knipste die Taschenlampe wieder an. Argentine Peak, Mount Evans, Grays Peak . . . Ich war ein paar Kilometer nördlich des Grays Peak wieder auf die Wasserscheide gestoßen. Rückblickend war mir nichts Ungewöhnliches aufgefallen. Eine leichte Kletterei hätte mich auf den Gipfel gebracht. Aber der Name ließ etwas bei mir klingeln. Wo hatte ich ihn schon einmal gehört? Ich ging einige längst vergessene Anmerkungen auf der Rückseite meines Tagebuchs durch – Adressen, Einkaufslisten... und da stand es: Grays Peak, und dahinter ein paar Sternchen. Ich klappte das Tagebuch zu. Was hatten nur die Sternchen zu bedeuten?

Nun, wozu sind Sterne da? Um etwas hervorzuheben. Um etwas zur Geltung zu bringen. Um die Aufmerksamkeit darauf zu lenken. Grays Peak, 4349,5 Meter, ist der höchste Punkt der Wasserscheide – und ich hatte ihn verpaßt.

Vom Loveland- zum Berthoud-Paß

Drei leichte Kilometer den Grat entlang brachten mich am nächsten Morgen direkt über die Interstate 70, die durch den Tunnel vierhundert Meter unter mir lief. Hier oben auf dem Kamm blühten Sonnenblumen, Hunderte von kleinen Harpo Marx, die albern den Himmel angrinsten. Aus Versehen setzte ich mich auf eine. Sie brauchen Jahre, bis sie ausgewachsen sind, blühen nur einmal und gehen dann ein. Und ich hatte eine zerstört. Der grüne Saft auf meinen Händen war echt, der zerquetschte Stengel, die Sonne, meine Füße in trockenen Strümpfen, die Rucksackgurte, der leichte Wind – alles echt. Aber die Interstate 70 da unten war nicht echt. Sie glich einem Film.

Wenn jetzt ein Auto aus der Bahn geschleudert und außer Kontrolle geraten wäre, wenn schwarzer Rauch aufgestiegen und Ameisenmenschen herumgekrabbelt wären, hätte ich nicht weniger inbrünstig gegähnt, als ich jetzt gähnte. „Ein Unfall", hätte ich mir gesagt und wäre weitergelaufen.

Wenn man eine Faust macht und die Handfläche nach unten auf den Tisch legt, bilden die Finger eine steile Schräge. Nun nimmt man die Größe einer Blattlaus an, setzt sich mit einem großen

Rucksack über die Knöchel in Bewegung – und Sie haben eine Vorstellung davon, wie die Wasserscheide in den letzten Tagen gewesen war; und wie vergleichsweise klein die Spitzen der meisten Berge in Wirklichkeit sind. Die markanten Strecken – die unpassierbaren Klippen – sind meistens sogar noch kleiner.

Strecken Sie jetzt die Finger aus. Sie bilden mehrere parallele Täler, die im rechten Winkel zum Hauptkamm laufen – genau die Landschaft, die vor mir lag, als ich an jenem Morgen nach Norden aufbrach. Die oberen Talenden bildeten riesige, grasbedeckte Becken, die untereinander keine Verbindung hatten, aber zur beherrschenden Wasserscheide hin offen waren. Die baumlosen Hänge darunter waren gesprenkelt mit Hunderten von Wapitis, die träge und braun in der Sonne grasten. Sie ahnten nicht, daß sie von oben beobachtet wurden, aber ich auch nicht. Der Grat war felsiger, aus nacktem Gestein waren kleine Klippen geworden, Geröll begrub das Gras unter sich, und auf dem Wall über mir hatte ich einen reinweißen Punkt erspäht.

Nichts war zwischen ihm und dem gefiederten Mond. Er war der Bommel auf der Mütze, die Fee auf dem Baum. Genau dort, wo eine Schneeziege sein sollte. Ich schoß ein halbes Dutzend Fotos; die Ziege war ein bloßer Stecknadelkopf gegen den blauen Himmel, würde aber bestimmt bald fliehen. Ich kroch vorwärts (warum ich kroch, ist mir ein Rätsel – die Schneeziege konnte jede meiner Bewegungen sehen) und hob die Kamera erneut. Ich kam näher und näher, und noch immer hatte die Ziege sich nicht gerührt. Der weiße Fleck hatte jetzt die Größe eines Tennisballs, war eindeutig nicht nur Staub auf dem Objektiv, aber doch noch nicht groß genug, um Tante Marlene zu überzeugen, daß es eine Schneeziege war – die gute alte Tante Marlene, der Schrecken jeder Familiendiavorführung. Ich war entschlossen, sie diese Weihnachten zum Schweigen zu bringen, und die Ziege schien mir dabei helfen zu wollen. Sie kam eindeutig auf mich zu. Bald würde sie den ganzen Sucher ausfüllen. Ich knipste wie ein Besessener, war Tante Marlene schon fast zuvorgekommen, aber noch nicht ganz. Der Film war zu Ende.

Das war vielleicht gar nicht so schlecht. Ich senkte die Kamera, und an die Stelle des bloßen Bildes trat das wahre Erlebnis. Die Ziege war unglaublich zutraulich – fast gar kein Wildtier. Ich sah, wie der Wind das sich erneuernde Fell kämmte, hörte das Klappern der schwarzen Hufe. Es war ein sehr bedächtiges Tier – erinnerte mich eher an einen Schneemann –, sehr würdevoll, etwas altmodisch. Ich warf ihm ein Stück Schokolade hin und bereute es augenblicklich, ein dreister Passant, der einem Mönch Süßigkeiten gibt.

Die Plackerei bergauf wurde zu einem Kriechen auf allen vieren und stellenweise zu richtigem Klettern, auch wenn der Mount Hagar nicht gerade der Eiger war. Es war eher ein Hadrianswall, eine unsichere Ruine, aber das war das Wandern, das mir gefiel. Es erforderte Beweglichkeit, Urteilsvermögen, Schwung, Risiko. Beide Hände im Einsatz, kein Anhalten und auf keinen Fall ein Straucheln. Ein Stümper würde da natürlich senkrecht den Abhang runterstürzen, würde vom nächsten Vorsprung abprallen. Ich genoß meine Rolle ungeheuer als Gefangener des Berges, als Bezwinger, als Sieger über Himmel und Erde! Bis ich plötzlich an einen Einschnitt kam, eine Bresche in der gewaltigen Felswand.

Ich glitt schwungvoll über den Rand – und in eine neue Rolle hinein, ein abrupter Abstieg vom Bezwinger der Berge zum herumtastenden Angsthasen. Unter den Fingernägeln unansehnliche Flechten, den Bart an den nassen Fels gepreßt, hatte ich mich zentimeterweise in eine Sackgasse manövriert. Ich blickte nach unten. Nur fünfzehn Meter tiefer ging es weiter den Grat entlang in einem neunzehn Kilometer großen Bogen zum Berthoud-Paß – ein wunderbarer Weg, von Horizont zu Horizont wunderbar zu überblicken. Und dann so läppische fünfzehn Meter. Ich ließ den Fuß baumeln und erkundete das Terrain. Eine Hand folgte dem Fuß. Es hatte wieder angefangen zu regnen, und ich hatte dreißig Kilo auf dem Rücken und neben mir wölbte sich der Fels vor. Langsam schob ich den Rücken ins Freie, ein Akt blinden Vertrauens. Falschen Vertrauens. Hinter dem Vorsprung war der Fels glatt abge-

brochen. Mit einem Seil hätte ich mich problemlos abseilen können, aber ich hatte kein Seil. Ich hatte überhaupt keine Kletteraus-
rüstung bei mir. Ich hatte etwas ganz anderes: Ich hatte entsetzli-
che Schwierigkeiten. Ich hing in einer Wand, fern von allem, doch
dem Vergänglichen ekelhaft nah. Wenn jemals jemand über meine
Leiche stolpern würde, hätte er den ganzen Tag damit zu tun,
mich einzusammeln.

Ich hatte auf der anderen Seite eine wachsende Schuld getilgt.
Die Wasserscheide zu verlassen, aus welchen Gründen auch immer, bedeutete, die vorderste Linie zu verlassen. Es gab meistens
gute taktische Gründe für einen Rückzug, sogar strategische Not-
wendigkeiten, doch Zeit, die ich im Wald verbrachte, war immer
etwas unbefriedigend. Ich hatte ein bißchen das Gefühl zu kneifen.
Schuld in den Tälern, Sühne auf den Bergen: Das Festsitzen am
Mount Hagar war der Ausgleich dafür, daß ich den Grays Peak
verpaßt hatte. Ich war wieder einigermaßen quitt mit mir. Doch
gleichzeitig war ich wie versteinert. Zum erstenmal seit Jahren
hatte ich richtige Angst.

Was wahrscheinlich der Grund dafür war, daß ich stürzte. Als
das Pendeln des Rucksacks mich aus der Wand zog, sah ich mich
wieder dort über der Interstate 70; als ich spürte, wie meine Hände von dem dunklen Fels abrutschten, meinte ich, Autos zu hören,
die sich dem Tunnel näherten. Das Blut dröhnte mir in den
Ohren. Weiße Finger hier oben, die sich an nasse Steine klammer-
ten, da unten mit Autoradios beschäftigt waren. Im Tunnel gäh-
nende Gleichgültigkeit; hier oben ein Schrei, als ich stürzte. Ich
knallte auf ein Band gut einen Meter unterhalb des Vorsprungs.
Ein Kugelschreiber war aus der Kameratasche gefallen. Ich sah ihn
eingeklemmt zwischen den Felsen weiter unten, so groß wie eine
Stecknadel. Ich fühlte mich seltsam ruhig und griff nach dem ersten Halt.

Ich brauchte nicht lange, um wieder ganz nach oben zu kommen, wo der Schock mich mit Macht überfiel. Eine ganze Viertel-
stunde lang saß ich da und zitterte unkontrolliert. Die Wiedergut-
machung war auf jeden Fall erfolgt.

Es sollte noch mehr Aufregung kommen, als ich mich daran-
machte, einen Hang zu queren – allerdings leichte Kost, gemessen
an den Vorkommnissen jenes Nachmittags. Schwarze Felsgerippe
spien durchweichtes Mark in das Kar weit unten, ein Brei aus Geröll und Erde und eine wahnsinnige Belastung für die Knöchel.
Aber ich schaffte es und war nach zwei Stunden die tausend Meter
zum Berthoud-Paß abgestiegen, ein kluges Ausweichen, wie sich
herausstellte.

Schwierigkeiten hatten sich schon den ganzen Nachmittag über
zusammengebraut. Zunehmend undeutlicher war dumpfes Grollen durch die dunkle Wolkendecke gedrungen. Als ich jetzt vom
Grund des Passes hinaufblickte, herrschte drohendes Schweigen.
Dann – krach! Gleißende Entladungen umzuckten Mast für Mast
des Skilifts, als das Unwetter aufkreischte. Der Boden unter meinem Zelt wurde völlig durchweicht, und meine Sachen waren am
Morgen braun von Schlamm. Glücklicherweise hatte ich nicht
mehr weit zu laufen. Winter Park und das Verpflegungsdepot Nr.
8 lagen direkt hinter dem Berg.

Durch nebelumwaberte Hagelmassen arbeitete ich mich zum Paß
hinauf. Das Gras am Straßenrand lag zusammengeschlagen am
Boden. Ein paar frühe Touristenautos kamen vorsichtig den Berg
heruntergeschlittert. Braunes Wasser toste durch schmale
Schluchten; kleine Steine, die durch den Wald nach unten gerollt
waren, lagen verstreut auf der Straße. Ein leerer Kipper röhrte
vorbei. Er hielt vor mir, wo eine Schlammlawine die Straße halb
blockierte, und ich winkte, als ich am Fahrerhaus vorbeistapfte.
Der Fahrer beachtete mich nicht und sah auf seine Uhr – es war
kurz nach halb neun. Für einen so schönen Morgen machte er ein
ziemlich mieses Gesicht, und während ich darauf wartete, oben auf
dem Paß von einem Auto mitgenommen zu werden, entdeckte ich
auch, warum.

Ein paar Minuten nach neun kamen von Winter Park mehrere
Fahrzeuge der Straßenmeisterei angefahren. Mit orangefarbenem
Blinklicht rollte ein Bagger vor, dessen Fahrer sich zu den Stra-

ßenarbeitern in dem Café am Skilift gesellte. Ich konnte sie durch das Fenster sehen, wie sie Doughnuts aßen und Zigaretten rauchten. Kurz vor zehn – es hatte mich immer noch niemand mitgenommen – fuhren sie langsam bergab, offensichtlich, um mit dem Kipperfahrer zusammenzutreffen. Da er ein Privatunternehmer war, lag es auf der Hand, warum er so sauer war.

Ich freute mich auf Winter Park, wegen eines Mädchens, das Naomi hieß. Sie arbeitete in dem Skigeschäft, wo ich die Proviantkiste deponiert hatte. Es lag an ihrem ausgelassenen Lachen auf dem Ferienprospekt, aber ich war gerade noch rechtzeitig gekommen – im nächsten Monat wollte sie zurück nach Wisconsin. Sechs Jahre seien genug, sagte sie.

Colorado: Molybdän, unbegrenzter Himmel, Skilauf. Wisconsin: Zink, Molkereiwirtschaft, Kirche. Ich konnte es nicht begreifen. Aber Naomis Vater war ein lutherischer Geistlicher, ein ehemaliger Marineinfanterist, erzählte sie.

„Es ging nur ‚ja Sir‘, ‚nein Sir‘, und ich war, glaube ich, etwas aufsässig. Wenn man gerne Ski läuft, macht man sich keine großen Gedanken darüber, wie reich man eines Tages sein wird. Aber ich kam hier mit einer Art von Leben in Berührung, mit der ich, glaube ich, in meinem Herzen nicht übereinstimme. Ich brauche die Gebote Gottes und das Evangelium. Wenigstens einmal in der Woche. Ich muß wissen, was Jesus von uns verlangt."

„Die verlorene Tochter des Geistlichen?" fragte ich.

„Nein", erwiderte sie, „ich habe es richtig gemacht. Mein Vater versteht, daß es so nicht ist. Er hat mir letzte Woche geschrieben. Er sagte, ich solle den Prediger Salomo lesen – alles hat seine Zeit, verstehst du? Ich gehe zurück, weil es Zeit ist."

Viel später bekam ich verschwommen mit, wie Naomi ein Band raussuchte. Die Kopfhörer dämpften ihre Worte. „Gute Nacht", sagte sie und schloß die Tür. Sie hatte ein Stück von den Doors aufgelegt: „Riders on the Storm".

Ich wachte um fünf auf, spülte das Geschirr vom Abendessen ab und ging. Ich versuchte eine Stunde lang ein Auto zu stoppen, was nicht gelang, und als um sieben der Duft von frischgebackenem Brot die Straße heraufzog, folgte ich ihm zum Bäcker Carver. Ein junger Mann mit mehligen Händen füllte den Zeitungsständer.

„Hier", sagte er. „Die ist von gestern. Sie können sie haben."

Ich ging hinein, um einen Kaffee zu trinken, hielt mich mit den – beinahe – neuesten Nachrichten auf dem laufenden und sah Naomi mit dem Fahrrad am Fenster vorbeifahren. Winter Park schien der erstrebenswerteste Ort der Welt zu sein, ein Paradies mit gutem Brot und fließend warmem Wasser. Ich fragte mich, was es denn brachte, einen Monat vor meinem dreiunddreißigsten Geburtstag noch immer wie ein Pfadfinder in den Bergen herumzustromern? Die meisten meiner Freunde hatten inzwischen einen Beruf und Kinder. Nur wenige von ihnen mußten sich noch überlegen, wie viele Krapfen sie sich leisten konnten. Noch weniger standen an der Straße und winkten mit dem Daumen. Ich war unzufrieden. Aber wiederum auch nicht grundsätzlich. Noch stand oder fiel jeder Augenblick für sich. Keine Krapfen mehr zu haben, war letzten Endes nicht schlechter, als eben einen zu haben.

Die Front Range

Schließlich nahm ein Auto mich mit zum Berthoud-Paß, wo ich kurz nach zehn abgesetzt wurde. Die nächste Station war der Rabbit-Ears-Paß – zwei Gebirgszüge und 190 Kilometer weiter. Bisher war ich knapp 1600 Kilometer gelaufen.

Als ich zurück auf das Fraser-Tal blickte, konnte ich sehen, daß das Eis nachsichtig gewesen war. Die Vorberge waren abgeschliffen, sanft bedeckt von einem Fichtenteppich. Skiwege waren durch den Wald gekritzelt worden, grobe Striche, die, wie ich meinte, wesentlich hätten verbessert werden können. Hier bot sich eine seltene Gelegenheit. Warum nicht die Abfahrten als Reklame benutzen und etwa den Schriftzug „Coca-Cola" durch die weiten Tannen schlagen? Fahre Coca-Cola! Ich würde diesen Einfall patentieren lassen. Ich würde die Werberechte für sämtliche Wälder in den Vereinigten Staaten kaufen. Alles, was ich brauchte, waren eine Kettensäge und oben jemanden mit einem Megaphon, damit ich die richtigen Bäume absägte. Ich war inzwischen ein gutes Stücke über dem Berthoud-Paß und konnte die ganze Sache überblicken. Ich würde eine Aktiengesellschaft gründen. Ich würde Einfluß auf den Kongreß nehmen, um Straßen durch unzugängliche Gebirge bauen zu können, damit mein Zeug gelesen wird. Aber nicht nur das. Ich würde Geschwindigkeitsbegrenzungen vor den Werbeschildern der wichtigsten Kunden erlassen – 10 km/h für City-Girl-Strumpfhosen an der gesamten Front Range. Die einzige Behinderung würde der Nebel sein . . .

Der zweitägige Übergang vom Berthoud- zum Rollins-Paß war nebelschwer, Sicht gleich null. Zum erstenmal gaben sich die Rocky Mountains wirklich wie Schottland – heulender Wind, peitschender Regen. Zum erstenmal war mir richtig kalt, und zum erstenmal lief ich ausschließlich nach Kompaß.

Ich sah nichts in den zwei Tagen. Nur Nebel, nichts als Nebel. Den zurückgelegten Weg maß ich anhand der gezählten Schritte und der Zeit, und in diesen achtundvierzig Stunden lief ich nur zweiundzwanzig Kilometer. Dann, direkt nach dem Rollins-Paß, tauchte eine Gestalt aus dem Nebel auf. Sie ähnelte etwas einem Reiher. Der nasse Poncho bekam Flügel, als mein Gegenüber die Hände trichterförmig an den Mund legte.

„Haben . . . Sie . . . ein . . . Insektenmittel?"

Ich hatte genug. Der Nebel und der Wind hatten die Moskitos nicht vertrieben.

Greg nahm die Brille ab (es war eher so, als zöge er sich das Gesicht aus) und rieb sich das Abwehrmittel ins Gesicht – glattrasierte Wangen, die noch an diesem Morgen rasiert worden waren.

Es war Wochenende, sonst wäre Greg nicht hier gewesen. Seine Frau setzte ihn im allgemeinen samstags früh ab, wie er mir erzählte, und holte ihn sonntags irgendwo wieder ab. Sie wandere nicht, sagte er. Außerdem erwarte sie ein Kind, ihr erstes, weswegen es mir noch unangenehmer war, Greg nicht zu mögen, als es sonst der Fall gewesen wäre. Ich mochte ihn nicht, weil er ein

Snob war. Als ich ihn fragte, woher er komme, erzählte er mir, wo er wohnte. Als ich ihn fragte, was er mache, nannte er mir seinen Titel – stellvertretender Vize-Irgendwas. Ich sagte ihm, daß er sehr jung dafür aussehe. Er antwortete ja, bisher habe er sich ganz gut gehalten.

Da er der erste wirkliche Rucksackwanderer war, den ich bisher getroffen hatte, war ich mir über das richtige Verhalten nicht ganz im klaren. Lief man zwanglos weiter, ein paar verlegene Meter voraus, und tat so, als wäre man sich völlig fremd? Oder mußte man sich das Handgelenk ritzen und Blutsbrüderschaft schließen? Mein Herdentrieb ist schwach, auch wenn mir andere Wanderer als gelegentliche Erscheinung willkommen sind, und ich schlug vor, gemeinsam weiterzulaufen.

Greg sagte: „Klar, warum nicht?" und legte ein wahnwitziges Tempo vor.

Es bringt nichts, Leute wie Greg zu bitten, langsamer zu gehen – sie halten das für ein Zeichen von Schwäche. Man muß sie erziehen, und da ich um einiges besser in Form war als er, schaltete ich eine Weile in den fünften Gang. Er reagierte wunderbar. Ich schätzte, er würde dieses Tempo ein, zwei Kilometer durchhalten, bevor sich seine körperliche Situation veränderte – ein Millimeter hier, ein oder zwei Grad dort –, und die Qual würde beginnen. Ich hatte nicht vor, ihn fertigzumachen, wollte ihn nur etwas fordern, ihn dahin bringen, das inoffizielle Rennen aufzugeben. Er würde höchstwahrscheinlich irgendeinen Vorwand suchen – die Schnürsenkel vielleicht, oder eine Unterbrechung, um die Karte zu studieren –, aber ich würde ihm um den Bruchteil einer Sekunde zuvorkommen und das Tempo ganz allmählich zurücknehmen, bis es wieder angenehm war. Es wurden keine Punkte erzielt, das Gesicht blieb gewahrt, nichts wurde gesagt. Es funktionierte prächtig.

Am Nachmittag waren wir auf einen Pfad gestoßen, den High Lonesome Trail, den Hohen Einsamen Pfad. Er erwies sich als weder noch, denn er führte uns aus dem Nebel in 3600 Meter Höhe in den abendlichen Sonnenschein in 3000 Metern. Kinder schrien,

Hunde bellten, Väter angelten in einem See. Wir waren an eine Stelle gekommen, wo mehrere Wege zusammenstießen. Ich fragte an einem Lagerfeuer, ob ich meine Strümpfe trocknen dürfte. Greg sagte, er müsse weiter, da er sonst seine Frau am nächsten Tag verpassen würde. Ich hatte gerade ein großes Stück Kuchen verputzt und winkte ihm zum Abschied.

„Möchten Sie noch eins?"

„Öm . . . danke schön."

Jennifer war Mitte Zwanzig. Der kleine Dickwanst, der zwischen den Kiefern hervorstolperte, war ihr Schwager. Er hieß Alex. Er legte einen Armvoll Äste neben das Feuer und strich sich eine schwarze Haarsträhne aus dem Gesicht.

„Wo ist Scott?" fragte er.

Alex kam aus St. Louis. Er, Gloria und der kleine Scott machten jeden Sommer mit Terry und Jennifer, die in Commercial City bei Denver wohnten, eine Woche hier Ferien.

„Commercial City ist kein besonders schöner Ort", sagte Terry. „Deshalb nehmen wir sie am Wochenende hier raus. Gloria, hast du Scott gesehen?"

Gloria machte irgend etwas im Auto. Sie kurbelte das Fenster nach unten. „Ist er nicht bei dir?"

„Scaat!" rief Alex.

„Scaa-aaat!" kam das Echo von Gloria.

„Ja?" meldete sich Scott. Er lag mit einem Comic im kleinen Zelt.

„Hier ist jemand aus England."

„Yeah?"

„Macht zu Fuß die Wasserscheide."

„Yeah?"

„Willst du etwas Kuchen?"

Scott hatte ein großes feststehendes Messer und Pickel. Er wurde fortgeschickt, um noch mehr Holz zu holen, während Jennifer eine weitere Dose öffnete.

„Sind Sie wirklich Engländer?" fragte Gloria. Sie wollte Genaueres über Charles und Diana erfahren. „Ist bei ihnen – wie soll ich sagen – alles in Ordnung? Wollten sie sich nicht trennen?"

„Woher soll Steve das denn wissen?" warf Alex ein. „Wissen Sie", fuhr er fort, „Gloria ist das Campen nicht gewöhnt."

In dem Augenblick – ich hatte noch keinen Zusammenhang zwischen Glorias Campingerfahrung und der britischen Königsfamilie herstellen können – ertönte von den Bäumen her ein Schrei. Es war Scott. Er hatte Bärenspuren entdeckt.

„Bärenspuren!" staunte Gloria.

„Gloria ist das Campen nicht gewöhnt", sagte Alex.

Es waren keine Bärenspuren. Die Promenadenmischung, von der sie stammten, war noch schwanzwedelnd auf der anderen Seite des Sees zu erkennen. Aber das kümmerte Scott nicht, und seine anschließenden Erkundungen geschahen mit ganz besonderer Vorsicht.

Wir unternahmen an dem Abend nicht viel. Ich schlug mein Zelt neben ihrem auf; es wurde dunkel; das Feuer glühte; Scott sah ein Ufo; alle anderen konnten nichts entdecken; Jennifer sagte, es gäbe Waffeln zum Frühstück; Terry blickte einfach nur hinauf zu den Sternen. Bis auf das Autoradio war es schön ruhig. Alex räumte St. Louis bei den diesjährigen amerikanischen Baseballmeisterschaften nicht die geringste Chance ein.

„Kein Baseball in England, stimmt's?"

„Kein Baseball", bestätigte ich. „Unser Spiel im Sommer ist Kricket."

„Was gibt's dann, eine Europameisterschaft? Italien, Deutschland, Frankreich?"

Ich erklärte ihm, daß Kricket auf Länder wie Australien und Indien beschränkt sei.

„In Indien spielen sie Kricket?"

Mir gefielen diese Leute. Sie wußten praktisch nichts über andere Länder (ein Kalifornier, den ich einmal getroffen hatte, hatte sogar gefragt, ob New Mexico zu den Vereinigten Staaten gehöre), aber sie suhlten sich nicht in ihrer Unkenntnis. Es war keine Auszeichnung. Sie behandelten Wissen wie eine Art Grenzgebiet, in dem sie ungehindert umherwanderten, hier etwas aufschnappten, dort etwas anderes, aber ansonsten erfrischend unberührt blieben.

Tatsachen beunruhigten einen Amerikaner nicht. Was ihn aufrüttelte, waren Ideen. Man kann eine Idee schlecht mit dem Lasso fangen, und deshalb schießen die Amerikaner sie ab und stopfen sie aus: Philosophie als Ausstellungsstück. Und das war allerdings eine der Sachen an Amerika, die mir auf den Geist gingen.

Die Sonne war aufgegangen. Terry warf Stöcke für den Hund; Alex gähnte; Gloria schlief noch im Wagen. Scott sagte, im Zelt sei es gespenstisch gewesen. Er hatte die Taschenlampe die ganze Nacht brennen lassen – ein Polizeimodell, groß und schwer, die bekam nicht jeder. Was für eine Taschenlampe ich denn hätte? Oh, nur eine kleine. Nicht sehr stark.

Ich war schon unterwegs und außer Sichtweite der Zelte, als Scott mich erreichte, die Taschenlampe in der Hand.

„Hier", sagte er, „für dich." Ich kam mir wie ein Footballstar vor.

Nebel

Die Waffeln und der Schinken, die ich zum Frühstück verschlungen hatte, blähten mich auf. Ich suchte Erleichterung zwischen den ersten Fichten. Der Rocky Mountain National Park war nicht weit und, abgeschirmt gegen den Pfad, konnte ich einen Strom Wanderer vorbeiziehen sehen, Tagesausflügler überwiegend, die sich nicht weit von den Hauptwegen entfernten. Ich fing an, meine Ausrüstung mit der ihren zu vergleichen, mich über die leuchtenden, frischen Farben lustig zu machen, die baumelnden Leichtmetalltassen, das nichtssagende Geschwätz. Ich duckte mich dichter hinter meinen Baum. Es war so leicht, allein zu sein, die Menschheit zu plündern, um Gesellschaft zu haben, und sich dann mit der Beute aus dem Staub zu machen – dem Wohlwollen, den Waffeln, den Taschenlampen. Ich mochte mich an dem Tag nicht besonders.

Meinen Magen mochte ich noch weniger. Je weiter der Nachmittag fortschritt, desto unwohler fühlte ich mich. Ich machte früh an einer Stelle halt, die den passenden Namen Thunderbolt

Creek hatte, Donnerbach. Es regnete nicht, und ich schlief zum erstenmal seit Wochen wieder unter freiem Himmel. Gegen Mitternacht weckte mich irgend etwas auf, eine Art schnüffelndes Geräusch. Ich machte ein Auge auf, fuhr erschreckt hoch und rollte dabei gegen eine feste Kugel. Glücklicherweise rollte das Stachelschwein zur anderen Seite. Es raschelte aufgeregt, als es sich im Mondlicht zurückzog.

Frische, weiße Wolken bauschten sich am nächsten Morgen über der Wasserscheide. Vom Horizont beäugte mich ein einsamer Wapiti. Ich konnte sehen, warum die Bullen sich bis zur Brunftzeit meistens für sich hielten. Dieser hatte etwas Kandelaberartiges auf dem Kopf – ein stumpfes, halbentwickeltes Geweih, das noch den Bast trug. Die Bullen würden erst in etwa sechs Wochen damit beginnen, ihr Geweih zu fegen, und da hoffte ich, Wyoming hinter mir zu haben und schon ein gutes Stück in Montana zu sein. Doch als die Sonne gegen Mittag verschwand, war ich mir nicht mehr so sicher.

Wapiti-Junges

Der Grat vor mir war wieder einmal in dichten Nebel gehüllt, und Regen spuckte durch schmutziggraue Schichtwolken. Wenn ich hinunterblickte, konnte ich die mit Trümmern übersäten Zungen sehen, die der St.-Vrain-Gletscher aus den dunklen Karen unter mir streckte. Rundum entdeckte ich Anzeichen von gewaltigen Klippen. Ich haßte den Nebel. Er lähmte mich. Er machte trübsinnig. Selbst die Pieper machten einen niedergeschlagenen Eindruck, wenn sie mit einem gelegentlichen Twiet von Fels zu Fels huschten.

Ich erreichte die Flanken eines Berges, der Isolation Peak hieß, und sah auf der Karte, daß die nächsten dreißig Kilometer ziemlich rauh werden würden. Wenn sich das Wetter nicht besserte, mußte ich den Abschnitt umgehen, aber ich konnte nicht einmal das, solange die Wolken nicht aufstiegen und ich ins Tal sehen konnte. Ich saß fest.

Ich zog mich auf 3600 Meter zurück, suchte ein Stück ebenes Gelände und baute das Zelt auf. Ich fühlte mich noch immer elend und schlief fünf Stunden. Als ich aufwachte, hätte es eigentlich dunkel sein müssen, aber der Nebel hatte die Farbe kaum gewechselt. Es war allerdings kälter und regnete stark, und das Donnern, das den ganzen Nachmittag gegrollt hatte, war näher gekommen.

Man kann mit Statistiken fast alles machen, vor allem mit Klimastatistiken, und eine Aussage wie „Es regnete eine Woche lang jeden Tag" kann sehr irreführend sein. Die Frage ist, wann es regnete. Regnete es nachts, wenn man trocken in seinem Zelt lag? Oder mittags, wenn man einfach sein Regenzeug überzog und weiterlief? Oder, und das ist das wirklich Schlimme, öffnete der Himmel gerade da seine Schleusen, wenn man alles zum Trocknen ausgebreitet hatte, sich gerade ein Essen zubereitete oder das Lager bezog? Das waren die Augenblicke größter Verwundbarkeit, wobei „Es regnete eine Woche" wirklich etwas bedeutete. Deshalb waren meine Essenszeiten und Pausen auch so unterschiedlich. In Colorado hatte ich den Alltagsablauf immer an den Unwettern ausgerichtet und war bisher ganz gut damit gefahren. Dies war das erstemal, daß ich unfreiwillig eine Nacht auf einem hochgelegenen Kamm verbringen mußte.

Inzwischen ist es dunkel geworden. Schräg und dicht fällt der Regen im Taschenlampenlicht, aber hier drinnen in meinem 1200-Gramm-Haus liege ich trocken wie eine Larve. Ich leuchte mit der Lampe nach oben, das Wasser perlt mit dunklen Schatten die gespannte Plane hinunter. Wie dünn sie ist, wie dicht vor meinem Gesicht. Wenn ich mich im Schlafsack hinsetze, ist sie direkt über meinem Kopf, was eine Vorstellung von der Größe vermittelt. Das Überdach überragt das Innenzelt um einige zig Zentimeter, und in diesem vorderen Bereich stehen die Stiefel, der Rucksack und der Kocher. Hier, zwischen dem Schlafsack und der Innenwand liegen die Karten, die Kameratasche und ein Bündel feuchter Wäsche. Wenn ich den Kopf hebe und die Taschenlampe anknipse, kann ich das Ende des Schlafsacks in der Dunkelheit erkennen. Mein fernster Besitz, der am weitesten vorgeschobene Außenposten meines Reichs, ist der einzige Zelthering, zweieinhalb Meter von meinem Kopf entfernt, der die längste Spannschnur sichert. Alles andere befindet sich in Reichweite.

Der erste Blitz schlägt krachend in den Berg. Das Zelt leuchtet blau, dann orangefarben auf. Das Unwetter wird stärker. Der Lärm ist etwas, in das ich fast hineinkriechen kann. Ich halte mich an einem ganz bestimmten Grollen fest, das mich weit in die schwarze Nacht hinaus entführt. Aber das Gewitter ist jetzt direkt über mir, und es kracht rings um das Zelt. Ich rauche zwei oder drei Zigaretten und versuche mich zu entkrampfen; das Unwetter tobt Stunden. Als ich schließlich einnicke, halte ich die Zeltstange umklammert.

Ich wache auf und liege in etwas, das sich wie nasses Brot anfühlt. Das Fußende des Schlafsacks hat sich mit Kondenswasser vollgesaugt. Ich strample mich frei, mache das Zelt auf und erhebe mich. Der Nebel ist dichter denn je.

Nach dem wenigen zu urteilen, das ich sehen konnte, lagerte ich in unwirtlichem Berggelände, dessen hartes Gras mit Felsen übersät war. So, wie die Brocken herumlagen, mußte das Gras mit der Zeit um sie herumgewachsen sein. Sie waren festverwurzelt, und der wabernde Nebel verlieh ihnen eine seltsame Ausstrahlung. Es hätte mich nicht überrascht, irgendwelche Gestalten mit Mistelzweigen in den Ohren herumschweben zu sehen. Ein oder zwei Druiden hätten es mir sicher erleichtert, die Zeit totzuschlagen.

Das Stück Plane, das ich von dem ausgebrannten Zelt bei Platoro mitgenommen hatte, lag immer noch in meinem Rucksack, und da ich hier festsaß, griff ich zu Nadel und Faden. Bisher hatte ich Plastiktüten zum Schutz der Kameratasche bei schlechtem Wetter verwendet, aber ich meinte, daß eine maßgeschneiderte Regenhülle leichter auf- und abzuziehen wäre. Ich schnitt, klebte und nähte den ganzen Vormittag, und das Ergebnis war eine recht ordentliche Hülle. Es war außerdem eine völlig nutzlose Mühe, denn das Feuer hatte offenbar die Schellackbeschichtung beschädigt, so daß das Material wie ein Sieb leckte. Ich griff wieder auf Plastiktüten zurück.

Die Hände mit steifen Armen in der Tasche, starrte ich mürrisch in den Nebel. Ich kam mir wie ein unzufriedener Goldfisch vor. Irgend so ein Saukerl brachte es immer dahin, daß mein Aquarium beschlug. Sobald es den Anschein hatte, als ob der Nebel sich verzöge, kamen neue Schwaden, und ich saß wieder in der Waschküche. Zur Abwechslung starrte ich mürrisch auf das Zelt. Es fing an, gebraucht auszusehen. Meine Stiefel hatten offensichtlich auch schon einiges mitgemacht; die Schuhbänder waren ausgefranst, die Sohlen tief eingeschnitten und vernarbt. Sie hatten einiges an Haftung verloren – das Laufen auf nassem Fels war in letzter Zeit mühsam gewesen. Auch der Kocher röhrte nicht mehr so wie sonst. Wahrscheinlich mußte die Düse mal durchgeblasen werden. Vielleicht sollte ich etwas auf Band sprechen. Einige spontane Gedanken darüber, wie es ist, im dichten Nebel festzusitzen und nur noch Sachen zweiter Wahl zu haben. Aber ich hatte keine Lust dazu. Ich wollte weiterlaufen, wollte mich verausgaben. Dieses verdammte Colorado hing mir zum Hals raus, dieses langsame Voranschleichen im schiffenden Regen, Tag für Tag. Was hatte das Wandern in großer Höhe für einen Sinn, wenn man doch nur die eigenen Füße sah? Apropos Füße, wo war das lausige Zelt? Ah, da drüben, ungefähr fünfzig Meter weiter links. Der Nebel schien sich etwas zu lichten. Rocky-Mountain-Späßchen: Es tröpfelte wieder bis zum Nachmittag.

Um drei war plötzlich ein Loch in der Wolkendecke. Ich war zum Auskundschaften weiter gelaufen und hatte einen kurzen Blick vom Tal unten erhascht, von einem möglichen Weg nach unten, und schon raste ich zurück zum Zelt. Drei Minuten später hatte ich mein Zeug geschultert, turnte über den Rand des Felsens und preschte eine Steilrinne hinunter. Ich merkte, wie unter der Jacke der Schweiß anfing zu laufen, als ich mich vorwärtsarbeitete, eine Mütze aus kaltem Nebel auf dem Haar. Glücklich lutschte ich an meinem schweißgetränkten Schnurrbart. Ich summte vor mich hin. Ha! Ich stürmte wieder voran.

Ich stolperte über loses Geröll, die ersten Büschel nasses Gras, kam zwanzig, fünfzig, hundert Meter unter die Wolken und in einen Platzregen. Tupfer von Ringel- und Trollblumen leuchteten in dem Becken, und aus dem dichten Brei tauchte ein Bach auf, Paradise Creek, der hinunter zur Baumgrenze eilte. Die Sonne kam hervor, und eine Zeitlang dampfte die ganze Welt in Bronze. Der Bach floß langsamer durch eine Wiese; in einem tiefen Teich huschten Forellen. Ich zog den Reißverschluß meiner Regenjacke auf, setzte mich auf einen Stein und schaute. Eine Nase schnitt durch das Wasser, Nasenlöcher gingen wie Ventile auf und zu. Ich mußte mich bewegt haben – es wirbelte plötzlich im Wasser, machte „Platsch!", und der erste wilde Biber meines Lebens war verschwunden.

Ich quatschte an einer Kette kleiner Teiche vorbei, schwarzer Wald, der sich in grauem Wasser spiegelte. Die Sonne war verschwunden, und Geruch von feuchten Bäumen machte sich breit. Ich wußte, was jetzt kam, und biß die Zähne zusammen – zwisch, zwasch, dreizehn Kilometer Spießrutenlaufen durch vollbeladene Fichten, bis ich auf den ersten Weg stieß. Ihm würde ich zur Ortschaft Grand Lake folgen, alles trocknen lassen und in ein paar Tagen wieder auf die Wasserscheide treffen. Der Bach war inzwischen in eine Schlucht abgetaucht. Junge Fichten strebten senkrecht von den Felsvorsprüngen und aus den Spalten nach oben, grünes Gefieder mit smaragdfarbenen Büscheln der diesjährigen Triebe an den Spitzen, wenngleich die Wachstumszeit noch längst nicht vorüber war. Zweiundachtzig Tage war ich jetzt unterwegs.

Grand Lake

Der Grand Lake war blau, die Segelboote weiß, der leichte Wind strich durch frisches Grün. Ich war bis zum Anbruch der Dunkelheit gelaufen, die ganze Nacht berieselt worden, aber vor mir lag jetzt der Ort, eine Kette aus volkstümlichen Läden und Motels im Chaletstil, die sich in der Sonne aalten.

Die Touristen auf der Hauptstraße mampften Pommes frites, und wenige Minuten später tat ich es auch. Ich sage „Hauptstraße", aber wie die meisten anderen auf meinem Weg durch Amerika hatte auch diese keine Konkurrenten. Ich war zwar bei dieser Tour nicht direkt am Puls der Nation, aber ich tat doch, was ich konnte, um Schritt mit den aktuellen Ereignissen zu halten. Weshalb ich auch, nachdem ich meine durchnäßten Habseligkeiten vor dem Büro des Sheriffs über ein Geländer gehängt hatte, mit einem Exemplar der *Weekly World News* auf dem Rasen saß. Die Schlagzeile lautete: „Ist ihr Nachbar ein Fremder aus dem All?"

Das mußte ich wissen, aber als er all meine zum Trocknen aufgehängten Sachen gesehen hatte, war ein Dickwanst mit Stirnband angewackelt gekommen, um mir zu sagen, wie sehr er den Wald liebe, ich doch auch, oder? Jaja, liebe ihn. Ich blättere weiter.

„Mangel an Männchen trieb blauäugigen Yeti dazu, sich mit einem Menschen zu verbinden!"

Ich glaubte es nicht!

Der Dickwanst erzählte, er sei aus New York hierhergekommen und lebe jetzt von dem, was er selbst anbaue. Ich glaubte auch das nicht.

„Ich sah einen riesigen Schatten", berichtete der vierunddreißigjährige Bauer Shosan Fong. „Ein weibliches Tier mit großen Brüsten . . ."

„. . . angeln, Beeren pflücken . . .", sagte der Dickwanst.

„. . . Wissenschaftler in Peking", las ich. „Unwiderlegbare Beweise . . ."

„. . . raus ins Hinterland", sagte der Dickwanst.

„. . . sagenumwobenen wilden Tiere der Wildnis . . ."

„. . . einfach wieder Kontakt bekommen . . ." Ich blickte auf.

„Hier", sagte ich. „Nehmen Sie diese Taschenlampe. Ich hab zwei."

Die Sonne über Grand Lake hielt sich nicht lange. Um drei Uhr nachmittags wurden die Postkartenständer hereingeholt, die Autos schalteten das Licht an, und die Menschen rannten, Zeitschriften über den Kopf haltend, in Hauseingänge. Es blieb mir nichts anderes übrig, als wieder das Regenzeug anzuziehen und aufzubrechen, aber als ich an den letzten Motels vorbeitrottete, hörte ich jemanden rufen und drehte mich um. Eine schmächtige, koboldartige Gestalt flog barfuß auf mich zu, fingerte am Reißverschluß der Jeans herum, als sie quer über den Parkplatz patschte. Vielleicht meinte sie jemand anders?

„Hey, Steve! Engländer! Mensch, bleib doch stehn!"

Es war Dee Fogelquist, 1300 Kilometer nach den Black Mountains von New Mexico.

„Wir sind gleich in dem Motel da vorne", keuchte er. „Ich hab gerade geduscht und denke, Scheiße, regnet das schon wieder? Ich gucke also aus dem Fenster – die Chance ist eine Million zu eins, ich meine, Badezimmer haben wirklich kleine Fenster –, und ich schreie: ‚Bonny! Da ist er!' Sie: ‚Wer?' Aber ich war schon aus der Tür. Sie schreit: ‚Zieh dir eine Hose an'. Ich schnappe mir ihre und habe sie den ganzen Weg hochgehalten . . ."

Er hielt sie auch den ganzen Weg zurück hoch, duschte zu Ende, ging mit mir Steaks und Eis kaufen und redete immer noch. Leere Bierdosen stießen sich gegenseitig vom Tisch, als wir schließlich einschliefen, Dee und Bonny im Bett, ich in einem Haufen Zeug auf dem Boden. Kurz vor Tagesanbruch wurde ich, vor Entsetzen schwitzend, wach und tastete nach einem Halt in der grauen Felswand neben mir. Es war die Mauer. Dee und Bonny schliefen noch, und so schüttelte ich ihnen zum Abschied sanft den Fuß und ging. Ich habe sie nicht wiedergesehen, aber Weihnachten haben sie mir eine Karte geschickt.

„Haben am 27. Oktober Kanada erreicht", schrieben sie. „Hoffen, Du bist auch gut heimgekommen. Dies ist die erste Karte, die wir jemals ins Ausland geschickt haben. Was für eine tolle Sache, daß man Post überallhin in der Welt schicken kann. Dee hat sich inzwischen von dem Maultiertritt fast erholt. Er hat einen Monat praktisch beim Zahnarzt gewohnt und hat jetzt den ganzen Mund voller Goldzähne (und der Zahnarzt hat unsere ganzen Ersparnisse!). Deine Freunde Dee und Bonny."

Die Rabbit Ears Range

Der Umweg nach Grand Lake war nicht eingeplant gewesen, und ich hatte noch fünfundneunzig entmutigende Kilometer durch die Rabbit Ears Range zum Proviantdepot Nr. 9 vor mir – entmutigend deshalb, weil ich, wenn ich dort ankommen würde, Kanada nicht näher sein würde als ich jetzt bereits war. Die Wasserscheide lief das ganze Stück nach Westen. Da die Grenze nach Wyoming nur wenige Tagesmärsche weiter nördlich lag, erschien das wie eine bewußte Böswilligkeit.

Eine Häuserzeile am Rand des Ortes irritierte mich, aber da noch niemand auf war – alle Vorhänge waren noch zugezogen –, nahm ich eine Peilung mit dem Kompaß mitten durch die Gärten vor. Ich scheuchte ein paar Hirsche auf, überquerte eine nasse Wiese und kam an einen Abwasserfluß, der an dieser Stelle über eine eingestürzte Brücke glitt. Es war der Colorado, noch keine fünfzig Kilometer alt, und doch unterspülte er schon Balken. Aber eine Ersatzbrücke war zur Stelle, und um acht am nächsten Morgen stieß ich beim Park View Mountain wieder auf die Wasserscheide.

Auf den letzten achthundert Kilometern war ich über Abfall gestolpert, der einen ganzen Abstellraum gefüllt hätte – Schreib-

und Eßtische, Sessel, einfach so weggeschmissen. Hier weiter im Norden war die Möblierung allmählich spärlicher geworden. Obwohl ich noch eine Woche durch Müll laufen mußte, konnte ich am Ende doch den bloßen Boden sehen. Irgendwo im Dunst da draußen war die Grenze von Wyoming und die Erlösung, und unvermittelt machte sich die Anspannung der letzten fünf Wochen Luft. Mir war nicht bewußt geworden, wieviel angestaute Energie die Durchquerung von Colorado erfordert hatte, aber den Tränen nach zu urteilen, die mir über das Gesicht liefen, mußte es eine ganze Menge gewesen sein.

Zwei weitere Tage tobte ich durch die Rabbit Ears Range nach Westen, die immer näher kommende Rechtskurve in die Park Range im Blick. Der Himmel war tiefblau, die nachmittäglichen Sturmwolken waren mit der Front Range beschäftigt, die inzwischen fünfundsechzig Kilometer hinter mir lag. Meine Lunge schwoll vom Rausch der Entfernung. Ich konnte die vor mir liegende Strecke einer ganzen Woche überblicken, hinter mir Berge sehen, die ich vor zehn Tagen überquert hatte. Ich stellte mir große Kugelschreiberpfeile vor, die vom Himmel nach unten wiesen – da hatte ich Greg im Nebel getroffen; da liegt der Isolation Peak; die Never-Summer-Berge und die Ecke vom Rocky-Mountain-Nationalpark, die ich ausgelassen hatte. Es war, als betrachtete ich schon jetzt die Dias der Reise.

Ich polterte vor mich hin. Nach dem Fels und Nebel der Front Range war die Kette der Rabbit Ears eine Erholung, die grasbewachsenen Bergkuppen waren baumfrei und von Wapitiherden bevölkert. Zimtbraunes Fell, schimmernd und wohlgenährt, bewegten sich die Tiere über die grünen Berghänge, aber die Art, wie sie den Kopf hielten, hatte etwas Unbeholfenes, fast Maultierhaftes an sich. Alles in allem gefielen sie mir. Außer den Wapitis und einem Goldadler gab es keine weiteren Zerstreuungen, bis ich am dritten Tag westlich von Grand Lake einen Ort erreichte, der Troublesome-Paß hieß; dort querte ein holpriger Forstweg die Wasserscheide. Etwas abseits unter den Bäumen stand eine kleine Hütte.

Es war fast Nachmittag, das Wetter schön, und Hütten waren immer verschlossen, aber aus irgendeinem Grund schlenderte ich hinüber. Nur um nachzusehen, nehme ich an. Was nachsehen? Ich weiß nicht – es ist eine von den Sachen, die man so macht, wenn man allein läuft. Und die Tür war tatsächlich offen.

Ich schaute mich um – getrocknete Mäusekötel auf dem Boden, alte Marmeladengläser auf einem Brett, Kerzenwachs, das über einem abgebrannten Streichholz erstarrt war. Ich wollte schon wieder gehen, als mein Blick auf ein Stück Papier fiel. Es steckte auf einem Nagel an der Tür.

„Ein herzliches Willkommen unseren Wanderkollegen auf der Wasserscheide!" stand dort.

Was für Wanderkollegen? Dee und Bonny waren die einzigen, denen ich begegnet war, und sie waren mit dem Pferd unterwegs. Ich las weiter: „Wir sind Ende Februar in Columbus, New Mexico, aufgebrochen und hoffen trotz des sehr, sehr hohen Schnees, Anfang November zu Hause zu sein."

Zu Hause war British Columbia. Klirr – der Groschen fiel! McGees kanadische Schwestern! Die, von denen Mr. Gonzales gesprochen hatte. Es gab sie also wirklich! Die Nachricht trug das Datum des 13. Juli. Heute war der 29. – sechzehn Tage Vorsprung, oder gut 300 Kilometer. Ich kritzelte einige umständliche Berechnungen auf die Fensterscheibe, hatte plötzlich keine Spucke mehr und ging nach draußen, um Kugelschreiber und Papier zu holen. Jetzt kamen 960 Kilometer heraus: Ich würde sie irgendwo in Süd-Montana überholen, wenngleich die Chance, sie wirklich zu treffen, gering war.

Die Kontinentale Wasserscheide ist ein geographisches Merkmal, kein festgelegter Wanderweg. Sie war nicht wie der Pennine Way oder der Appalachian Trail, keine unterhaltene Wegstrecke, die einen vorwärtszog, sondern eine eigene, individuelle Idee. Sie nahm erst beim Laufen Gestalt an. Dee und Bonny waren eine so andere Strecke wie ich gelaufen, daß Grand Lake in etwa der einzige Ort gewesen war, wo wir uns hätten treffen können, und daß es tatsächlich so kam, war, wie Dee so atemlos bemerkt hatte, ein

Riesenzufall. Aber Zufälle gibt es. Als ich mich am nächsten Tag dem Rabbit-Ears-Paß näherte, überholte mich ein Motorrad und bremste quietschend ab. Ein blaues Motorrad.

Wie viele Leute kannte ich in Colorado, die ein blaues Motorrad besaßen? Antwort: einen. Es war Bergsteigermischung-Steve, der Typ vom Hoosier-Paß.

„Ich dachte, du läufst die Wasserscheide entlang", sagte er.

„Tu ich auch."

„Wieso bist du dann auf einer Straße?"

Im gesamten Bundesstaat Colorado folgt die Wasserscheide etwa einen Kilometer einer asphaltierten Straße. Und das war zufällig die hier. Ich lief weiter, lachte. Steve fuhr, wie ich mit einiger Befriedigung feststellte, direkt in einen Wolkenbruch.

Die Park Range

Der Laden, wo ich die letzte Proviantkiste auf Colorado-Gebiet gelassen hatte, war unter neuer Leitung, und es hatte einige Verwirrung wegen meiner Post gegeben. Falls welche da war, lag sie in einem kleinen Ort in der Nähe, aber das dortige Postamt hatte bis Montag geschlossen. Da die nächste Etappe der Tour lang war – 120 Kilometer bis zur Bundesstaatengrenze; plus 50, wo die Park Range nach Wyoming hineinragte; die letzten 110 erneut durch unwegsamen Sagebrush zum Verpflegungsdepot Nr. 10 in einem Ort namens Wamsutter –, beschloß ich, die Post Post sein zu lassen und weiterzulaufen, und erlebte einen heißen, schlechtgelaunten Sonntag, als ich über die vor kurzem kahlgeschlagenen Ausläufer der Park Range stolperte. Es war wieder Partystimmung. Auf Schritt und Tritt jauchzte das ausgelassene Buschwerk „Heißa!" und streckte jubelnd die Arme hoch in meine Shorts. Schließlich torkelte ich auf eine unbefestigte Straße, seufzte erleichtert auf und streckte den Daumen.

Ich hatte es mir anders überlegt und wollte doch in den Ort, um nach der Post zu sehen – morgen würde ich wieder hierherkommen –, aber die Holztransporter, die vorbeiholperten, ein stures Volk, hielten nicht. Wahrscheinlich hielten sie mich für einen Kommunisten. Ich schlief neben der Straße, stieg am nächsten Morgen direkt durch den Wald ab und war schon fünf Kilometer gelaufen, als ich zu dem Schluß kam, daß das Trampen keinen Zweck hätte. Aber ich hatte ein paar Briefe aufzugeben und lief den Weg zu einer Ranch hinunter, um zu fragen, ob jemand sie bei der nächsten Fahrt in die Stadt für mich einwerfen könnte. Durch das Fernglas hatte ich jemanden in der Scheunentür stehen sehen. Er fütterte einen Hund – das war nichts Ungewöhnliches –, aber ich ließ das Fernglas dennoch auf ihn gerichtet: Das T-Shirt ein gelber Fleck, die Jeans ein blauer, der Hund ein schwarzweißer – wie Puppen vor dem dunklen Türrahmen. Ich lief weiter.

Der Mann war sehr freundlich. „England?" sagte er, als er meine Briefe nahm. „Hatten zu Zeiten meines Großvaters ein englisches Ehepaar hier, das die Buchhaltung machte." Das klang nach richtiger Familienranch. Ich fragte, ob seine Kinder sie übernehmen würden.

„Das wäre 'n bißchen schwierig", meinte er. „Ich bin erst seit drei Monaten verheiratet. Ich war zweiundsechzig an meinem Hochzeitstag, und meine Frau ist fünf Jahre älter als ich."

„Keine Kinder aus einer früheren Ehe?" fragte ich.

„Ich war vorher nicht verheiratet."

„Sie haben mit zweiundsechzig zum erstenmal geheiratet?"

„Ja", sagte der Rancher und zog sich einen Stuhl heran. „Ich bin schwul. Ich hoffe, das stört Sie nicht."

Spatzen tschilpten leidenschaftslos unter den Dachbalken. Der Hund trottete von seinem Napf in die Scheune. Ich war erst seit fünf Minuten hier.

„Warum haben Sie dann geheiratet?" platzte ich schließlich heraus.

„Gesellschaft, nehm ich an", antwortete er, „obwohl, wenn sie nicht so verdammt hartnäckig gewesen wäre, hätt' ich es wahrscheinlich nicht gemacht."

„Aber warum haben Sie, ich meine, warum wohnen Sie nicht einfach mit einem Freund zusammen?"

„Hab' wohl nie den richtigen gefunden", sagte er. „Einige blieben zwei Tage, einige eine Woche, dann konnt' ich sie meistens schon nicht mehr aussteh'n. Einer, das ist ein paar Jahre her, in den war ich, glaub ich, ziemlich verliebt, aber er wollte nicht aus der Stadt raus, und ich hing wohl zu sehr an der Ranch.

Hin und wieder habe ich, so würden Sie wahrscheinlich sagen, mehr oder weniger bedauert, daß ich seßhaft geworden bin, aber was mir wirklich geholfen hat, sind meine angeheirateten Verwandten, die einen in den Arm nehmen, egal, wo man sie trifft. Es macht mir nicht besonders viel Vergnügen oder so, nur weil mich ein Mann umarmt, aber ich meine irgendwie, daß, wenn sich die Menschen einfach mehr anfassen und umarmen würden, daß wir dann glücklicher wären. Vielleicht ausgeglichener. Die Franzosen und die Russen – küssen sie sich nicht auf die Backe?"

Am Mittag des nächsten Tages war ich wieder auf der Wasserscheide, patschte durch Wiesen, die rot waren von einer Braunwurzart, und zog am 3. August über den Mount Zirkel. Die Bergblumen waren fast alle verblüht, wenngleich ich, als ich tiefer kam, junge Pilze wie Bubble-gums aus dem Boden kommen sah, an deren Hüten noch voller Anhänglichkeit die frisch durchbrochene Erde klebte. Auch Eichhörnchen und kleine Vögel gab es, darunter eine Prachtmeise, herrlich rot, gelb und schwarz herausgeputzt vor den dunklen Fichten. Sie sah ein bißchen wie ein Papagei aus.

Das höhergelegene Gelände war voller kleiner Seen, die zwar kalt waren, aber nicht eiskalt, so daß ich in den Bergen der Park Range so sauber war wie seit Wochen nicht mehr. Die meisten Seen wurden von Unmengen von Fröschen bewohnt, die ihre Chorübungen abrupt in dem Augenblick beendeten, in dem meine Zehen das Wasser berührten. Nicht daß ich mich darum gekümmert hätte. Das Wetter war scheußlich, aber auch darum kümmerte ich mich nicht. Ich kümmerte mich in der ganzen Woche um nichts anderes als darum, die Grenze nach Wyoming zu überschreiten. Um acht Uhr am Morgen des 5. August erreichte ich sie, wenngleich meine Befriedigung etwas künstlich war, denn der schlecht entwässerte Sumpf der Park Range zog sich noch weitere fünfzig Kilometer hin. Erst als ich am nächsten Tag zum Bridger Peak kam, sah ich die Red Desert warten, die Rote Wüste.

Statistische Anmerkungen:

Colorado – 21. Juni bis 5. August, abzüglich 4 volle Ruhetage. 900 Kilometer. 41 Nächte im Freien. Bis auf 2mal jede Nacht im Zelt oder sonstwie geschützt. 5 Kartons Verpflegung gegessen und Nachschub gekauft; im Durchschnitt 21 Kilometer pro Tag gelaufen. Über die Hälfte der Zeit Regen. Insgesamt mehr als 800 Kilometer in über 3000 Meter Höhe gelaufen.

Teil IV Wyoming

Vom Bridger Peak nach Wamsutter

Endlose Wälder dehnten sich, glatt wie ein Strumpf, vom letzten Kamm der Park Range, den Ausläufern, hinunter zur 2500-Meter-Höhenlinie mit einem Teppich aus dichten Bäumen. Aber hinter dem dunklen Vordergrund war nichts, der bleiche Himmel ein Spiegelbild der spröden Einöde darunter. Es war eine Landschaft von Fata Morganas und Tod, eine Landschaft, der ich nicht zu trauen versuchte.

Erst als ich die Augen beschattete, wurde ein Horizont sichtbar, eine undeutliche Verdichtung – keine Wolke, entschied ich, sondern die Südspitze der Wind River Range, 215 Kilometer weiter nördlich. Zwischen hier und dort lag die nächste Woche meines Lebens. Ich setzte den Rucksack auf und stieg durch den Wald ab ihr entgegen.

Die Luft wurde wärmer, der Weg am plötzlichen Rand des Waldes staubiger. Sagebrush umschloß meine Knie. Nach dem hohen Teil der Rocky Mountains war das hier wieder Antelope Wells. Ich hielt ungefähr auf Wamsutter, 110 Kilometer jenseits des Horizonts, zu und lief den ganzen Nachmittag.

Gegen fünf erblickte ich eine Ranch etwas abseits im Westen. Seit zwei Tagen hatte ich keinen menschlichen Kontakt mehr gehabt, und obwohl ich noch kein Wasser brauchte, änderte ich die Richtung. Um sechs kippte ich auf der Veranda eine Coca-Cola. Eine Freundin der Familie – sie war etwa in meinem Alter – war zufällig den Sommer über dort, und das Abendessen erwies sich für uns beide als ärgerliche Verzögerung.

Der Sonnenaufgang sah mich Ketchum Buttes im Westen zustreben. Ich stieg zum Bird Creek ab, den Cow Gulch hinauf und machte im Cottonwood Draw meine Essenspause. Schwungvoll stieg ich in den Bach und legte mich auf den Rücken; ich war völlig geschafft. Innerhalb von 48 Stunden hatte ich 1350 Meter Höhe verloren, von 3300 Meter am Bridge Peak auf 1950 Meter hier unten. Ich hatte außerdem nicht geschlafen. Eine Fliege zwickte mich in den Penis. Kleiner Wichser. Ich ließ sie bis zum Knie krabbeln und machte sie mit einem schattenlosen Überfall platt. Der Körper trieb langsam den Bach hinab.

Das Land ringsum war knochentrocken, nicht ganz eben, aber vollkommen kahl. Meine Karte der gesamten Weststaaten, Maßstab 22 Meilen pro Inch, war alles, was ich brauchte. Tatsächlich würde ich die nördliche Hälfte der Wüste nur mit Hilfe eines Bierdeckels „Historisches Wyoming" durchqueren. Ich steckte ihn am nächsten Tag in einer Kneipe in Wamsutter ein. Der Weg dorthin war hart gewesen. Ich war bis auf drei Zigaretten runter und hatte noch zweiundsiebzig Kilometer vor mir und, was noch schlimmer war, nur noch einen Teebeutel. Ich verwendete ihn dreimal, lief die restlichen neunundfünfzig Kilometer nachts runter und schnippte die letzte Kippe gegen einen Schäferhund, als ich in das Städtchen einmarschierte.

Wamsutter

Wenn man die Interstate 80 nicht mitzählt, hat Wamsutter im Grunde gar keine Straßen. Es hat eine Menge müde aussehender Telegrafenmasten und flackernde Neonlampen und vertrocknete Grasbüschel im rissigen Belag vor der Post, aber keine Straßen. Es braucht eigentlich keine. Niederschlag: 125 mm pro Jahr (aber den verkrusteten Wagenspuren nach sicher nicht in diesem Jahr); Einwohner: etwa 200; Hauptattraktion: Black Cats Fireworks, ein leuchtend orangefarbener Anhänger, der direkt neben der Fernstraße parkte. In Wirklichkeit parkte der ganze Ort direkt neben der Fernstraße, dessen einzige städtische Annehmlichkeit Licht war – von dem ganze Batterien die Benzinpumpen und die in Reih und Glied über der Interstate 80 hängenden Schilder überfluteten –, so daß der Ort bei Nacht einem Kreuzfahrtschiff auf See ähnel-

Wamsutter

te. Aber am Tag war er nur ein Haufen alter Autoreifen mit vielen großen Hunden an abgewetzten Ketten.

Der erste Einwohner, auf den ich traf, hauste in einem Wohnbus. Er hieß Smiley und hatte sich Harley Davidson auf die Oberarme tätowieren lassen. Er betrieb den Feuerwerkstand. Seine Freundin hieß Kathy. Sie trug Hot pants und eine Sonnenbrille.

„Ich bringe Sie rüber zum ‚Sagebrush‘, sagte sie. „Dann frühstücken wir."

Das „Sagebrush" war ein Motel 200 Meter die Straße hinauf. Wir fuhren. Es war acht Uhr morgens und schon heiß.

„Zimmer wird noch nicht aufgeräumt sein", sagte Kathy. „Wir zahlen zwei Dollar fürs Duschen, wenn die Gäste weg sind."

Obwohl mir das Vergnügen entgehen würde, ein noch eingepacktes Stück Seife aufzureißen, war ein Secondhand-Zimmer für zwei Dollar eine feine Sache, und ich bearbeitete das rosafarbene Stückchen, das in der Duschkabine zurückgeblieben war, mit größtem Vergnügen. Dann setzte ich mich auf das Bett und sah fern, bis Kathy zurückkam. Für eine Frau hatte der Tag gut angefangen – gerade neun Uhr morgens, und schon präsentierte ihr der Gastgeber irgendeiner Fernsehshow einen Scheck über 10 000 $. Sie sprang noch immer auf und ab, als die Werbespots eingeblendet wurden – Hurra! Ich habe 10 000 Dollar gewonnen – Schnitt – Es Geht Leichter Mit Coke.

Zum Frühstück machte Smiley French Toast. Der Bus hatte am einen Ende einen Diwan hinter Vorhängen und eine kleine Küche am anderen. Auf dem Boden lagen Hanteln und Groschenromane. Kathy las mehr oder weniger den ganzen Tag, aber Smiley und ich, wir hatten nach dem Frühstück leicht einen in der Krone, und die Hanteln blieben, wo sie waren. Er hatte im letzten Jahr in Utah gearbeitet – Rohre verlegt und geschweißt.

„Die Steppenhühner sind bis an die Tür gekommen", erzählte er. „Hab sie mit einem Blasrohr erledigt. Willst es mal seh'n?"

Wir spuckten eine halbe Stunde Pfeile auf einen alten Autoreifen, tranken Kaffee und öffneten den Laden. Ich entriegelte die Klappen des Anhängers und vertiefte mich in die Schilder an den Regalen, während Smiley das „Geöffnet"-Schild an die Straße stellte.

Ich hatte im letzten Winter einen Monat in Indien verbracht, wo alles, was man kaufte – Zucker, Reis, Tee –, lose abgewogen und geschickt zu eiswaffelförmigen Tüten in Papier gewickelt und mit einem Band zugebunden wurde. So sahen die Feuerwerkskörper aus. Die Revolution im Verpackungswesen war an ihnen vorbeigegangen – keine Klarsichtpackungen oder Kunststoffbehälter, sondern festes, buntbemaltes Packpapier: Glückslaternen, Glücksbote, zwitschernde Vögel, Künstlertraum. Wie schön. Ich hatte mir Feuerwerkskörper nie als Glückslaternen oder zwitschernde Vögel vorgestellt.

Es gab aber auch Artikel, die dem Verständnis des Westens näherstanden – Drei-Schuß-Kometen, Luftsperrfeuer, Rauchgranaten, Kracher, insgesamt vielleicht fünfzig oder achtzig verschiedene Arten. Ein Wagen fuhr zum Tanken vor.

„Haben Sie Paradiesäpfel?"

„Das Stück fünfzehn Cents, junger Mann."

Junger Mann sah etwa wie elf aus und war ganz außer Atem. Er war schon über den halben Hof gerannt, bevor seine Eltern sich von ihren Sicherheitsgurten befreit hatten. Ich sah, wie sein Vater noch am Tankverschluß herumprobierte. Smiley hatte ein paar ausrangierte Obstkisten draußen aufgestellt, damit seine Kunden über die Theke blicken konnten.

„Was haben Sie, das explodiert?"

„Wir haben verschiedene Sachen, die explodieren."

„Für einen Dollar?"

„Für einen Dollar? Für einen Dollar bekommst du ein Luftsperr-feuer. Du bekommst einen Donner und Regenbogen. Du be-kommst vier Kracher."

Schmale Lippen arbeiteten fieberhaft.

„Vier Kracher."

Ein Wagen mit Delaware-Nummer spuckte einen ernst blicken-den Knaben aus, dessen Ellbogen sich zu denen von Junger Mann auf der Theke gesellten.

„Bei uns haben sie Kracher verboten", erklärte er, eine schrille Stimme in einer Baseballmütze. Junger Mann blickte auf.

„Sind Kracher verboten, Mister?"

„Nein, mein Junge, die hier sind alle erlaubt."

„Wir waren bei meinem Vetter in Kalifornien", sagte Ernst, „da sind sie auch nicht erlaubt."

„Tja, mein Guter, dies ist ein anderer Staat. Hier ist Feuerwerk erlaubt."

In Nord-Wyoming gibt es Grizzlybären, und ein paar Kracher, so überlegte ich, waren vielleicht gerade das Richtige für einen Notfall, aber der Junge aus Delaware erklärte steif und fest, daß Feuerwerkskörper in den Nationalparks verboten seien. Eine Rake-te wäre sowieso besser, meinte er.

„Ja!" rief Junger Mann. „Man kann sie anstecken und sofort auf sie schießen."

Aber Smiley hatte ein paar alte Fackeln gefunden. „Müßten auch gehen", sagte er, „aber wenn ich einen blutverschmierten

Brief bekomme, heißt das, daß sie nichts getaugt haben, o. k. ? Ich geb dir zwei für nichts, wie ist das?"

Er schenkte mir auch ein Paar Wollstrümpfe. Ich schlief in einem leeren Wohnanhänger und brach um vier am nächsten Morgen auf. Während der größten Tageshitze wollte ich schlafen.

Die Rote Wüste

Die Rote Wüste ist nicht rot, und sie ist strenggenommen auch keine Wüste, wenngleich sie so trocken ist, daß man keinen Unterschied merkt. Sogar die Wasserscheide meidet sie und teilt sich unmittelbar südlich von Wamsutter, um ein Becken von etwa 10 000 Quadratkilometern zu umschließen. Die beiden Arme laufen am South-Paß wieder zusammen, von wo sie hinauf zum Grat der Wind-River-Kette ziehen. Ich beschloß, von Wamsutter quer durch das Becken zum Nordrand zu laufen, eine Entfernung von ungefähr neunzig Kilometern. Der Ortssheriff meinte, irgendwo in der Mitte sei ein Windrad, aber er konnte nicht sagen, ob es noch lief. Auf dem Bierdeckel war eine unbefestigte Straße angegeben, Route 4–23, die nach Jeffrey City im Norden führte. „'ne Menge Dreck seit neuestem da draußen", sagte der Sheriff, „Öl- und Gasbohrungen und so was. Verwirrt vielleicht 'n bißchen. Sie halten sich am besten an die Straße 4–23. "

Das machte ich. Ich hielt mich an die 4–23. Zu Tode gelangweilt und die Nase ziemlich voll – ja; verwirrt – eindeutig nein, außer, daß ich nicht mehr wußte, ob mich am ersten Tag drei Autos überholten und am zweiten Tag zwei, oder umgekehrt. Ansonsten sah ich folgendes:

Eine weiße Straße in der Dunkelheit.

Abfall am Straßenrand – überraschend wenig. Die Sonne schien übrigens seit drei Stunden, und die Straße war jetzt zwiebackfarben. Wie alles andere, einschließlich einer herausgerissenen Seite aus *Erotische Begegnungen*, die im Wind neben der Straße flatterte.

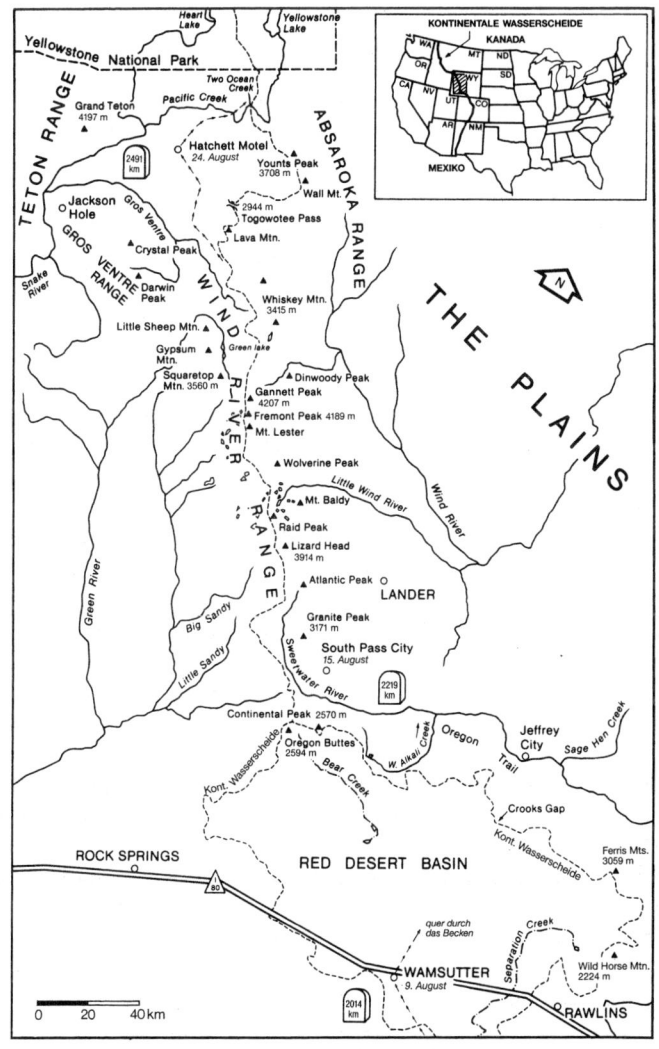

Wyoming

Punkt 3: ein rot-blaues Schild, auf dem auf beiden Seiten Blairoil 1/3 25 stand.

Warum trugen alle Arbeiter auf den Erdölfeldern Schutzhelme? Die einzigen Männer, die ich sah, fuhren mit Kleinlastern quer durch das völlig freie Gelände, von einer Erdgasbohrstelle zur anderen. Die meisten von ihnen waren nette Burschen. Sie hielten, boten mir Bier an, sprachen über die Wirtschaftslage. Die Landschaft gab zu all dem keinen Kommentar ab. Die Navajos in New Mexico hatten auch nicht viel über das San-Juan-Becken gesagt, aber an der Art, wie sie fuhren, konnte man erkennen, daß sie dort zu Hause waren. Hier draußen war niemand zu Hause.

Punkt 4: das Windrad. Es war in Betrieb. Ich zurrte die Zeltplane fest, um Schatten zu haben, dämmerte vor mich hin, und das Vieh, das ich aufgescheucht hatte, kam zurück. Die Gabelantilopen auch. Ich hatte in den letzten Tagen Dutzende gesehen.

Punkt 5: ein Schild, auf dem „Wamsutter 42, Jeffrey City 53" stand.

Punkt 6 (100 Meter nördlich von Punkt 5): ein Schild, auf dem „Wamsutter 35, Jeffrey City 60" stand.

Punkt 7: Schnepfenvögel. Das verwunderte mich! Doch Punkt 8 war ein See, grau unter einem unbeständigen Himmel. Lange Regenfahnen segelten westwärts, senkten sich Tausende von Metern durch die Luft, aber verdunsteten weit vor dem Boden. Einige Tropfen hatten es dennoch geschafft. Der See, an dem ich vorbeikam, war nur fünfzehn Zentimeter tief, bedeckte aber mehrere Hektar. Blitze zuckten über den Horizont, der Himmel war völlig verfärbt. Die Straße schien ewig weiterzuführen, Stunde um Stunde, schnurgerade wie eine Landebahn, oder dort, wo das Gelände hügelig war, wie das kurze Aufscheinen von weißem Fleisch, wenn sich dicke Frauen vorbeugen. Mein gleichbleibendes Tempo ließ alte Wehwehchen wieder aufleben. Der Hüftgurt scheuerte, die Halsmuskeln schmerzten; ich steckte die Daumen unter die Trageriemen des Rucksacks, um das Gewicht zu erleichtern. Wo hatte ich die Hände normalerweise? In den Taschen, hinter dem Rücken, auf dem Kopf, oder wo? Stundenlang lief ich mit gesenktem Kopf durch die Einöde, hingegeben an die Details auf der Oberfläche der Straße. Ich versuchte, sie mit dem Auge festzuhalten, wenn sie vorbeiglitten, so als versuchte ich, die Worte auf einer sich drehenden Schallplatte zu lesen.

Punkt 9, eine Sammlung: Windhosen, Ohrenlerchen, ein halbes Dutzend wilder Pferde mit im Wind wehenden Mähnen und Schwänzen. Sie brauchten fünf Minuten, bis sie hinter dem Horizont verschwunden waren, der jetzt bis zum Rand des Beckens stieg.

Vor mir lag Crooks Gap, wo ich zum erstenmal auf dieser Tour in einen Führer schaute. Es war ein guter Führer aus einer Reihe, der Teilabschnitt für Teilabschnitt einen Weg von Norden nach Süden von Kanada aus beschrieb. Ich hatte den Band über Wyoming in Grand Lake in einem Schaufenster gesehen, allerdings hatten der Weg des Autors und mein eigener bisher nicht übereingestimmt. Das Buch rückwärts zu lesen – ich lief ja von Süden nach Norden – war umständlich, aber es war lobenswert klar geschrieben: „Geh an der Rinne bei Kilometer 11,8 vorbei und bieg links ab. Achte auf den Bergwerksbetrieb vor dir." Ja, an dem Bergwerksbetrieb war ich vorbeigekommen – Western Nuclear Golden Goose Mine –, und ich war nach links abgebogen. Das war phantastisch!

„Geh an den Lagertanks bei Kilometer 12,5 vorbei – trotz der Nähe der Menschen kann man Maultierhirsche beobachten."

Oh. Keine Maultierhirsche. Egal – da waren die Lagertanks. Was kommt als nächstes? Lager! „Am Sheep Creek kann man lagern. Das Wasser ist trüb, aber vermutlich trinkbar. Eine andere Möglichkeit ist, Feld- und Wasserflaschen beim Bergwerk zu füllen."

Guter Gedanke, Feld- und Wasserflaschen beim Bergwerk füllen, und ja, am Sheep Creek konnte man lagern. Aber die Maultierhirsche waren immer noch nicht zu sehen. Das heißt, es war eigentlich fast nichts zu sehen – weder der Wind im Beifuß, noch die zarte Mondsichel, noch die dunklen Ölflecken auf der Erde. Ich war 650 Meter gelaufen, hatte bis auf die Maultierhirsche alles gesehen und doch überhaupt nichts gesehen. Aber es war ein sehr guter Reiseführer. Ich holte das Messer raus, buddelte ein kleines Loch in die Erde – bei Kilometer 11,8 – und lief um einige Gramm erleichtert weiter.

South-Paß

Die Berge der Wind River Range ragten jetzt deutlich über den Horizont, wenn auch, wie ich, von der gewaltigen Weite der Prärie ganz klein gemacht. Grashüpfer schreckten vor mir auf, und der Himmel sah offengelassen aus, als wäre zuviel von etwas herausgekommen. Ich hätte ohne weiteres auf die Automatik umschalten können, mir Zeit nehmen für eine Durchsage an die Passagiere: „Hier spricht Ihr Kapitän. Wir fliegen im Moment in 2000 Meter Höhe, unsere Eigengeschwindigkeit beträgt fünf Kilometer pro Stunde. Die Bedingungen am Boden sind trocken und sonnig, und wir werden in voraussichtlich zwei Tagen am South-Paß landen. Danke schön."

Aber warum stolperte ich, wo soviel Platz zur Verfügung stand, immer noch über die Wegkrone? Warum lief ich nicht wenigstens in den Wagenspuren? Sie waren nicht besonders tief, nur bleiche Furchen im Beifuß. Ich befand mich auf dem Oregon Trail.

Oregon. Schon das Wort rollt wie das Rad eines Wagens. Es macht nichts, daß die Hälfte der Siedler tatsächlich nach Kalifornien unterwegs war – was immer letztlich ihr Ziel war, hier mußten sie alle durch. Diese vierzig Kilometer breite Lücke zwischen der Roten Wüste und der Wind River Range war der natürliche Durchlaß für die Wagen nach Westen. Der Weg folgte dem North Platte, wand sich wochenlang flußaufwärts, um dann einzuschwenken zum Sweetwater und weiter zum South-Paß bis zur pazifischen Senke.

Ich konnte den Sweetwater inzwischen vor mir sehen, der selbst einem Wagenzug glich, ein sich durch die zitronengelbe Ebene schlängelnder Pfad aus Pappeln und Weiden. Schwalben jagten kreischend hinunter zum Fluß, schnitten die Luft über dem ruhi-

Rast am Oregon Trail

gen Wasser in hauchdünne Scheiben. Ich schrumpfte auf die Größe einer Mücke und schauderte.

Ein herrlich frischer Saum aus grünem Gras hing über die flachen Ufer. Ich watete hinaus, prustete und versank, ließ meinen
Körper trudeln wie ein Blatt. Es war gut, einen Fluß so zu begrü-
ßen, in ihm mehr zu sehen als nur malerische Landschaft. Mir ge-

219

fällt, wie bei einer Wanderung der Zweck den Mitteln folgt – ein
Fluß legt ein Bad nahe, Brennholz ein Feuer, trockene Steine etwas
Zeit zum Ausruhen. Was für einen gewaltigen Sprung unsere
Vorfahren machten vom Opportunismus zum Determinismus,
und was für eine Befriedigung es war, wieder zurückzuspringen.

Mein Bad im Sweetwater war also eine Art Geschenk. Normalerweise wusch ich mich in meinem Ein-Liter-Kochtopf, der viel zu
klein war und ein sehr schlechtes Schwimmbecken abgab. Noch
schlechter eignete er sich als Waschzuber, denn zwei Paar Wollstrümpfe waren schon eine volle Ladung, und jedwede Freude, die
ich aus einer Handwäsche ziehen konnte, wurde regelmäßig unterwandert vom Bild einer großen weißen Maschine.

Das gleiche empfand ich beim Teemachen. Tee kochen zu Hause, das war ein Strahl Wasser in den Kessel, ein Drehen am Schalter und das sanfte Blobb der Kühlschranktür, wenn ich die Milch
rausholte. Tee am Sweetwater, das hieß den Kocher rausholen,
Brennstoff anpumpen, den Windschutzschild aufstecken, Benzin
reinspritzen und so weiter und so fort. Warten, bis zu Hause das
Wasser auf dem Herd kochte, bedeutete ein Stückchen Kuchen
nehmen und die Morgenzeitung überfliegen. Hier draußen bedeutete es ein Drittel eines Riegels essen und ein erregtes Wortgefecht
mit dem Gewissen, nicht auch noch den Rest auszupacken.

Aber obwohl die Dinge zu Hause um einiges bequemer waren,
waren sie doch nicht notwendigerweise wertvoller. Daheim zum
Beispiel war es *ein* Löffel, nie *der* Löffel, wie hier draußen. Ich
habe einmal meine Küchenschränke inspiziert und bin auf die
aberwitzige Zahl von insgesamt 53 Löffel gekommen, bei denen
ich von der Hälfte nicht einmal wußte, daß ich sie besaß. Wären
sie durch den Abguß verschwunden, ich hätte es überhaupt nicht
gemerkt. Aber wenn mir der treue alte Beuli, den ich mit mir
rumschleppte, in den Sweetwater gefallen wäre, wäre ich sofort
hinterhergesprungen. Ich liebte diesen Löffel heiß und innig. Er
hatte mich auf der ganzen Welt begleitet, und auch wenn ich ihn
vier- oder fünfmal am Tag verlegte, lief ich doch nie weiter, bevor
ich ihn nicht wieder gefunden hatte.

Erfrischendes Bad am Sweetwater River

Der Weg irrlichterte durch flüchtigen Pappelschatten, an kalbsledergelben Weiden vorbei, unter einem alten Drahttor hindurch. Die Hufspuren des Viehs waren im Staub deutlich zu erkennen, übermalt von den kritzligen Hüpfern der Vögel. Ich mußte an dem Tag, es war der 13. August, mehrere Stunden so gelaufen sein, bevor ich merkte, daß ich menschlichen Fußabdrücken folgte, nicht dem runden Sohlenmuster von Turnschuhen, sondern den Abdrücken richtiger Bergstiefel, in jeder Fahrspur ein Paar, und beide sehr klein.

Die Schwestern! Ja, ja, ja!

Ich war über 2000 Kilometer gelaufen, ich hatte zwei Paar Stiefelabdrücke entdeckt, und ich wußte genau, ohne daß es mir jemand sagen mußte, von wem sie waren. Es war sehr befriedigend.

Auch die Aussicht auf die Verfolgung war befriedigend. Ohne den Übergang von der Prärie zur engen Schlucht zu bemerken, marschierte ich in den Sweetwater-Cañon – in einer Minute freier Himmel, in der nächsten wildes Durcheinander. Ich kam mir lächerlich betrogen vor. Ich hatte den ersten Baum nach dreihundert Kilometern ganz bewußt in mich aufnehmen wollen, den ersten zutage tretenden Fels berühren. Aber ich hatte sie verpaßt, und wurde trunken von neuen Empfindungen – bei Sonnenaufgang der lachende Sweetwater; wilde Johannisbeersträucher bis zur Taille; ein Busch, an dem eine Flasche mit Schraubverschluß sproß. Sie war mit Absicht dort aufgehängt worden. In der Flasche steckte ein maschinengeschriebenes Blatt, datiert von vor sechs Monaten: „Allen Menschen hiermit kund und zu wissen...", fing es an. Hmmm. Kein neues „Herzliches Willkommen unseren Wanderkollegen auf der Wasserscheide" also. Ich las weiter: „Allen Menschen hiermit kund und zu wissen, daß der Unterzeichnete, nachdem er in den Grenzen des im folgenden beschriebenen Claims eine wertvolle goldhaltige Lagerstätte entdeckt hat, die im nachfolgenden genaustens beschrieben wird..."

Eine wertvolle goldhaltige Stelle! Sie war ganz genau beschrieben, von hier dorthin und da hinüber, aber in Wirklichkeit war nichts zu sehen. Die Sprache wurde dichter, als meine Augen das

Blatt hinunterglitten und meine Lippen allmählich aufhörten sich zu bewegen. Der Geist von Graucho Marx huschte in langen Unterhosen vorbei, murmelte durch eine Zigarre juristisches Kleingedrucktes. Ich folgte ihm in die Dämmerung.

Das Rauschen des Flusses erfüllte die Schlucht und übertönte meinen Eintrittsgruß. Ich war inzwischen einige Kilometer weiter und erblickte jetzt ein Zelt, das zwischen den Lärchen vor mir stand. Das mußten sie sein.

Als Kinder hatte man meinen Zwillingsbruder und mich immer mit „Ihr Jungs" angeredet – etwa „Ihr Jungs übt einen störenden Einfluß aus" (Schule), oder „Habt Ihr Jungs schon an Oma geschrieben?" (zu Hause) –, und deshalb bemühte ich mich, Mugs und Jo nicht in einen Topf zu werfen. Ich hatte nur bedingt Erfolg. Denn sie liefen eben gemeinsam. Erstaunlich gemeinsam. Sie teilten sich nicht nur in dasselbe Buch – vernünftig, spart Gewicht –, sondern auch in dieselbe Seite im Buch. Sie lasen sich abends abwechselnd laut vor.

„Das ist prima", sagte Mugs. „Wir laufen, und dann sagt plötzlich einer von uns ‚Hey, was meinst du, hat Zane Grey davon gehalten?' Und wir wissen beide, wovon wir reden, weil wir im Buch an der gleichen Stelle sind."

Jo erzählte, sie würden sich manchmal beim Laufen an der Hand halten.

„Auch in einer Stadt?"

„Em, nein. Aber zu Hause machen wir es. Wir haben T-Shirts, da steht ‚Wir sind...' auf meinem, und ‚Schwestern' auf ihrem."

Sie standen entsetzlich früh auf. Sie hatten erzählt, daß sie im allgemeinen zwei Stunden liefen, bevor sie frühstückten, aber das hatte ich vergessen und war schon beim Teemachen, als sie mit dem Abbauen des Zelts fertig waren. Ich schüttete verstohlen das Wasser fort, und wir brachen im Gänsemarsch auf. Ich sah einen Maultierhirsch, und da ich vorne war, sah ich auch die Zwillingskitze. Ich fragte mich, ob ich sie darauf aufmerksam machen sollte. Oder war das aufdringlich? Das Wandern in Gesellschaft war

Mug und Jo – die Zwillinge

verzwickt. Ich lehnte mich entweder ständig vorn über den Bug
oder blickte zurück auf das eigene Kielwasser. Ich bog ohne zu fragen in einen Hohlweg ein, und wir kamen auf offene Prärie, drei
kleine Punkte für den Adler hoch über uns. Mittags machten die
Punkte halt. Aßen. Schüttelten sich die Hände. Lachten. Dann zog
ein Punkt davon. Wir schreiben uns noch immer. Sie erreichten
Kanada am 9. November des Jahres.

Ich kam auf dem Oregon Trail noch an einer weiteren Inschrift
vorbei, einem bronzenen Grabstein, der ganz allein stand, ein
Strauß Plastikrosen daneben. Der Text lautete:

Willie's Handkarrengesellschaft
   Captain James G. Willie's Handkarrengesellschaft mormoni-
scher Auswanderer auf dem Weg nach Utah, aufs höchste er-
schöpft vom hohen Schnee eines frühen Winters und unter
Mangel an Nahrung und Kleidung leidend, hatte sich hier gegen
Ende Oktober 1856 versammelt, um mit Hilfe aus Utah neue
Kräfte schöpfen zu können. Dreizehn Menschen waren in einer
einzigen Nacht erfroren und wurden in einem Grab beerdigt.
Zwei weitere starben am nächsten Tag und wurden in der Nähe
begraben. Von der Gesellschaft mit 404 Menschen gingen 77
zugrunde, bevor Hilfe kam. Die Überlebenden erreichten Salt
Lake City am 9. November 1856.

Sechzehn Kilometer später wandte ich mich nach Norden. Der
restliche Schnee auf den Gipfeln der Wind River Range sah jetzt
wie weiße Stoßzähne in der Sonne aus, die Berge selbst wie große,
graue Elefanten, die durch den Dunst nach Norden drängelten.
   Eine Jeepspur führte mich auf die Route 28. Ich hielt mich
rechts und kam nach ein, zwei Kilometern zu einem abgelegenen
Lokal und meinem Proviantdepot Nr. 11. Die Dame des Hauses
öffnete in einem Morgenmantel, gähnte und sagte: „Ah, Sie sind's."
   Mäuse waren über die Erdnußbutter hergefallen – warum hatten sie sich nicht an den Reis halten können –, aber ansonsten war
der Vorrat unberührt. Die Frau im Morgenmantel, die inzwischen
angezogen war, konnte mir bei meinem Erdnußbutterproblem
auch nicht helfen, aber sie verkaufte mir doch einen Liter Milch.
Ich setzte mich an einen Tisch in dem leeren Lokal und trank sie
ganz langsam. Die rosa Neonreklame für Coors Bier flackerte blaß
im Fenster, und die Frau warf einen Holzscheit in den Ofen. Ich
erinnerte mich, daß hier in der Gegend Mormonen schon im Oktober erfroren waren.
   Ein Liter Milch war mehr, als ich bequem schaffen konnte, doch
ich trank sie ganz, weil es in der Welt Menschen gibt, die es nicht
so gut haben wie ich, wie ich Material entnehmen konnte, das hinter Glas über der Bar angebracht war. Der ausgestopfte Eselhase

225

rührte mein Gewissen nicht im geringsten. Er war bereits tot. Und auch das Antilopengeweih nicht – sein ehemaliger Träger war auch schon tot, wie ich annahm. Aber die makabre Kreuzung der beiden, die in Souvenirläden als Jackaloupe zu kaufen war, weckte den Missionar in mir. Am liebsten hätte ich sie verboten, die Achtung vor allen Lebewesen im Bundesstaat Wyoming zwangsweise eingeführt, aber statt dessen trank ich meine Milch zu Ende.

Die Wind River Range

Ich war in den letzten acht Tagen 320 Kilometer gelaufen, vom Bridger Peak nach Wamsutter und weiter durch die Wüste zum South-Paß. Die nächsten 270 Kilometer durch die Berge der Wind River Range und das Brecciengelände südlich des Yellowstone Nationalparks erforderten zehn Tage, in denen ich nicht an einem einzigen dauernd bewohnten Haus vorbeikam.

Als Begleiter hatte ich ein Buch mit dem Titel *Wind River Trails* von Finis Mitchell, 422 M Street, Rock Springs. Die Adresse auf der Titelseite war das Freundlichste, das ich für mehrere Tage sah, von denen es die nächsten sieben an einem Stück regnete. Nicht nur die nachmittäglichen Unwetter, die ich in Colorado erlebt hatte, sondern eine Woche lang Regen von früh bis spät. Als ich schließlich Green Lake erreichte, wo die Berge der Wind River Range allmählich auslaufen, war ich definitiv dabei durchzudrehen. Ich verprügelte fast jemanden, der sich über meinen Rucksack lustig machte – ein Waldhuhn hatte ich bereits erschlagen –, und brannte beinahe einen Schuppen nieder. Bei soviel Regen und sowenig Erdnußbutter bewahrte mich nur das Buch von Finis Mitchell davor, völlig überzuschnappen. Mr. Mitchell – kein Dichter – war, wie ich spürte, der im Grunde typisch gute Kerl:

„Ich kam", schreibt er, „nach Wyoming mit meinen Eltern, einem Maultiergespann, einem Wagen und einer Kuh. Wir trafen am 26. April 1906 ein.

Mein Vater brachte mir das Bergsteigen nah. 1920 fing ich an, als Hobby Fotos bei meinen Klettereien zu machen, damit ich den Leuten zeigen konnte, wo ich gewesen war und was es in unseren Nationalforsten gab. Seitdem habe ich 105 345 Fotos gemacht.

Ich ging nach Rock Springs und begann am 4. Juni 1923 für die Union Pacific Rail Road zu arbeiten, wurde aber infolge der Weltwirtschaftskrise am 4. März 1930 entlassen. Am 4. Juni 1925 hatte ich geheiratet. Als man mich entließ, ging ich zurück in die Berge, um Fallen zu stellen, weil es keine Arbeit gab, nicht einmal für Bettler.

Damals nutzte man die Wind River Range nur zum Weiden für Schafe und Rinder, und weil es keine Möglichkeit gab, Geld zu verdienen, kauften meine Frau und ich im Juni 1930 ein Zelt, liehen Pferde und Sättel aus und starteten unser *Mitchell's Fishing Camp* auf den Lichtungen von Big Sandy.

Als wir unser Angler-Camp gründeten, gab es nur etwa fünf Seen mit Fischen, alles Forellen, die in den Rocky Mountains heimisch waren. Die meisten der Hunderte von Seen lagen in den Gletscherkaren der Wind River Range mit steilen Wasserfällen, die verhinderten, daß die Fische jemals stromaufwärts ziehen konnten.

Die staatliche Brutstelle brachte uns Fische in 15-Liter-Milchkannen. In den sieben Jahren, die wir dort waren, haben wir zweieinhalb Millionen Jungforellen ausgesetzt. Es konnten Regenbogen sein, kalifornische Seeforellen, White, Bach- oder Meerforellen. In der Zeit, in der wir unser Angler-Camp betrieben, haben wir 314 Seen bestückt. Jeder hatte Zugang.

Wir haben anderthalb Dollar pro Tag für die Pferde genommen und im Zelt auch Essen für fünfzig Cents serviert. Ob Sie es glauben oder nicht, in jenem ersten Sommer haben wir dreihundert Dollar und fünfzehn Cents verdient.

Diese Gewässer waren alle noch unberührt und voller Wasserläuse, Blutegel, Süßwassergarnelen und ähnlichem, so daß die Fische sich richtig vollfressen konnten. Von den Bachforel-

len wogen einige im dritten Jahr drei Pfund. Selbst der Zucht-
inspektor war von dem schnellen Wachstum überrascht.

Später haben wir versucht, Fische zum Einsetzen zu finden,
die größer wurden als die Arten, die die Zucht lieferte. Wir gingen über die Kontinentale Wasserscheide zum Grave Lake. Das
war der einzige See in der Gegend, in dem es amerikanische
Seeforellen gab. Wir fingen fünf. Wir hatten einen schönen See
ausgesucht, wo wir sie aussetzten, und nannten ihn May's Lake,
da wir alle Seen, in denen wir Fische aussetzten, benennen und
registrieren mußten. Das war 1933, aber bis heute habe ich noch
keinen einzigen Fisch in diesem See gefangen. Aber andere haben welche gefangen, und der größte, von dem ich weiß, ging
meinem Vorarbeiter bei der Eisenbahn an die Angel und wog
zehneinhalb Pfund. Alle stammten von jenen fünf Fischen ab,
und sie sind noch dort bis zum heutigen Tag."

In Finis Mitchells Schilderung hatten die Berge der Wind River
Range naß geklungen, und das waren sie auch. Auf den nächsten
hundertsechzig Kilometern regnete es von früh bis spät. Nasse
Wolken, nasse Felsen, nasses Gras, aber auch alles naß. Durchnäßte Farben klebten am Boden. Durchnäßte Haare klebten mir am
Kopf. Durchnäßte Laute verstopften mir die Ohren. Es gab keine
trockene Stelle unter den Bäumen, wo sich noch Spinnweben ausbreiteten, keinen hellen Fleck, wenn man einen Stein hochnahm.
Sogar die Bohrasseln machten einen niedergeschlagenen Eindruck.
Meine Stiefel fühlten sich wie kalter Reispudding an; meine Finger und Zehen sahen aus, als wäre ich in der Badewanne eingeschlafen. Die Warze an meiner linken Hand wurde weich wie eine
Bohne, auch wenn sie zu dicht am Knöchel saß, um sie richtig mit
den Zähnen zu erwischen, und so saugte ich statt dessen den Regen aus dem Schnurrbart, wobei der Geschmack sich je nach Umstand änderte. Am 19. August zum Beispiel schmeckte es nach
Pfefferminz und Blut. Beim Zähneputzen im Nieselregen noch vor
Tagesanbruch hatte ich die Zahnbürste am Stiel abgebrochen; der
plötzliche Verlust des Widerstands im Mund bewirkte einen un-

kontrollierten Aufwärtshaken und ein heftiges Nasenbluten. Die Nasenlöcher waren den ganzen Tag rostig.

Der Ausfall der Zahnbürste war eine Eventualität, die ich nicht vorhergesehen hatte, auch wenn ich nicht total einfältig gewesen war, als ich London nach der besten Ausrüstung durchkämmt hatte, die ich mir leisten konnte. Ich hatte bei allem, was ich kaufte, versucht, mir dieses Wind-River-Range-Wetter vorzustellen. Wie konnte dann aber der Daunenschlafsack, der in dem Londoner Geschäft so flockig gewesen war, eben dasselbe Bündel triefender nasser Plunder sein, in dem ich gerade die Nacht verbracht hatte? „Three Seasons", hatte auf dem Etikett gestanden.

Was, mehr nicht? Ich erklärte dem Verkäufer, daß ich etwas Dauerhafteres suchte – etwas, das mindestens fünf oder sechs Saisons hielt. Der junge Mann sah mich eigenartig an. Dann war ein etwas dümmliches Grinsen über sein Gesicht gehuscht, und über meins ein verlegenes Erröten.

„Mit Saison ist so was wie Herbst oder Winter gemeint", sagte er. „Vier ist das höchste, was Sie bekommen können."

„Ah, ja", erwiderte ich trocken.

Ich kaufte das Zelt im selben Laden, verführt letzten Endes durch den Prospekt. „Hydrostatisches Dach", wurde dort behauptet. „Innen UV-abweisend, hochwertiges AS."

„Was ist AS?" fragte ich den Verkäufer, aber er hatte es nicht gewußt, und ich hatte den Laden mit deutlich gestärktem Selbstbewußtsein verlassen.

Vielleicht war es eine Abkürzung für Aufstellen. In der Wind River Range machte ich scheinbar nichts anderes: das Zelt aufstellen, den Kocher aufstellen, die Anorakkapuze aufstellen (was ich haßte, weil es so war, als hätte ich das Trommelfell außen auf dem Kopf). Zwischen den einzelnen Regengüssen nahm ich hastig etwas zu mir, machte halt, wenn ich konnte, um die feuchten Sachen auszuschütteln, zog die Regenkleidung am Tag manchmal ein dutzendmal an und aus; aber die Disziplin, die der ständige Regen verlangte, machte mich so langsam mürbe. Das besaß alles keine Spontaneität. Keine Freude. Als ich an einem Morgen zu meinen

Füßen einen jungen Schnepfenvogel aufscheuchte, fing ich ihn und strich mit der Nase durch sein Gefieder, nur um etwas Weiches zu spüren.

Das Leben wurde zu einem lähmenden Drill, bei dem jeder Augenblick vom Wetter vorgeschrieben war. Nachdem ich zuerst aufhörte zu denken, hörte ich schließlich sogar auf, mir etwas vorzustellen. Ich war nur mehr ein nasser Karrengaul, den Kopf gesenkt in meiner Spur. Aber ich war ein guter Gaul. Ich wurde mit dem Wetter fertig und legte trotz der miserablen Bedingungen ein gutes Stück Weg zurück. Ich hatte eine Art federnden Gang entwickelt, den ich stundenlang durchhalten konnte, obwohl ich dann, wenn ich anhielt, keine Ahnung hatte, wo ich gewesen war. Der Weg war nach wie vor der gleiche braune Strich durch das felsübersäte Heidemoor.

Irgendwo an meinem Hinterkopf mußte es eine Verbindung zwischen meinen Augen und Füßen gegeben haben, derer ich mir allerdings kaum bewußt war. Das heißt, ich war mir eigentlich überhaupt nichts bewußt. Ich lebte von einem Tee zum nächsten – Tee, Zigaretten und Schlaf waren im Grunde alles, woran ich dachte. Mein ganzes Dasein war zwischen winzigen Punkten körperlichen Wohlbefindens aufgehängt.

Bis auf ein paar Pilze und vielleicht einige Becher voll Beeren rechnete ich nicht mit einer Ergänzung meines Speiseplans irgendwo zwischen South Pass und Moran (es gab nichts zwischen South Pass und Moran), so daß die Verpflegung diesmal wirklich für die ganzen zehn Tage wie geplant reichen mußte. Bedrückt vom pausenlosen Regen, zog ich aus meiner erzwungenen verpflegungsmäßigen Unabhängigkeit eine verdrehte Moral. Ich halte im Grunde nichts von der Legende, man müsse seinen Proviant mit sich herumschleppen – ich hätte mir viel lieber üppige Mahlzeiten auf Bestellung mit dem Fallschirm einfliegen lassen –, doch ich verfiel in eine Art „Komm, laß uns danken und auch noch diesen bescheidenen Riegel aufteilen"-Mentalität, und wenn auf irgendeine Art ein Eisverkäufer mit seinem Karren aus dem Nieselregen aufgetaucht wäre, hätte ich ihn, glaube ich, nicht beachtet.

Vier Tage gingen schemenhaft vorbei. Ich wanderte durch eine der imposantesten Bergregionen Nordamerikas, doch sie war in schmutzige Lumpen gehüllt. Der graue Vorhang ging nur einmal auf, am Abend meines 33. Geburtstags. Ich befand mich unmittelbar nördlich eines Ortes, der Temple-Peak-Paß heißt, als ich einen kurzen Blick dessen erhaschte, was ich versäumt hatte – Fels auf Fels getürmt, schmutziggraue Schneereste, dunkle Türme aus eisbepacktem Granit. Dann senkte sich der Dunstschleier wieder. Es war, als wären mir die Knochen der Erde gezeigt worden.

Auch wenn ich von den Bergen das meiste verpaßte, sah ich doch so viele Seen, daß es für den Rest der Tour reichte. Ich kam an Hunderten von ihnen vorbei und überquerte Dutzende von Bächen und Flüssen, und das Geräusch fließenden Wassers wurde mir so vertraut, daß ich nachts im Zelt meinte, es wären menschliche Stimmen. Tagsüber versuchte ich, auch Schönes zu entdecken, aber die Wirklichkeit war so grau wie der Himmel.

Ich hatte gerade den East Fork River durchwatet, als düstere Findlinge im Gras vor mir anfingen zu blöken. Es waren Schafe. Sie schienen den Regen kaum zu bemerken. Die Lämmer hatten jenes untersetzte Stadium erreicht, in dem ihre ekstatischen Bemühungen, noch bei ihren Müttern zu säugen, einfach aberwitzig aussahen. Seit Tagen konnte ich zum erstenmal wieder richtig lachen.

Irgendwann an jenem Nachmittag erreichte ich den 43. Grad nördlicher Breite, was etwas von den Dingen ist, die sich toll anhören in einem Tagebuch, aber im Augenblick gar nichts bedeuten. In Graden und Minuten entsprach diese Tour einem Marsch von Südmarokko nach Nordfrankreich, und hier mitten in Wyoming hatte ich gerade etwa die Pyrenäen erreicht.

Die Baumgrenze verlief ungefähr dreihundert Meter tiefer als in Colorado, auch wenn die Bäume die vertraute Mischung aus Fichten, Tannen und Nevadazirben bildeten, die weiter unten die Stärke von Blockhausstämmen erreichten, wo ich auch die meisten Pilze fand. Der Irrsinn mit der verpflegungsmäßigen Unabhängigkeit bröckelte sehr schnell ab. Und auch ein Wagen eines Eisverkäufers hätte nicht mehr ausgereicht, ich hätte mich durch eine ganze Wagenflotte hindurchschlürfen können. Alles Eßbare wäre willkommen gewesen, solange es nicht etwas war, das ich bei mir trug, und als ich am 20. August eine Schar nordamerikanischer Feldhühner am Weg entdeckte, war mein Rucksack in Nu unten, und ein Steinhagel flog durch die Luft, meinem Gewissen um eine ganze Länge voraus. Die Vögel waren blödsinnig zahm, machten absolut keine Anstalten wegzufliegen, und etwa beim 20. Wurf erwischte ich einen. Sie waren endlich aufgeflogen, aber mit einem Adrenalinstoß sah ich, daß zwischen den Blaubeersträuchern etwas zappelte. Mit einem Satz war ich dort, ein Augenblick totaler Hemmungslosigkeit, keine Regeln, kein Nichts, und dann hatte ich den Kopf in der Hand. Es war ein kleines Feldhuhn, nicht viel größer als eine Taube, und ich brauchte nicht lange zum Rupfen. Ich verspeiste es am gleichen Abend, gekocht und mit Curry gewürzt, und legte die Knochen für die Krähen auf einen Felsen. Ich war weder glücklich noch traurig über das, was ich gemacht hatte, ich war allerdings sehr überrascht. Ich hatte noch nie zuvor ein wildlebendes Tier gefangen und mit bloßen Händen getötet, und ich muß gestehen, daß es mir Spaß gemacht hatte.

Spaß machte mir auch meine Blechflöte. Ich hatte sie seit Colorado, das perfekte Wanderinstrument, klein, leicht und unzerbrechlich, nur daß ich nicht richtig darauf spielen konnte. Aber die Wind River Range sorgte für ideale Bedingungen zum Lernen – lange, einsame Abende, noch länger einsame Tage und das klagende Wiet-wiet von Sumpfvögeln, das mich dazu anregte, etwas Besseres hervorzubringen. Ich hatte gehofft, in diesem Gebirgszug auf den Gannet Peak steigen zu können, den höchsten Punkt in Wyoming, aber infolge des Wetters war meine einzige Leistung statt dessen ein klägliches Gestümpere durch „Clemantine".

Der letzte Tag in der Wind River Range war, wie vorherzusagen war, herrlich. Unter mir lag der See, Jade unter scheckigen Felsenspitzen. Die Sonne war endlich vor die Tür getreten. Ich gab ihr ein deutliches Zeichen mit dem gestreckten Mittelfinger und lief weiter. Einen Monat regnete es fast überhaupt nicht.

Von Green Lake im Regen

Ich schlitterte durch den moosigen, feuchten Wald bergab und kam auf einen Weg am See. Verwelkte Schwertlilien lagen verstreut im hohen Gras. Der wolkenverhangene Stumpf des Square Top Mountain wich zurück, Kalkstein hüllte, Blumenblättern gleich, die Felsenspitzen ein. Das Tal weitete sich, der Green River glitt jetzt träge zwischen den Bäumen dahin. Die Morgenwärme durchbrach den Dunst. Vor mir ragte im Nebel etwas Dünnes auf Stelzen auf. Ich hörte das Schlagen von Flügeln und das rasselnde Gar-u-u eines Kranichs, unsichtbar über dem nebligen See.

Am nächsten Tag erreichte ich einen Einschnitt im Horizont, den Gunsight-Paß. Zum erstenmal seit Monaten war kaum ein Berg zu sehen, wenngleich diese Unterbrechung nur zwei Tage dauerte. Davon verbrachte ich die meiste Zeit auf Forstwegen, die ich weitgehend gefühlsmäßig miteinander verband, ein Gefühl, von dem ich zu Beginn der Tour überhaupt nicht wußte, daß ich es besaß. Mich einfach in die Täler ringsum zu trauen, irgendwo hinaufzusteigen, wenn ich Ausschau halten und die Richtung erkunden wollte, bedeutete unaussprechliche Freiheit. Selbstverständlich benutzte ich noch die Karte, aber ich war nicht mehr ihr Sklave.

Wilde, rotgestreifte Geranien liefen mit gelblichen Weiden um die Wette in den Herbst. War da nicht ganz schwach ein scharfer Geruch in der Luft? Die unheimliche Melodie von Coyoten, die mittags heulten, ließ so etwas vermuten.

Der Abend heute war der neunte seit South Pass – nur noch ein Tag, und meine Verpflegung hätte genauso lang gereicht, wie ich geplant hatte. Ich empfand quartiermeisterliche Freude darüber, daß sich meine Pläne so schön erfüllten, und als ich gegen vier Uhr an dem Nachmittag durch die Bäume ein Hüttenlager sah, wäre ich beinahe glatt vorbeigegangen. Ich hatte nur noch einen Tag zu laufen, dann wäre eine Etappe praktisch ohne fremde Hilfe komplett gewesen, und das wollte ich mir nicht vermasseln. Aber über einem der Schornsteine hing Rauch. Daneben wurde ein Lastwagen entladen. Ein Sechstonner, der nichts als Lebensmittel geladen hatte.

Kisten und nochmals Kisten. Honig eimerweise, Brot meterweise, Eier zehndutzendweise. Forest und Mike hatten sogar heißes Wasser. Mike stellte den Generator an, als wir mit dem Abladen fertig waren, und ich stand eine Stunde unter der Dusche. Die Freizeitjäger des Tetongebietes richteten sich auf die Jagdsaison ein. Die ersten Kunden wurden in etwa drei Wochen erwartet, und so wie es aussah, sollten sie bis zum Jüngsten Tag verköstigt werden.

Wir verbrachten den ganzen Abend in der Küche – die Herdplatte hatte die Größe eines Teppichs. Leere Brothüllen stapelten sich im Abfalleimer, Eierschalen rollten über den Boden, und etwa nach der Hälfte des Abendessens – ihres Essens, meins dauerte Stunden – wurde mir etwas Ungewöhnliches an meinen Gastgebern bewußt, die beide noch Jugendliche waren. Ich brauchte ein bißchen, um es benennen zu können, obwohl es in Wirklichkeit etwas ganz Einfaches war. Sie hörten zu.

Sonst gleichen die meisten Gespräche eher dem Abbrennen eines Feuerwerks als echter Kommunikation. Man schießt eine Wortrakete ab, und der andere macht „Ooh!" Dann schießen sie selbst schnell etwas von den eigenen ab, und man erwidert „Aah!" Bei Forest und Mike war das anders. Sie warfen Zuhören nicht mit Reagieren in einen Topf.

Als ich meinen Eindruck erwähnte, sagte Forest, daß ihnen das auch bewußt sei.

„Wir sind Mormonen", sagte er.

„Was, Jungs mit kurzen Haaren und Regenmänteln?"

„Yeah."

Was hatte das Mormonesein damit zu tun, ob man zuhörte oder nicht?

„Hast du jemals das *Buch Mormons* gelesen?"

Nein.

„Wir glauben an einige wirklich seltsame Dinge", sagte Forest. „Die Hälfte davon ist langweilig. Dinge, die man als Kind gar nicht richtig versteht. Aber das Durchschnittskind, zumindest in

den Vereinigten Staaten, bekommt meistens nur vorgesetzt, was
es auch verstehen kann. Alles vorgeschnitten, schön präsentiert,
alles auf der angemessenen Ebene. Das Zeug klebt irgendwie fest.
Die Kinder hier haben verloren, was man die Fähigkeit zum Inte-
grieren der Dinge nennen könnte."

Ich hinterließ bei Tagesanbruch Fußabdrücke im Reif und stieg mit
der Sonne durch Wiesen mit welkenden Lupinen. Junge Wapitis
wateten mit nassem Bauch durch den Wald, keine Bambis mehr,
sondern die weißgepunkteten Flanken jetzt zimtbraun. Und ich
sah, wie jetzt schon seit einigen Tagen die Steinwigwams der Tetons fünfzig Kilometer weiter westlich, 2000 Meter über dem Tal
des Snake River. Tetons heißt im Französischen „Titten", wenngleich sie auf mich eher den Eindruck zerbrochener Flaschen
machten. Ich sang den ganzen Tag Kirchenlieder – meistens „Jeru-
salem" und „Berge des Nordens, jauchzet!" – und stolperte
schließlich bei Sonnenuntergang aus dem Wald auf die Route 28.
   Ein Rastplatz ein Stückchen die Straße hinunter hatte einen befestigten Standplatz für zwei Dutzend Fahrzeuge. Jede Parkbucht
hatte ihren eigenen Picknicktisch. Ich vermißte Möbel schon sehr,
und so war es schön, etwas Flaches unter den Ellbogen zu spüren.
Die Pattersons aus Michigan hatten den Tisch neben mir. Ihr Sohn
lebte in Australien. Mr. Patterson schlenderte umher und hatte
nichts zu tun; Mrs. P. machte Popcorn.
   „Er mag Popcorn", sagte sie. „Ich mache jeden Abend welche."
   Mr. Patterson kam herüber. „Sie mag Wyoming", sagte er.
„Bringe sie jeden Herbst hierher."
   Bevor sie die Campingstühle abends zusammenklappten,
schenkte Mrs. P. mir sechs Nußtörtchen. Sie hatten gerade das
Verfallsdatum überschritten, und sie hoffte, ich würde nicht belei-
digt sein. Sie bekam eine herzliche Umarmung und einen Kuß auf
jede Wange, und ich kroch ins Zelt.
   Am nächsten Tag tat ich nichts als mich auf dem Rasen des Hatchett Motels mit Milch vollaufen zu lassen. Wegen der Sprenger
mußte ich einige Male umziehen, und der Brief, den ich schrieb,

Luxus in Moran, Wyoming

wurde naß. Der Motelmanager, in dessen Keller die Proviantkiste Nr. 12 lag, war so nett, mich durchzufüttern, und dann brach ich auf und durchwatete den Buffalo anderthalb Kilometer nördlich der Straße. Dies war das letzte Proviantdepot in Wyoming. Das nächste, 173 Kilometer weiter, lag schon in Montana.

Nach West Yellowstone

Im Gegensatz zu Colorado, jenem Durcheinander von Gipfeln, war der Weg durch Wyoming einfach: Teil 1 – die Rote Wüste und South Pass, Teil 2 – die Wind River Range und weiter bis zum Hatchett Motel; Teil 3 – die oberste linke Ecke, die zum größten Teil aus dem Yellowstone Nationalpark bestand. Es war offenbar bloßer Zufall, daß die Wasserscheide hindurchlief. Ich befand mich fünfzig Kilometer vor der Grenze.

Schwere Kümmeldolden – dem Knöterich ähnlich – schlugen wie Gegengewichte an meine Knie. Unter dem Kümmel wuchs Enzian, so viel, daß er wie angebaut aussah, und in den Enzianen saßen Ameisen, Bienen und Wespen und manchmal verborgen eine Spinne. Es fiel schwer, sich damit abzufinden, daß all das in nicht einmal zwei Monaten unter tiefem Schnee liegen würde, aber die Sommer im Norden in 2400 Meter Höhe sind nicht mehr als kleine Unterbrechungen. Besucher schwärmen wie Mücken ab irgendwann im Mai ein und sind Mitte September wieder verschwunden. Selbst die erste offizielle Vermessung des Gebietes im Juni 1859 wurde vom Wetter verhindert, und Yellowstone blieb weitere zehn Jahre im großen ganzen unberührt.

Warum das Gebiet so lange unbekannt blieb, ist ein Rätsel. Die Fallensteller haben es offenbar gemieden. Vielleicht haben die kurzen Sommer sie abgeschreckt, und Biberpelze weisen im Winter die beste Qualität auf, wenn die ganze Region unzugänglich war. Lewis und Clark, die ersten den Kontinent durchquerenden Erforscher, verpaßten das Gebiet, wenngleich einer ihrer Begleiter, John Colter, einen, wenn auch zufälligen Volltreffer erzielte. Er trennte sich 1806 von der Expedition, um am Unterlauf des Yellowstones Fallen aufzustellen, und tauchte vier Jahre später in St. Louis wieder auf. Doch sein Bericht von sprudelndheißen Quellen und brodelnden Schlammtümpeln wurde als schlechtes Schauermärchen abgetan. Aber einen Menschen überzeugte er offenbar, einen englischen Naturwissenschaftler, der sich die Mühe machte, seine Geschichte aufzuschreiben.

„Dieser Mann", schrieb der Naturwissenschaftler Bradbury, „erreichte im Mai 1810 mit einem kleinen Kanu St. Louis, eine Entfernung von 4800 Kilometern, die er in dreißig Tagen zurücklegte. Ich erhielt von ihm einen Bericht über seine Abenteuer, nachdem er sich von der Gruppe um Lewis und Clark getrennt hatte, und ich möchte etwas davon wegen seiner Einzigartigkeit wiedergeben." Was er auch tat.

Colter, der am oberen Missouri Fallen aufstellte, wird von sechshundert Schwarzfußindianern gefangengenommen. Sein Begleiter wird mit Pfeilen bespickt. Der Häuptling, der zunächst geneigt ist, auch Colter als Zielscheibe zu benutzen, greift ein und führt ihn splitternackt vierhundert Meter in die Prärie. Ein „furchtbarer Schlachtruf" ertönt, und Colter, der schnell begreift, hetzt durch die Feigenkakteen, „wobei er sich derart verausgabt, daß ihm das Blut aus den Nasenlöchern lief." Kurz vor dem Fluß, die Füße voller Stacheln, hört er hinter sich das Geräusch von Schritten – ein einzelner Indianer, der dem Haufen vorausgeeilt ist. Colter bleibt stehen, packt den Speer des Indianers und durchbohrt ihn. Er taucht unter eine Ansammlung von Treibholz und bleibt die ganze Nacht dort. Die Indianer geben die Suche schließlich auf. Sieben Tage später kommt Colter, noch immer nackt, zu einem abgelegenen Handelsposten. Er ist gerettet.

Er vermittelte mir das Gefühl, ein absoluter Waschlappen zu sein.

Um zehn am nächsten Morgen, es war der 26. August, zog eine Wolke von Viehfliegen vorbei. Eine Stunde später holte ich sie ein – eine Lastenkolonne aus einundzwanzig um sich schlagende Maultiere, deren drei Treiber an einem Fluß halt machten.

Man konnte genau sehen, wer von den dreien der Koch war. Während die anderen beiden lachten, ohne Hemd und naß, saß Neil einfach unter der Krempe seines Huts und beachtete das kühle Wasser neben sich überhaupt nicht. Er riß eine Dose Bier auf, nahm einen Schluck, blickte hart, war es aber nicht. Neil war der Typ, der an alles glaubte, nur nicht an sich selbst. Man konnte das daran erkennen, wie er die Bierdose hielt. Sie war etwas zum Festhalten. Und auch daran, wie er über Vietnam sprach, wo er kochen gelernt hatte.

Die andere Sache war, daß Neil nur ein Auge hatte. Das paßte zu ihm. Er hatte das andere bei einer Schlägerei in einer Bar verloren, und auch das paßte zu ihm.

„Bin hundertdreißig Kilometer gefahr'n", erzählte er, „und das Scheißding hing mit die Backe runter."

Ich warf einen Teebeutel in den Topf. Mir war so was in der Art noch nie passiert. Neil steckte sich einen Joint an, blies den Rauch aus und fragte mich, ob ich schon weit herumgekommen wäre.

„Ganz schönes Stück", sagte ich.

Er zog erneut an seinem Joint. „Bist du Engländer?" fragte er.

„Yeah."

„Hab' ich mir gedacht."

Der Fluß teilte sich ein paar Kilometer weiter, um an beiden Seiten eines Baums vorbeizufließen. Ein Brett war an den sich abschälenden Stamm genagelt. „Trennung der Wasser", verkündete es. „Atlantischer Ozean 5612 km. Pazifik 2177". Der Two Ocean Creek fließt in einen sumpfigen Sattel direkt auf der Wasserscheide, von wo kleine Rinnsale zu beiden Seiten nach Osten und Westen laufen. Ansonsten sieht er ganz normal aus. Alles, was passierte, war, daß mir ein Objektivdeckel ins Wasser fiel. Ich suchte eine Ewigkeit, aber er war weg. Zu welchem Ozean, mag jeder für sich entscheiden.

Ich machte mir an diesem Abend nicht die Mühe, das Zelt aufzubauen, sondern legte mich auf den Rücken und betrachtete die Sterne durch das Fernglas, Millionen winziger Scheinwerfer, die vor meinen Augen wie Autoskooter umeinanderschwirrten. Ich setzte das Fernglas ab, die Sterne hörten auf herumzuhüpfen, und ich schlief ein, aber nicht sehr tief. Es gab hier Grizzlybären. Nicht viele – zwei- oder dreihundert im Nordwesten Wyomings –, aber ein Grizzly ist eine ganze Menge. Sie wiegen eine halbe Tonne, rennen vierzig Kilometer Spitze und lieben Honig, wie jeder weiß. Ich hatte meinen in einen Baum gehängt. Das nächtliche Aufhängen der Proviantbeutel und des Kochers sollten von jetzt an zur Routine werden, wenn ich auch versuchte, die Zeit zu reduzieren, die ich am nächsten Morgen durch die Bemühungen vergeudete, den Baum wiederzufinden, für den ich mich entschieden hatte. Man mußte weit genug vom aufgehängten Proviant entfernt schlafen, damit der so abgelenkte Bär einen nicht witterte, aber auch nah genug, um sich zu erinnern, wo man ihn aufgehängt hatte. Bei mir reichte das Gedächtnis bestenfalls fünfzig Meter weit.

Ich kann nicht sagen, daß ich die Drohung mit den Bären wirklich ernst nahm. Es werden Menschen gefressen und auch entsetzlich verstümmelt, aber sie werden auch bei Autounfällen getötet.

Ich hängte meinen Proviant auf – legte den Sicherheitsgurt an – und beließ es dabei. Ich sollte meine wohlverdiente Strafe erhalten, aber erst nach mehreren hundert Kilometern. Was ich ernst nahm an der Grenze zum Nationalpark, waren die Ranger, die Wächter des Nationalparks.

Gut 3000 Kilometer hatte ich mich bis jetzt frei wie ein Vogel bewegt. Mein einziges Verbrechen, wenn es denn eins war, war der Tod des Feldhuhns. Oft schien es so, als hätte ich den ganzen Westen für mich, was natürlich eine Illusion war, aber doch eine, die ich hartnäckig aufrechtzuerhalten suchte. Ich hatte weder Herzen, Namen noch Daten in Bäume geritzt, geschweige denn die Wälder in Brand gesetzt; ich hatte keinen See und keinen Fluß verunreinigt, nicht einen Fitzel Abfall weggeworfen. Es lag eine geheime Freude im sanften Wandern – die Achtung funktionierte offenbar in beide Richtungen –, und wie aberwitzig war es daher, daß ich im Yellowstone Park, der ausdrücklich als öffentlicher Vergnügungspark ausgewiesen ist, das wenigste Vergnügen überhaupt empfinden sollte. Nirgendwo auf der Wanderung, nicht einmal auf einer strikt privaten Ranch, war ich mir so fremd vorgekommen wie hier. Ich folgte der Wasserscheide die nächsten 130 Kilometer wie jemand auf der völlig falschen Party, aber ich hatte ja auch keine Einladung.

Ich hatte an alle drei Nationalparks geschrieben, die am Weg lagen, hatte aber von allen die gleiche Antwort erhalten – eine Erlaubnis zum Betreten des Hinterlandes könne frühestens 48 Stunden vor einem Besuch erteilt werden. Mit anderen Worten, man kann nicht Monate im voraus in einem Nationalpark einen Lagerplatz bestellen. Das erscheint vernünftig, außer natürlich, wenn man sich dem Park zu Fuß nähert. Denn Yellowstone – gerade Yellowstone – liegt gute 48 Stunden in einem abgelegenen, unbewohnten Gebiet, und wenn man dann die Grenze zum Park erreicht, hat man noch einmal einen 65-Kilometer-Marsch bis zum Hinterlandbüro bei Old Faithful vor sich – ein Marsch, den ich nicht hätte machen sollen: Ich konnte den Park nicht betreten, um einen Passierschein zu bekommen, weil ich noch keinen hatte.

240

Am Hart Lake, Yellowstone Park

Die Rangers im Rocky Mountain Park hinten in Colorado hatten fünf gerade sein lassen und mich durchgewinkt, aber aus irgendeinem Grund (vielleicht weil ich als Antwort auf eine zweite Anfrage noch einmal eine Kopie der Bestimmungen zugeschickt bekommen hatte) argwöhnte ich, daß es im Yellowstone nicht so gehen würde. Mit dem angekratzten Selbstvertrauen eines entflohenen Gefangenen lief ich nach Nordosten den Snake River entlang, zeltete illegal, sah einen Wapiti und ergab mich am nächsten Morgen. Illegales Zelten! Man hätte genausogut sagen können, ich hätte illegal gefurzt, aber ich hatte ein Wachhäuschen erspäht und beschlossen, vorsorglich anzuklopfen.

Ich wollte außerdem ein streunendes Pferd melden. Neil und Co. vermißte eins, und man vermutete, daß es irgendwo im Park sei. Yellowstone war schließlich eine Gegend, wo man leicht verlorengehen konnte, wie schon T. C. Everts, ein Mitglied des Vermessungstrupps von 1870, sehr schnell gemerkt hatte. Als er eine Fläche mit umgestürzten Bäumen inspizierte – ob der Grund ein

Erdbeben oder Feuer war, erwähnt er nicht –, war er von seinen Begleitern getrennt worden. Da er kurzsichtig war, stieg er aus dem Sattel, um den Weg zu untersuchen, woraufhin sein Pferd mitsamt dem Gewehr, den Decken und dem Proviant durchgegangen war. Everts blieb mit zwei Messern und seinem Opernglas „allein in einer unerforschten Wildnis" zurück, wie er es ausdrückte. Äußerst beunruhigend lief er den Weg entlang, auf dem ich mich jetzt befand, bis er in das Gebiet des Heart Lake kam, der jetzt blau unter einem makellosen Himmel lag. Ich blickte das Ufer entlang und sah eine junge Frau in einer grünen Bluse. Sie zog ein Alu-Kanu an Land. Sie holte einige aufgereihte nasse Forellen aus dem Boot und ging hinauf zu der kleinen Hütte.

Das Krächzen eines Kurzwellensenders begrüßte mich an der Tür. „Hallo", sagte ich, als sie wiederkam. „Sie sind sicher der Ranger."

„Ja", erwiderte sie scharf, „und wer sind Sie?"

„Ich laufe über die Wasserscheide", erklärte ich und berichtete ihr kurz die Tour. Ganz langsam taute sie auf. Wir lagen uns zwar nicht in den Armen, aber sie hatte zumindest das Vorhängeschloß an ihrer Stimme abgemacht. Ich erwähnte das entlaufene Pferd, bewunderte die Fische und sagte ihr, als ich meinte, sie hätte soeben das Gewehr in den Schrank gestellt, daß ich einen Passierschein bräuchte. Ich hätte mich ebensogut entblößen können. Vielleicht hätte ich es tun sollen. Die Empörung, der Zorn, der ihr Gesicht umwölkte, war bemerkenswert anzusehen.

„Sie haben keinen?"

„Nein."

„Warum nicht?"

„Ich, äh..."

„Wo haben Sie geschlafen?" unterbrach sie mich.

„Hier", sagte ich und faltete die Karte auf.

Sie stieß mit dem Finger auf das abgenutzte Blatt. „Was bedeuten all diese Kreuze?"

Sie gaben an, wo ich angehalten und Tee gemacht hatte.

„Und all diese Zahlen? 1300, 1600?"

„Das sind die Uhrzeiten."

„Wirklich? Und wo haben Sie Ihr Feuer gemacht?"

Das war jetzt der alte Messer-im-Stiefel-Trick, die Pistole im Ärmel. Außerhalb ausgewiesener Lagerplätze ist das Feuermachen im Yellowstone Park verboten. Ich war außerhalb eines ausgewiesenen Lagerplatzes gewesen. Dann: „Haben Sie Ihre Abfälle vergraben?"

Auch etwas, das in der Wildnis streng verboten war. Ich wankte, und, was noch hinzukam, ich war unschuldig. Warum haßte sie mich? Ich vergrabe nie irgendwo Abfälle.

„Nein", sagte ich. „Ich habe sie verbrannt. Und dann habe ich einen Wapiti geschossen."

Da mußten sogar die toten Fische grinsen, aber Anne Marie verzog keine Miene. Schließlich drohte sie sogar damit, mich festzunehmen, überlegte es sich dann jedoch und verlangte irgendeinen Ausweis; wofür ich ein Gefälligkeitsticket bekam, wie sie es nannte. „Für illegales Zelten", fauchte sie.

Das Gefälligkeitsticket wurde, zusammen mit dem Passierschein, den sie mir schließlich ausstellte, mit Draht an meinem Rucksack befestigt. Das entsprach, wie ich vermutete, einer Narrenkappe.

„Ausgestellt als Anregung für freundliche Mitarbeit", stand dort, „und die Einhaltung der Bestimmungen. Ihre Mitarbeit hilft, die Menschen, den Park und die Wege zu schützen und sichere, saubere und angenehme Bedingungen für alle zu erhalten."

Sicherheit, Sauberkeit und Zweckmäßigkeit – der Vater, der Sohn und auch noch der Heilige Geist –, aber man kann eine Anlage wie Yellowstone nicht ohne Bestimmungen führen. Nach Old Faithful kommen im Jahr zwei Millionen Besucher. Ich nehme an, ich war nur der falsche Typ am falschen Ort zur falschen Zeit.

Das war auch der arme T. C. Everts. Trotz der vielen wildlebenden Tiere – er berichtet von Ottern in großer Zahl, Bibern und Nerzen, Rotwild, Wapitis und Dickhornschafen – wäre TC fast verhungert. Er wurde durch eine kleine, grüne Pflanze gerettet, eine Distel. „Heureka", schreibt er. „Ich habe etwas zu essen gefunden."

Sein nächstes Essen war ein roher Vogel. Völlig durchnäßt vom ständigen Schneeregen, war er schließlich zu den heißen Quellen gekommen, an denen ich jetzt saß, und machte sie eine Woche lang zu seinem Zuhause. Ich hatte noch nie zuvor eine heiße Quelle gesehen, aber daran, daß die Bäume immer lichter wurden, hatte ich erkannt, daß irgend etwas bevorstand.

Daß der Yellowstone Nationalpark der bekannteste Kochkessel der Welt ist, verringerte die Spannung nicht im geringsten. Daß die Heart-Lake-Quellen nach hiesigen Maßstäben Winzlinge waren, machte nichts. Die Möbel – jene dichtgedrängten Bäume – waren entfernt worden. Ein weißer Kiesteppich war ausgelegt worden, und da! – ein leichter Hauch aus Dampf kräuselte das Gras. Eigenartig dann, diese vage Abneigung, nach unten zu blikken, dieses köstliche Widerstreben, etwas zum allererstenmal zu sehen. Wenn man so dicht vor einem neuen Ereignis, einer neuen Erfahrung steht, ist es oft nicht mehr von Bedeutung, ob überhaupt wirklich etwas passiert.

Nachdem diese ketzerischen Gedanken verflogen waren, erreichte mein Blick den Rand des Teiches. Das Wasser war unwahrscheinlich klar – ich dachte flüchtig an Boote mit gläsernem Boden –, was hielt mich dann davon ab, einfach hineinzuspringen? Es war nicht die Hitze – sie spürte man erst, wenn man tatsächlich ins Wasser faßte, und dann fragte man sich, was einen gestochen hatte. Es war eher das Sterile. Sonnenstrahlen tanzten dort unten, aber keine Fische. Kleine Knochen, winzige Steine, eine Blechdose (eine Blechdose!) lag auf dem Grund, völlig sauber, jedes ein individueller Gegenstand – kein Schlamm, kein Wachstum, das sie überzog.

Doch der Augenblick ging vorüber. Ich hatte kochendes Wasser aus dem Hahn! Ich holte den Topf raus, baute die Kamera auf und machte meine erste Tasse Fertigtee. Ich war versucht, einen Teebeutel direkt in die Quelle zu hängen – sieh mal, Mama, kein Ofen! –, und grinste im nachhinein über die kleine Auseinandersetzung mit der Parkaufseherin. Es war mein Fehler gewesen, sie hochzunehmen. Ich hätte mich gefreut, wenn sie gerade jetzt vorbeigekommen wäre, hierher, und auch gelacht hätte, aber sie hatte in ihrem Leben wahrscheinlich schon Hunderte von heißen Quellen gesehen, und ich saß auf jeden Fall zu dicht am Rand. T. C. Everts war hineingefallen.

Durchgefroren bis auf die Knochen, war er auf dem heißen Uferrand eingeschlafen, eingehüllt in ein ewiges Dampfbad, während um ihn die Oktoberstürme tobten. Unglücklicherweise muß er sich wohl umgedreht haben, so daß zu den schmerzenden frostbefallenen Füßen noch eine verbrühte Hüfte kam. Zu dem Zeitpunkt hatte er bereits beide Messer verloren, aber am zwölften Tag kam ihm plötzlich die Idee, daß er die Linsen des Opernglases dazu benutzen könnte, ein Feuer anzuzünden – phantastisch für ihn, aber schlecht für den Wald, sehr schlecht. Everts wachte in der nächsten Nacht auf, weil seine Kiefernzuflucht in Flammen stand und eine Feuerwand brüllend bis zu den Baumwipfeln reichte. „Es war verblüffend", schrieb er, „das blitzartige Tempo zu erleben, mit dem die Flammen sich ausbreiteten. Die Bäume schossen Pfeile aus Feuer ab, das eine ungeheure Woge der Zerstörung hinterließ."

Am Nachmittag war ich wieder unter den Bäumen und folgte orangefarbenen Wegmarkierungen, die – warum so hoch? – drei Meter über dem Boden angebracht waren. Sie sahen wie kleine Bushaltestellenschilder aus. Ansonsten konnte ich nur sehr wenig sehen. Bisher hatte es fast immer eine Möglichkeit gegeben, dem Wald zu entfliehen – nach oben zur Tundra, nach unten zum Beifuß –, doch im Yellowstone Park war der Horizont flach, die Wasserscheide auf diesem Plateau nicht zu erkennen. Ich scherte aus und hielt direkt auf Old Faithful zu. Trotz seiner 9000 Quadratkilometer ist der Yellowstone Park für die Mehrheit der Besucher nicht mehr als ein langes Asphaltband durch den Wald – 800 Kilometer lang, wenn man jede Straße fahren würde. Er ist berühmt für die Bären, obwohl der Kontakt jetzt erschwert wird; und er besitzt vor allem den bekanntesten Geysir der Welt.

„Was bedeutet er dem Durchschnittsamerikaner?" Der alte Mann und ich standen in einer Schlange nach Kaffee an.

„Oh, mein Junge, das ist ein Stück Amerika! Ich war einundzwanzig Jahre alt, als ich zum erstenmal hierherkam, und das war
mit einem Ford Modell T. Mußte rückwärts fahren, um die Berge
hinaufzukommen. Heute bin ich mit einem schönen Buick 450
hier und habe die Kinder meiner Tochter dabei."

Was zunächst ein schwaches Summen im Wald gewesen war,
war den ganzen Morgen immer lauter geworden, und am Mittag
erblickte ich durch die Bäume das Blitzen von Chrom. Ich hatte
dahinschleichenden Verkehr gerochen und war in eine, zumindest
für einen Wanderer, andere Welt getreten.

„Sieh dir das an", sagte Paul aus Alaska, den ich auf dem Parkplatz kennenlernte. „Der Winnebago. Das große alte Wohnmobil.
Die Männer mit den Polyesterhosen und die Frauen mit den blau-
getönten Haaren. Sind seit April unterwegs."

Paul hatte ein schweres Motorrad, und dies war seine erste
Fahrt nach Süden.

„Bin runter nach Phoenix gerauscht. Hatte da die Adresse von einem Mädchen – rote Haare, grüne Augen, größter Busen, den du
je gesehen hast. Die Mädchen in Alaska sind nicht so."

„Habt ihr Mädchen in Alaska?"

„Häßliche. Buffarillos nennen wir sie. Es sind Frauen für draußen, denn wenn du zuviel kriegst, kannst du sie rausschmeißen,
und sie überleben bis zum Morgen. Aber die Frauen in Kalifornien! Mann! Hab fast 'n Unfall gebaut! Müssen nur die Preisschil-
der gewesen sein, was die angehabt haben. Die Moskitos in Alaska
würden sie umbringen!"

Old Faithful war ein absoluter Heuler. Der Geysir selbst war
mir völlig egal; die Leute waren es, die so köstlich waren. Ganze
Hotels voll; riesige Parkplätze voll; Imbißbuden, Vortragssäle, sogar ein kleines Kino voll. Es war, als würde ich bei einer Wanderung durch das tiefste Schottland plötzlich nach Stratford-on-
Avon hineinstolpern. Aber hier wegzugehen, ohne die Hauptfigur
gesehen zu haben, schien töricht, und so schloß ich mich dem
Rinnsal der Besucher an, die jetzt aus dem Restaurant hinaus auf
die baumlose freie Fläche traten.

Andächtige Betrachter am Old Faithful

Da es völlig sicher war (es gab feste Bänke, von denen aus man zuschauen konnte) sauber (wie ein Wohnzimmer) und praktisch (sehr – spuckt pünktlich wie ein Uhrwerk einmal in der Stunde), schien Old Faithful fast ein Mikrokosmos der Nation selbst zu sein, ein Ort, wo jemand stolz und aufrecht umhergehen konnte, die Kreditkarten um den Hals geschlungen, wenngleich nicht alle Amerikaner waren. Die Frau neben mir, zum Beispiel, war Belgierin, ihr Mann mit seinem Fotoapparat beschäftigt.

„Es ist das vierte Mal, daß wir durch Amerika reisen", sagte sie, „aber" – die Menschenmenge wurde dichter, und ihre Stimme sank dramatisch – „wirklich, ich mag die Menschen nicht."

„Warum nicht?"

„Sie sind zwar freundlich, aber sich wirklich über etwas Interessantes unterhalten kann man nicht." Sie wurde unterbrochen, als ein erster Dampfschwall aufstieg. Die Menge war inzwischen auf vielleicht tausend angestiegen. Weiterer Dampf schoß aus der

Erde. Die Menschen lachten, begeistert, erwartungsvoll. Herumlaufende Kinder wurden an die Hand genommen. Doch die Frau aus Belgien sah nicht hin. „Sie haben keine Persönlichkeit", fuhr sie fort. „Keine Kultur. Heute kann man Professor sein, morgen verkauft man Hot dogs. In ein- oder zweihundert Jahren vielleicht...", aber ich hörte nicht mehr zu. 20 000 Liter kochendheißes Wasser waren zwölf Stockwerke hoch in die Luft geschleudert worden, getragen von einem ungeheuren Jubel der Menge. Die Begeisterung wirkte ansteckend. Das hier war ihre Kultur – konnte die alte Schachtel das nicht erkennen? Viele Besucher klatschten tatsächlich Beifall. Was das alles bedeutete, was es verkörperte, beschäftigte mich letztlich nicht. Die Freude an allem, das außergewöhnliche Vergnügen, war, daß alles so war, wie es war.

Ich brauchte weitere anderthalb Tage, um den Park zu verlassen, aber vorher lief ich die Plankenwege des unteren Geysirbeckens hinaus – man wäre augenblicklich gar, wenn man hineinfiele, denn die meisten Quellen waren kochendheiß. Ein Fünftel aller Geysire in der Welt liegt auf den zweieinhalb Quadratkilometern von Old Faithful, und ich wurde schon fast ein bißchen gleichgültig angesichts meiner Erfahrung mit Thermen, doch an jenem Abend, als ich allein an einem kleinen See mit Namen Ojo Caliente zeltete, fing Yellowstone an sich zu setzen. All dies, so dachte ich, Amerika etwa so nah, wie ich ihm wahrscheinlich jemals kommen würde. Ich irrte. Ich hatte noch elfhundert Kilometer von ihm vor mir.

Dunkle, von der Sonne gefärbte Dampfschwaden trieben über die offene Fläche. Von einer fernen Lichtung jenseits des Firestone River ertönte der Ruf von Kanadagänsen. Noch ein Tag, dann würde auch ich den Park verlassen haben, wenn auch in entgegengesetzter Richtung. Die Gänse waren bereits auf ihrem Weg nach Süden, aber morgen würde ich in Montana sein, wohin sich zufällig auch T. C. Everts am Ende durchschlug. Er hatte mittlerweile fast alles verloren – seine Messer, die Schuhe, das Opernglas –, und so ziemlich das einzige, was ihm geblieben war, war sein Leben, als er sich um eine Bergflanke herumtastete und plötzlich dem erstaunten Gesicht eines Trappers gegenüberstand. T. C. Everts, der siebenunddreißig Tage in der Wildnis verschollen gewesen war, war gerettet.

Statistische Anmerkungen:

Wyoming – 5. bis 31. August, kein einziger vollständiger Ruhetag. 814 Kilometer, 26 Nächte auf dem Pfad. 10mal das Zelt gebraucht, 3½ Proviantpakete gegessen, durchschnittlich 31 Kilometer pro Tag gelaufen. 1 Woche Regen in der Wind River Range, danach nur noch 2mal. Einmal 3350 Meter erreicht, ansonsten bis auf 2000 Meter abgestiegen.

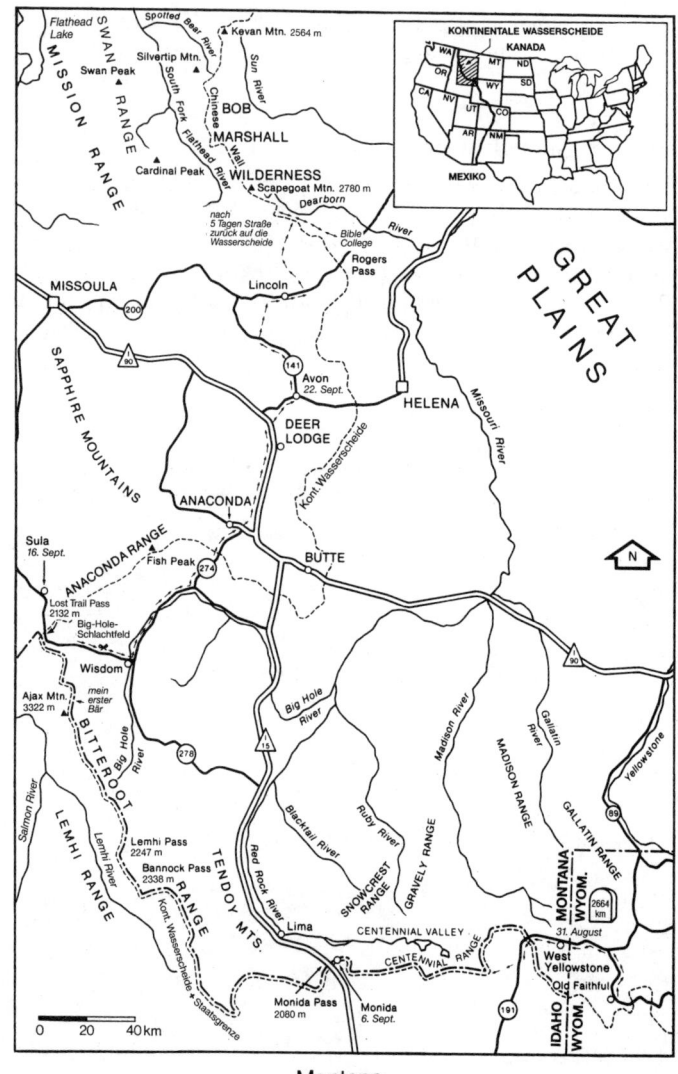

Montana

Teil V Montana

Route 191

Montana war in vieler Hinsicht ein passender letzter Akt, auch wenn West Yellowstone, der kleine Ort an der Nordwestgrenze des Parks, nicht gerade die großartigste Eröffnungsszene bildete.

Der Vorhang geht auf. Es ist Nacht, wir befinden uns am Stadtrand, in der Gegend der gebrauchten Kondome. Verlassen stehen Lastwagen am Straßenrand, weißer Abfall schmiegt sich an Bäume. Dann – Schritte. Der Strahl einer Taschenlampe fährt durch den Wald, und ich werde geblendet, liege halb über dem Rucksack.

„Willst du da drüben zelten?"

„Ja", schreie ich zurück. „Mach deine Scheißlampe aus."

„O. k., o. k., wußte nur nicht, was du bist, ist alles. Die Motels in der Stadt sind noch nicht voll."

Ich konnte mir kein Motel leisten.

„Dann schlaf auf dem Gehweg, aber weg von den Mülltonnen. Die Müllabfuhr hat Klauen. Eins von den wuschligen Tierchen in deinem Zelt, und von dir bleibt nicht viel übrig."

Wieder diese verdammten Bären. Ich landete schließlich auf dem Dach des Informationszentrums.

Bei Tagesanbruch streckte ich den Kopf über die Brüstung. Lärmend grüßte die Hauptstraße – Fleisch aus Montana, Käse aus Montana, Kameras, Andenken, fünf Motels und eine Kirche. Und an der Eingangstür zum Informationszentrum dieses Schild:

Das Erdbeben von 1959
Am 17. August 1959 um 23.37 Uhr wurde dieser landschaftlich besonders schöne Teil Montanas zum Brennpunkt weltweiter Geschichte. Ein gewaltiges Beben erschütterte die milde Sommernacht...

Beim Frühstück in der Milchbar kam ich zu dem Schluß, daß es eher eine Reklametafel als ein Schild war: „Mit mehreren mächtigen Hebungen formte Mutter Erde ihre Berge um, die heftige Reaktion auf ein Ringen tiefsitzender Spannungen, die nicht länger zu ertragen waren..." Ich hatte im wesentlichen die gleichen Probleme – wahrscheinlich zuviel Kekse mit Füllung – und wackelte zu einer Tankstelle. Dann machte ich mich wieder auf den Weg, die Route 191 entlang. Sie lief nach Westen, unbeirrbar wie eine Predigt.

Schon der Klang von Wanderstiefeln auf hartem Asphalt klingt falsch. Beim richtigen Wandern konnte man wenigstens das Tempo forcieren, die Muskeln züchtigen für die Sünde, sich auf Asphalt zu begeben, aber bei den Stopps an den Proviantdepots traf mich die Schuld dieser leichten Kilometer um so schwerer. Beim Rückblick auf eine abgeschlossene Etappe schrieb ich manchmal: „Kein Asphalt!!" in mein Tagebuch, bis mir dann die zwei, drei Kilometer einfielen, die ich in die Stadt gelaufen war. Ich warf dann erneut einen Blick auf die Karte. Ich maß die Entfernung genauestens ab und notierte dann, mich in Rechtschaffenheit suhlend, sagen wir: „Acht Kilometer".

Auf befestigten Straßen war ich bisher gelaufen: in New Mexico 67 Kilometer; in Colorado 75 Kilometer; in Wyoming, zumindest bis Old Faithful, keinen einzigen Meter bei fast 800 Kilometern. Aber der Umweg über West Yellowstone wegen des Proviants hatte diesen Rekord wieder zunichte gemacht, wobei der einzige Ausgleich der war, daß Asphalt immer sehr schnell hinter mir lag. Bis auf diese letzten Kilometer in Wyoming hatte ich nie mehr als sechs Stunden am Stück auf einer Straße verbracht, wenngleich ich später, nach der Bitteroot Range, eine Woche lang zu Kreuze kroch.

An diesem Abend aß ich Forelle bei den Hicks.

Verschiedene Nebenbuhler hatten mich schon auf der Route 191 überholt – Radfahrer mit Außenspiegeln an der Brille, eine Gruppe Motorradfahrer, und gegen vier an diesem Nachmittag ein Jogger. Das war Mike Hicks. Er zog an mir vorbei, wurde ein Punkt, aber verschwand dennoch nicht völlig. Er hatte halt gemacht, da-

mit ich nachkommen konnte. Sein Haus war einer von dem Dutzend Neubauten am gegenüberliegenden Berghang.

„Das ist Helen da auf dem Balkon, meine Frau", sagte er. Sie
winkte energisch. „Telefon!" schrie sie, als wir näher kamen.

Mike nahm das Gespräch entgegen, sprang in den Wagen und
war weg, noch bevor ich die Stiefel aufgeschnürt hatte.

„Autounfall im Park", erklärte Helen.

„Was Schlimmes", sagte Mike, als er zwei Stunden später zurückkam. Er leitete die Gemeinschaftspraxis in West Yellowstone.
Es lag etwas unbarmherzig Komisches in dem Gedanken, daß es
bei dem gemächlichen Ferienverkehr zu Unfällen kam. Tiere neben der Straße, so schien es, hatten eine fast hypnotische Wirkung.

„Ein Büffel?" fragte ich, ganz alter Hase.

„Nein", antwortete Mike. „Nur ein paar Wapitis."

Inzwischen hatte mich der zehnjährige Justin-Joseph hinunter
zu dem kleinen See unterhalb des Hauses geschleppt. Er war ein
phänomenaler Angler – er hatte Helen tatsächlich gefragt, wieviel
er fangen sollte.

„Dad lernt Fliegenfischen", sagte er und warf die Leine aus. „Ich
lerne es auch, aber die großen packe ich noch nicht."

Ich hätte mir Notizen machen sollen. JJ wußte mehr über Forel-
lenfliegen als ich über sonst ein anderes Gebiet, wenngleich sein
Bruder dummerweise gar nichts davon verstand. Shannon war
vier, langweilte sich sehr und hatte einige Minuten später einen
großen Erdklumpen ins Wasser geworfen. So hatten wir am Ende
nur drei Forellen, und Helen holte noch zwei aus der Tiefkühltruhe.

Kindern gute Nacht zu sagen, ist lustig, sofern es nicht die eigenen sind. Shannon stolperte die Treppe in meinen Stiefeln hinauf
und schrie, „Seht mal, ich hab' Flügel an den Füßen!" JJ bat mich,
seinen Plastikplattenspieler nach unten zu holen und mit ihm „Das
Dschungelbuch" anzuhören. Dann lag ich auf dem Teppich und
hörte „Rumores de la Caleta" von Albeniz und Tarregas „Capric-
cio Arabe". Es gab Wein und Schokolade und einen Stengel rohen
Selleries nach dem anderen. Wie toll war es doch, so zu Hause bei
den Leuten aufgenommen zu werden.

Die Centennial Range

Die Hickssche Bettwäsche war die erste, in der ich seit ewigen Zeiten geschlafen hatte, und ich brauchte am nächsten Morgen elf, zwölf Kilometer, um das aufzuarbeiten. Während die Beine – inzwischen eigenartig professionell – unaufhörlich vorwärtsstrebten, wollte die Gegenströmung des Gedächtnisses zurück, ließ Wyoming Lagerplatz für Lagerplatz noch einmal vorbeiziehen, auch Colorado. Es war gut, so stromauf zu segeln, fort von der unergründlichen Gegenwart. Dies konnte ich meinen Füßen überlassen, meine Stiefel die Wirklichkeit bearbeiten lassen, das Nochnicht zu verwandeln in das Ist. Unterdessen genoß ich die Musik des Flusses. Eine Reise ist letztlich nur ein Lied. Irgend jemand pflückt es aus der Luft, summt die Melodie eine Weile, schreibt sie auf. Ich war wieder bei meinem Tagebuch. Die letzten Seiten hatte ich in Creede geschrieben.

Der Nachmittag war schon fortgeschritten, als ich nach Westen von der Straße abbog und zu steigen anfing. Die Schatten wurden länger, und ich folgte einem Pfad zwischen den Bäumen hindurch. Ich schleppte Wasser, ich war schon zweiunddreißig Kilometer gelaufen, ich war müde, aber heute würde kein warmes Haus auf mich warten. Die wenig erfreuliche Aussicht, das Zelt aufbauen zu müssen, ließ mich bis tief in die Dämmerung laufen. Trotzdem mußte ich recht bald der Mühe des Anhaltens ins Auge blicken, und ich wollte mich schon pfadfindermäßig umsehen, als von der Lichtung vor mir Aufschub in Gestalt eines Kettenschneemobils winkte. Das Fahrzeug stand neben einer Art Depot – wahrscheinlich einer Forsteinrichtung. Die Hütte war verschlossen, aber – juhuh! – die Tür des Schneemobils nicht.

Morgendämmerung durch die Windschutzscheibe war genausogut wie Frühstück im Bett, der Sonnenaufgang ein dottergelbes Tröpfeln über den fernen Spitzen der Teton. Ich war der Wasserscheide in einem Halbkreis von 190 Kilometern um diese unverwechselbaren Gipfel herum gefolgt, aber jetzt wandte sie sich nach Westen und verlief die nächsten zwei Wochen der Grenze zwischen Montana und Idaho entlang. Ein kurzer Marsch durch die Berge der Centennial Range würde mich zum Proviantdepot Nr. 14 in Monida bringen. Dann würde ich mich nach Nordwesten wenden, dem langen Anstieg durch die Berge der Bitteroot Range nach Sula hinauf folgen und durch Landschaft wandern, die so unsäglich einsam war, daß einzelne, verfallene Hütten wie Städte auf der Karte eingezeichnet sein würden.

Ich tauchte aus den Bäumen auf und lief drei Tage weit oben das Centennial-Tal entlang. In der Luft lag der strenge Geruch von Schafen. Hinweise auf Wapitis gab es wenige, aber auf den unbefestigten Straßen, die sich hin und wieder an der Wasserscheide versuchten, sah ich getarnte Männer, die Kombis fuhren. Die Jagdsaison für Pfeil und Bogen hatte begonnen.

Art, James und Mike saßen um ein Lagerfeuer und furzten. Ihre Autos standen unter den Bäumen, ihr Bier unter den Autos. Sie ließen es sich gutgehen. Ed war unterdessen aus einem Baum gefallen. Wilde Verwünschungen ausstoßend, rappelte er sich auf und sagte: „Scheiße".

„Der große Bärenfänger", meinte James, und da röhrte Danny in einem ehemals bescheidenen VW an. Er hängte die Tür aus und stieg aus.

„Danny ist unser Pfadfinder", erklärte Art. „Leise wie ein Buick V6, den er nämlich in dieser Kiste drin hat."

„Wein?" fragte Mike.

Der Abend schritt fort. Ich baute das Zelt mit der Innenseite nach außen auf. Ed unternahm noch einen weiteren Versuch am Baum. Danny hatte unterdessen meinen Kocher vollkommen auseinandergenommen. Ich hatte erwähnt, daß die Düse verstopft sei und ihn gefragt, ob ich mir eine Zange ausleihen könnte.

„Brauchst keine Angst zu haben", sagte Art. „Der ist wirklich geschickt mit den Händen. Der macht das."

„Prima", meinte ich etwas unsicher, aber er schaffte es tatsächlich.

Wir waren inzwischen beim Krieg angelangt.

„Ihr habt das wirklich gut gemacht bei den Falklands", sagte Danny, der sich noch immer vor sich hingrunzend am Kocher zu schaffen machte. Es trat eine peinliche Stille ein, dann: „Wir haben in letzter Zeit überhaupt nichts mehr gewonnen."

Wir sprachen über weltpolitische Fragen, wir sprachen über Tarnung, wir sprachen über Grillsoßen, und schließlich sprachen wir auch über Wapitis – insbesondere über den, den James zu aller Überraschung im letzten Jahr geschossen hatte.

„Hat die ganze Tour vermasselt", erzählte Art. „Ein toter Wapiti ist was Superbeschissenes. Das Blut ist drei Tage lang aus dem Garagentor gelaufen. Seine Nachbarn haben nachts immer wieder ihre Kinder gezählt."

Diese Burschen kannten sich offenbar schon lange.

„Seit unserer Promotion", sagte Mike. Alle fünf waren Kernphysiker. Die National Reactor Testing Station lag 190 Straßenkilometer entfernt.

Auch am nächsten Abend traf ich unter ziemlich ähnlichen Umständen auf Bogenjäger. Der Hauptkamm der Centennials war auf einen weiteren Sattel abgefallen, auf dessen anderer Seite zwei Damen ein Pferd verfolgten. Ich stellte mich ihm zuversichtlich in den Weg, und es lief geradewegs an mir vorbei. Aber ich lachte zuletzt, denn das Pferd zog einen Strick hinter sich her, auf den ich im letzten Augenblick trat und das Tier abrupt zum Stehen brachte. Ich wurde mit einer Dose Cola und dem einen Ende einer widerlichen Ziege belohnt. Rosalind hielt das andere Ende fest, während Betsy zwei Liter melkte.

Betsy gefiel mir auf Anhieb, obwohl die Ziege sie offenbar verabscheute, was ziemlich ungerecht war, denn sie hatten sich anscheinend gerade erst getroffen. Das Tier gehörte einem Mann namens Clay. Ich wurde ihm eine Stunde später vorgestellt, nachdem ich das Zelt aufgebaut, ein Feuer angezündet und noch eine Lage Kleidung angezogen hatte. Unter vielen Verrenkungen hatte ich mir vor Betsys Außenspiegel auch die Haare gekämmt. Sie waren ganz kurz gewesen, als ich aufgebrochen war – schön ordentlich für den Vortrag in New York –, aber jetzt hingen sie mir über die Augen. Betsy holte eine Schere aus dem Wohnwagen und machte geschickt aus einer inzwischen glatten Kapuzenmütze eine gutsitzende Kappe. Ich fischte gerade die letzten abgeschnittenen Haare von der Zunge, als Tom (Betsys Mann), Denis (Rosalinds Mann) und Clay (unverheiratet) aufkreuzten, ihre Pferde riesig im Schein des Feuers.

Clay (unverheiratet) sah auch so aus. Falls seine Hände jemals in die Nähe einer Spüle in der Küche gekommen waren, dann wahrscheinlich nur, um sie zu reparieren. Er war ein Trapper, und im Sommer schürfte er auch ein wenig Goldstaub. Bisam- und Coyotenfelle waren die drei Dinge, mit denen er handelte. *Goldstaub!*

Tom kam wie Clay aus der Geisterstadt Monida. Er hatte die ihn formenden Jahre im Gebrauchtwagenhandel verbracht – das heißt, er hatte sie eine Stunde oder so gebraucht, dann zurückgegeben. Dann nicht zurückgegeben. Tom hatte die Verbindungen, Clay die Spritzpistole, und eine Zeitlang waren sie die wohlhabendsten Jungs im Ort gewesen. Aber Monida war selbst damals nur ein kleiner Ort gewesen, und als Tom aus dem Gefängnis kam, ging er nicht zurück. Als Clay aus dem Gefängnis kam, führte die Interstate 15 außerhalb des Ortes vorbei, und es gab nicht mehr viel, wohin er hätte zurückgehen können. Aber er war trotzdem geblieben. Irgendwie paßte die Geisterstadt gut zu ihm.

Denis dagegen hatte keine Vergangenheit – jedenfalls keine, die sichtbar war. Sein Problem war, mit der Gegenwart fertigzuwerden. Er hatte sich, die Bierdose in der Hand, hingeschmissen und langweilte uns mit der Schilderung seines heutigen Tages – der Tarnfärbung, den Bogensehnen, der genauen Windrichtung und -stärke. Er erzählte nicht vom Geruch des Windes, nicht vom Schwirren der Sehne oder dem herrlichen Flug von Pfeilen, die auch einmal danebengehen, sondern nur von den Tatsachen, ein Schwarzweißbild.

Auch Clay und Tom hatten noch keinen Wapiti geschossen, aber für sie waren die nackten Tatsachen auch wie Farben. Sie

konnten sie mischen, abschwächen, ihnen ganze Regenbögen von
Wahrheiten entlocken. Denis konnte das nicht. Er war deshalb so
langweilig, weil er nicht wußte, was Malerei war.

Bäume gab es jetzt keine mehr, nur auf dem Wind segelnde Falken. Das Land wirkte nun weiter, erstreckte sich in sanften Wellen
nach Westen, so weit, daß nichts, wie es schien, es jemals würde
ändern können. Ich vergaß, daß diese Berge bald unter Schnee begraben sein würden, daß dieses große, trockene Land mit seinem
harten Gras und den verstreuten Herden in wenigen Wochen völlig eingehüllt sein würde. Es gab so wenig hier draußen, worauf
man reagieren konnte – die Berge waren nicht überwältigend zerklüftet –, aber es gab so viel aufzunehmen, und ich fühlte mich an
jenem Tag so unbedeutend wie die Distelwolle, die im Wind trieb.

Kilometer vor mir tauchte im Westen ein weißer Punkt im Auf
und Ab der Hügel immer wieder auf, wurde zu einem Haus, das
selbst auf weite Entfernung verlassen aussah. Ein mit Brettern
vernagelter Saloon und die paar Schuppen ringsum waren alles,
was von Monida übriggeblieben war. Ich kam kurz nach Mittag
dort an, hatte anscheinend den ganzen Platz für mich und erschrak, als jemand aus einem Kombi mir etwas zurief. Es war Tom.

Er war die Interstate hinuntergefahren, um Kopfschmerztabletten für Clay zu holen, und wartete hier auf mich.

„Wollte sowieso noch mit dir reden", sagte er, was mich ein wenig seltsam berührte. Er führte mich zu einer nahegelegenen
Scheune, an deren Tor eine Schar Gänse mich anzischte.

„Du kannst hier drin schlafen, wenn du willst", sagte er.

Ich war noch immer leicht beunruhigt. Tom hatte nicht den halben Vormittag gewartet, nur um mir zu sagen, daß ich in einer
Scheune schlafen konnte. Ich sollte für irgend etwas zur Rechenschaft gezogen werden. Aber was, um alles in der Welt, hatte ich
getan? Er hatte seine Jacke geöffnet. Oh, verdammt. Im Ernstfall
mußte ich schnell reagieren. Doch er wollte mir etwas geben, sagte
er, und ich wagte einen kurzen Blick nach unten.

Tom hielt einen 50-Dollar-Schein in der Hand.

Die rote Scheune in Monida

Die Unterhaltung von gestern abend schoß mir durch den Kopf. Wir hatten über Geld gesprochen – das geschah oft –, und ich hatte Tom wahrscheinlich erzählt, daß ich nicht viel hatte. Hatte ich es zu laut erzählt? Am liebsten hätte ich mich im Stroh verkrochen. Ich stotterte, suchte nach Ausflüchten, ohne Erfolg.

„Du wirst es brauchen", drängte Tom. „Ich bewundere, was du machst, und ich möchte, daß du es nimmst."

Ich stand da wie ein begossener Pudel und wand mich unter dem Kompliment. Er bewunderte mich! Aber das Geld war etwas anderes. Auch wenn Tom es nicht wußte, er hatte voll in meine englische Seele getroffen, und wenn es um Geld geht, bin ich in der Tat sehr englisch. In England können die Leute nett sein, wohlwollend, besorgt. Sie können hoffnungslos fürsorglich sein. Aber eins können sie nicht sein: großzügig. Dazu sind wir viel zu geradlinig.

Doch letztlich hatte Tom natürlich recht. Ich brauchte die fünfzig Dollar tatsächlich. Sie reichten gerade für ein Greyhound-Busticket, das mich am Ende nach New York brachte.

Die Bitterroot Range

In den nächsten zehn Tagen lief ich 302 Kilometer. Ich kreuzte drei unbefestigte Straßen und sah insgesamt sieben Menschen. Keiner von ihnen sah mich.

Am ersten Abend schlief ich in einer Hütte an einem Platz, der Deep Cow Creek hieß. Die Tür war nicht verschlossen, es gab drei Holzbetten, und ich machte es mir auf dem größten bequem. Ich fühlte mich fast wie Schneewittchen, nur daß niemand kam. Am nächsten Morgen entdeckte ich einen Besen im Schrank und fegte den Raum zum Dank aus.

In der nächsten Nacht fror der Tau auf meinem Zelt. Der Himmel war klar; der Bärenhüter leuchtete über schwarzen Weiden. Ich war nach Nordwesten geschwenkt – die Berge der Centennial Range waren in die der Bitterroot Range übergegangen –, aber die Landschaft selbst hatte sich nicht verändert. Am folgenden Morgen erblickte ich ein Dutzend cremefarbener Flecken weit vor mir – Vögel, dachte ich –, die in dichter Formation vor den grünen Hügeln dahinglitten. Erst als sie sich auf einem fernen Kamm drehten, erkannte ich, daß es Antilopen waren. Hoch auf der Wasserscheide war auch ich eine Antilope oder ein Vogel. Ich schrie buchstäblich vor Freude, als ich mit dem Wind auf und ab schwebte. Ich wollte überhaupt nicht mehr aufhören zu laufen, dieses weite, leere Land unaufhörlich in mich aufnehmen.

Die Tage zerrannen mir unter den Stiefeln, die Wasserscheide lief sanft gewellt nach Nordwesten. Das einzige Problem im Südwesten Montanas war der Mangel an Oberflächenwasser – der Boden bestand aus porösem Kalkstein. Nicht, daß ich viel davon gesehen hätte. Auf den ersten fünfundneunzig Kilometern schaute der Stein fast nie hervor. Manchmal war der Verlauf geneigter Schichten wie Rippen durch das lichte, trockene Gras zu erkennen, doch selbst der Elk Mountain, der letzte Dreitausender der Tour, war fast völlig mit Gras bedeckt. Der Blick vom Gipfel war überwältigend, kein Schnee auf den umliegenden Bergzügen, nur grauer Himmel, der voller Regenwolken hing, die sich bald entladen mußten. Scharen winziger Pieper flogen abgehackt gegen den Wind. Turmfalken, denen man keinerlei Mühe ansah, schwebten über den nickenden Grasbüscheln. Ein einsames Auto preschte wie eine staubige Kugel weit unten über die unbefestigte Straße.

Die Berge waren nicht völlig kahl – weißrindige Kiefern waren über die Grate verstreut, und hier und da füllten Fichten eine Senke –, aber die Bäume wuchsen hier nicht ernsthaft. Sie waren, so hatte es den Anschein, nur zum Vorzeigen da – wie die kleinen, dunklen Wedel, die die Architekten bei ihren Modellen verwenden. Vieles war in Amerika so – so unberührt, daß man oft vergaß, daß es Wirklichkeit war. Man hatte das Gefühl, man könnte es nach Belieben umgestalten – hier einen nicht genehmen Berg verschieben, dort ein Tal erweitern –, weil man ganz offensichtlich niemanden damit beeinträchtigte. Das war Amerika. Das war Freiheit.

In Wirklichkeit war es nichts von alldem. Was ich hier draußen hatte, war keineswegs Freiheit, sondern Freizügigkeit. Freiheit sitzt im Kopf, Freizügigkeit ist lediglich umstandsbedingt. Nur wenige Amerikaner, die ich kennenlernte, hatten diesen Unterschied verstanden, und angesichts des Landes, durch das ich in diesen letzten Monaten gewandert war, konnte ich auch sehen, warum. Weite ist ein ungeheurer Luxus.

Die Landschaft hatte sich abrupt geändert. Die Bäume, die in den vergangenen Tagen nur dunkle Dreiecke eingenommen hatten, ballten sich jetzt zusammen unf füllten ganze Täler. Wo ich 130 Kilometer nur mit dem Wind geträllert hatte, rief ich jetzt, um ein Echo zu bekommen. Zum erstenmal seit Wochen war der Horizont höher als ich selbst.

Bäche aus Stein stürzten von den Gipfeln, das Rauschen des Waldes erklomm mutig die Hänge. Ich fühlte mich bedrängt von drohenden Horizonten und nachts sehr einsam. In den südlichen Bergen der Bitterroot Range hatte ich mit 80 Kilometern offenem Land um mich ruhig geschlafen, aber in diesen waldreichen Becken fühlte ich mich bedroht.

Weitläufiges Grasland in den südlichen Bitterroots

Tagsüber trug ich immer noch Shorts und ein T-Shirt, aber am späten Nachmittag holte ich ein zerknautschtes Oberteil aus dem Rucksack. Nachts schlief ich mit einer Mütze, die ich mir über die Ohren zog. Ich machte selten ein Feuer, sofern ich nichts zu trocknen hatte – zum Teil aus Faulheit, hauptsächlich aber, weil ich allein war. Ein Feuer für nur einen anzuzünden, schien mir Verschwendung.

Jetzt, einen Tag vor dem Lost-Trail-Paß und einem Rechtsschlenker in die Berge der Anaconda-Kette, machte ich auf dem Einschnitt eines Sattels halt, um mir einen Nachmittagstee zu brauen. Ich stand kurz vor dem Ende einer langen, mühsamen Etappe; es war warm, ich war müde und schlief ein.

Ich fuhr zwar nicht aus dem Schlaf auf, das tat ich selten, doch ich schoß mit mehr als der üblichen Geschwindigkeit durch die Vorhöfe der Schläfrigkeit. Irgend etwas kletterte den Hang unter mir herauf – klink, klonk, plink, plonk –, und ich nahm an, es wäre ein Wapiti.

„Könnte eigentlich ein Foto machen", dachte ich bei mir und lugte über den Rand des Grats, um zu sehen, ob es auch ein Wapiti war, für den sich der Objektivwechsel lohnte.

Gefahr ist schwer zu bewerten. Stellen wir einfach fest, daß ich nicht einmal dazu kam, den Objektivdeckel abzunehmen, weil genau auf mich zu ein ausgewachsenes Schwarzbärweibchen kletterte; und hinterher trollte das allerliebste kleine Schwarzbärjunge, das zu sehen man sich nur wünschen konnte. Ich hatte keine Ahnung, was ich machen sollte.

Aber der Bär hatte mich noch nicht gesehen. Das letzte, was er erwartete, war, auf irgendeinen Idioten mit einem West-Virginia-T-Shirt zu stoßen. Ich überlegte, ob ich mich räuspern sollte – ein dezentes „Ehem" –, aber dann unternahm ich doch nichts. Der Bär änderte die Richtung und erreichte den Sattel schließlich mehrere hundert Meter über mir. Sie war wunderbar und arbeitete sich langsam, aber stetig bergauf, unbeirrt durch den kleinen Clown, der hinter ihr herpurzelte. Mutter und Junges verschwanden zwischen den Felsen.

Dies war einer der schönsten Augenblicke der Tour. Binnen 24 Stunden sollte ich den eindeutig häßlichsten erleben.

Der 16. September war ein Freitag. Ich folgte den ganzen Tag einem einfachen Pfad und sah wegen der Bäume wenig. Da ich es eilig hatte, war mir das durchaus recht – ich wollte in Sula noch das Postamt erreichen, bevor es schloß. Um halb fünf Uhr wurde mir klar, daß ich es wahrscheinlich nicht schaffen würde, legte aber dennoch einen letzten Spurt ein und kam um fünf Uhr oberhalb des Lost-Trail-Passes auf die Route 93. Ich streckte den Daumen hoch und wurde fast sofort mitgenommen. Hinter ein paar Haarnadelkurven ging es hinunter in das bewaldete Tal. Ein Wiesenstreifen zu beiden Seiten der Straße wurde breiter, dann tauchte rechts die Forststation auf, vier oder fünf Bungalows und mehrere Schuppen.

„Wollen Sie hier raus oder beim Laden?"

Ich war mit den Gedanken ganz woanders. „Em, beim Laden bitte", sagte ich. Ich hatte seit zehn Tagen mit niemandem gesprochen, so daß dies fast eine Rede war. Wir fuhren weiter die leere Straße hinunter. Ich war mit Phantasien über das bevorstehende Festessen beschäftigt. Ich würde mit Dosenpfirsichen beginnen, falls es welche gab. Der Wagen hielt, ich bedankte mich und winkte dem Rückfenster hinterher.

Lebensmittel, Benzin, Souvenirs – hier gab es alles. Ich ließ den Rucksack in der Obhut des lebensgroßen Indianers, der neben der Tür stand, und ging hinein. Im Vorbeigehen nahm ich mir eine Karte aus dem Ständer. „Sula – Benzin – Lebensmittel – Zeltplatz", stand auf der Rückseite. „Nur einundzwanzig Kilometer nördlich des Lost-Trail-Passes und Ihr erster Halt in Montana. Doyle und Nancy Hobbs heißen Sie willkommen."

Das ist nett, dachte ich bei mir. Ich war inzwischen an unverbindliche Höflichkeit gewöhnt und fand sie ganz passabel. Wenn jemand mich in einem Laden Sir nennt, nehme ich sofort an, daß er weiß, wovon er spricht. Doch Doyle Hobbs nannte mich nicht Sir. Er entschränkte nicht einmal die Arme – mächtige Arme, wie ich feststellte. Doyle war etwa einsneunzig groß. Der Laden selbst war nicht bemerkenswert – eine abgelegene Tankstelle und ein Lebensmittelladen, die auf den Durchgangsverkehr angewiesen waren.

Der Laden war mir, mit einem Wort, vertraut, weshalb das, was dann geschah, nicht nur seltsam, sondern geradezu unwirklich war. Doyle Hobbs griff hinter den Ladentisch und richtete eine schwarze Pistole genau auf mich.

Was für eine Pistole war es? So etwas passierte einem schließlich nicht jeden Tag, und die Einzelheiten waren kostbar. Doch ein kräftiger Stoß hatte mich in ein Regal mit billigen Taschenbüchern segeln lassen – Wahrnehmung, Analyse, der Plastikindianer, alles wirbelte mir wie schmutzige Wäsche durch den Kopf. Hobbs schrie laut, daß er keine Freaks möge, und kam auf mich zu, als ich mich aufrappelte. Ich war offensichtlich auf den ersten Verrückten meiner Tour gestoßen.

Die Pistole war inzwischen belanglos. Wenn ich selbst eine gehabt hätte, hätte ich sie jetzt nicht benutzt. Was Hobbs brauchte, war keine Kugel, sondern Umerziehung. Ich hätte ihm ein Yellowstone-Gefälligkeitsticket gegeben und es ihn eine Woche tragen lassen . . . doch ein neuer Stoß hatte mich von den Beinen geholt, und diesmal flog ich durch die Tür.

Der Plastikindianer – der große Häuptling, eins von diesen albernen Werbedingern – blickte mich unbeteiligt an. Gott weiß, warum, aber ich war soeben mit Waffengewalt aus einem zweitklassigen Lebensmittelladen geschmissen worden. Ich stand auf und stürmte wieder hinein.

„Was soll der Scheiß" brüllte ich Hobbs an. „Ich will nichts weiter als was zu essen und meine Post."

Es folgte ein weiteres kurzes Handgemenge, ich zog den kürzeren, und diesmal schloß Hobbs die Tür ab. Ich beschloß, den Sheriff anzurufen und rannte zur Telefonzelle bei den Zapfsäulen, aber da ich die Nummer nicht kannte, verzögerte das die Aktion ein bißchen. Desgleichen die Feststellung – den Hörer in der Hand –, daß ich kein Kleingeld hatte. Einen Augenblick dachte ich daran, den ganzen Laden anzuzünden, und auf den ersten zwei der fünf Kilometer zurück zum Forstdepot fesselte ich Hobbs auf ein Foltergestell. Beim dritten Kilometer dachte ich an den Plastikindianer, beim vierten und fünften an meinen Magen. Ich starb fast vor Hunger. Die Forststelle war noch offen, und ich wühlte mich in das Verpflegungspaket Nr. 15, wurde aber vor dem stärker werdenden Nieselregen von einem Forstbeamten namens Carl Hensley gerettet. Er hatte gesehen, wie ich in der Nässe ein Lager aufzuschlagen begann, und war herübergeschlendert.

„Sind Sie derjenige, der im Juni hier den Proviant deponiert hat?"

„Jaha", antwortete ich.

„Wie war denn die Tour bisher?"

„Gut", sagte ich. „Hab gestern ein Bärenjunges gesehen."

„Keine Probleme also?" fragte Carl.

„Na ja . . .", mir war meine Post eingefallen. Hobbs konnte morgen durchaus ein Problem werden.

Ich schilderte, was vorgefallen war, auch wenn mir noch immer rätselhaft war, warum.

„Mist", sagte Carl. „Kommen Sie mit mir rüber ins Büro."

Ein Hilfssheriff nahm telefonisch meinen Bericht entgegen. „Sind Sie einverstanden, wenn wir auf Band nehmen, was Sie sagen, Steve?" Hobbs hatte so etwas offenbar schon des öfteren gemacht.

„Er ist so 'ne Art Redneck", sagte der Hilfssheriff, „nur daß er aus Kalifornien kommt. Der Sheriff wird ihn sich morgen vornehmen."

Und das war's dann, nur daß die Hensleys mich derart mästeten, daß der Zwischenfall mit Hobbs es schon fast wieder wert war. Sie luden mich zum Übernachten ein.

„Hey", rief Carl und klopfte an die Tür der Dusche. „Woll'n Sie ein Bier da drin?"

Ich streckte den nassen Arm hinaus.

Die Anaconda Range

„Ham Sie das gesehen?" fragte der Mann, der mich wieder oben am Lost-Trail-Paß absetzte. Ein Stück Papier war gut sichtbar vor den dunklen Bäumen angebracht worden.

„An alle, die es angeht", stand darauf. „Seit diesem Frühjahr ist in diesem Gebiet ein Bergarbeiter verschollen. Sollte jemand eine Leiche oder Spuren finden, setzen Sie sich bitte mit ihrem Sheriff in Verbindung . . ."

Von weitem sahen die Berggipfel wie grüne Kissen aus, mit Nadelwald bedeckte Wellen, die sanft ineinander übergingen, doch was der westlichen Hälfte der Anaconda Range an Höhe fehlte, das machte sie durch Unzugänglichkeit wieder wett. Eines Tages würden Waldarbeiter vielleicht die Knochen des verschollenen Bergarbeiters finden. Doch obwohl ich noch keine Stunde in den Wald eingedrungen war, erkannte ich bald, daß dies sehr unwahrscheinlich war. Das matte Licht fiel in dünnen grauen Säulen ein, und

Schnee in Montana

der Waldboden war ein silbriges Durcheinander umgestürzter Baumstämme. Eine neue, bereits herangewachsene Generation von Bäumen war zwischen den erstarrten Baumfallen in die Höhe geschossen – die Wege waren längst überwuchert, das Vorwärtskommen ein mörderisches Hindernisrennen.

Ich war unbekümmert in diese Wälder eingetaucht, mit dem Gefühl, das ein Marathonläufer haben mußte, daß das Ziel immer näher kam. Nur noch 650 Kilometer zu laufen, dann eine Busfahrt oder fünf leichte Tage Trampen – vielleicht eine Woche –, auf die ich mich freuen konnte. Nach New York zurückzukommen, sollte ein Spaß werden: Ich hatte ein perlenbesetztes Stirnband getragen,

267

als ich das erste Mal durch Kanada getrampt war, und (fast) einen Schnurrbart, aber noch war ich nicht auf dem Highway durch Kanada, und dies war nicht der Sommer '69. Es war Herbst in den Bergen der Anaconda Range, Äquinoktialstürme fast eine Gewißheit, und das Hensleysche Frühstück verlor rasch seine Wirkung. Ich zeltete auf einer Lichtung und erwachte am nächsten Morgen in einem von Schnee halb bedeckten Zelt. Durch die vordere Klappe sah ich, daß es weiter sanft schneite. Ich schaffte nur neunzehn Kilometer an dem Tag, stolperte durch das Unterholz und kam gegen sechs zu einer Forsthütte. Es wurde inzwischen früher dunkel.

Die Hütte war verrammelt und verschlossen, und so baute ich das Zelt auf der Veranda auf. Es dauert alles soviel länger, wenn man friert. Ich hatte vier Lagen Kleidung am Leib, zitterte aber dennoch wie Espenlaub, als ich versuchte, den Kocher anzuzünden. Immer wieder flog Schnee auf den Brenner; der Feuerstein war feucht; neben meinen Füßen sammelte sich ein Häufchen abgebrannter Streichhölzer. Mein Kugelschreiber funktionierte auch nicht richtig, und die Tagebucheintragung für diesen Tag endete mit einem unbefriedigenden Gekritzel.

In der Nacht hörte ich den Wind in den Bäumen, und die Zeltplane hatte sich gelöst, doch mit dem Wissen, daß ich das Minimum an Unbequemlichkeit, das zu erreichen mir gelungen war, mit Sicherheit verlieren würde, wenn ich mich bewegte, blieb ich fest eingepackt liegen. Die Sachen am nächsten Morgen zusammenzusuchen war wie ein Spiel. Alles, mich eingeschlossen, war wie in weißes Styropor eingepackt. Die Luft war kalt – irgendwo um die −15° C –, und als ich höher kam, wurde es noch kälter. Auch der Schnee wurde mehr. Ich lief in die Wolken hinein, und die Bäume, die den Ausblick sonst so restlos verbargen, waren jetzt selbst eingehüllt. Mit das einzige, was ich erkennen konnte, war die Spur, die ich soeben durch den Schnee gezogen hatte. Ich war nicht weit gekommen und folgte ihr zurück zur Hütte.

Carl Hensley hatte mich vor dem Wetter gewarnt. „Kann in dieser Jahreszeit ziemlich viel Schnee geben", hatte er gesagt, „aber er bleibt meistens nicht lange liegen. Könnte einen Altweibersommer geben." Wenn ich mich bis nach Kanada an die Wasserscheide halten wollte, würde ich den ganz bestimmt brauchen. Die letzten 300 Kilometer führten durch eine Landschaft, die ich nicht versäumen wollte – die Bob Marschall Wilderness und den Glacier Nationalpark –, aber eine Verzögerung hier in der Anaconda Range würde mich für den Rest der Tour unter Umständen auf einen tiefer gelegenen Weg zwingen. Ich brauchte etwas Spielraum. Wieder auf der Veranda der Forsthütte, beschloß ich also, den Mittelteil Montanas zu streichen (leichten Herzens – er besteht größtenteils aus dichtem Wald) und lief die nächsten sechs Tage 225 Kilometer auf Straßen. Die Zeit, die ich dadurch einsparte, erwies sich als entscheidend, denn wie es sich so ergab, sollte ich die letzten hohen Pässe des Glacier Parks in dem Sturm, der sie für den Rest des Winters unpassierbar machte, überqueren. Es war schon eigenartig, daß ich eine fast sechs Monate dauernde Wanderung so knapp beendete – zwölf Stunden mehr, und es wäre zu spät gewesen.

Asphalt

Den Willkommensgruß im Flachland entbot mir ein abtrünniger Elch, der mutterseelenallein in einem Sumpf stand. Elche sehen immer so nachdenklich und leidend aus. Dieser blickte kaum auf, als ich vorbeilief, wuchtete sich dann jedoch aus dem halbgefrorenen Morast und bahnte sich einen elchbreiten Weg zwischen den Bäumen hindurch, den letzten Bäumen für viele Kilometer.

Aus der Luft hat das Tal des Big Hole in etwa die Form eines Plattfisches, achtzig Kilometer lang, fünfzig breit, und ist von Hügelketten umgeben. Am Ende der letzten Eiszeit war es ein seichter See gewesen. Ich ging es zunächst langsam an, kam dann aber in Schwung, als ich die Route 43 dahintrollte. Ein Auto zischte vorbei, rote Rücklichter im Dunst. Ein Falke flog von einem Zaunpfahl vor mir auf, strich tief über das struppige Gras. Es war kein Nachmittag für die Jagd. Wolken trieben mit einer irrsinnigen Geschwindigkeit von Norden heran – Schnee in Halbvolleys, wuchtige Böen, angeschnittene Rückhandschläge, die von den Gipfeln herabfegten. Ich sah wie ein mobiler Schneemann aus, mit nassem Schnee bedeckt, denn der Wind kam von Norden. Wenn ich tief einatmete, konnte ich die Härchen in den Nasenlöchern zum Gefrieren bringen. Es sah nicht sehr nach September aus.

Ich kam am Nationaldenkmal Big Hole Battlefield vorbei. Es sah widersinnig normal und ordentlich aus. Trotz des Museums war der Bereich eben einfach Gelände. Der Versuch, etwas Besonderes daraus zu machen, war nicht ganz gelungen, wenngleich zwei Zitate an der Wand des kleinen Museums sehr eindrucksvoll waren. Der Museumswärter hatte gerade seinen Wagen starten wollen, als ich vorbeikam – es war 5 Uhr und Feierabend –, aber er war so nett, noch einmal aufzuschließen und mich herumzuführen. Viel war nicht zu sehen, ein paar Mützen aus dem Krieg, einige Landkarten, aber es war schön warm hier drin, und ich holte weitere fünf Minuten dadurch heraus, daß ich die Zitate aufschrieb. Das erste stammte von einem Indianer:

Ihr verlangt von mir, die Erde zu pflügen! Soll ich ein Messer nehmen und die Brust meiner Mutter aufreißen? Ihr verlangt von mir, nach Steinen zu graben! Soll ich unter ihrer Haut nach ihren Knochen graben? Ihr verlangt von mir, Gras zu schneiden und Heu zu machen und zu verkaufen und reich zu werden wie die weißen Männer! Aber wie kann ich es wagen, das Haar meiner Mutter abzuschneiden?

Smohalla: Indianischer Religionslehrer

Das zweite Zitat stammte von einem Armeegeneral:

Toolhoolhoolzote hielt die üblichen, langwierigen, einleitenden Reden, daß die Erde seine Mutter sei, daß sie nicht gestört werden dürfe, daß die Menschen von dem leben sollten, was von selbst wächst usw. usw. Er wetterte gegen die Gewalt, die (die Nez Percé Indianer) von dem Land trennen würde, das ihnen durch Vererbung gehöre . . .

Er bekam zur Antwort: „Wir wollen uns nicht in deine Religion einmischen, aber du mußt über machbare Dinge sprechen. Zwanzigmal wiederholst du, daß die Erde deine Mutter sei . . . Hör damit auf und komme unverzüglich zur Sache."

General O. O. Howard, US Army, 1877

Ich hatte an dem Tag vierzig Kilometer geschafft – wovon ich die ersten sechs oder acht im Wald herumgestolpert, neunzehn mich nach draußen ins offene Tal gekämpft und den Rest auf der Route 43 gelaufen war. Es wurde schon dunkel, aber die Straße schien mich einfach weiterzuziehen. Bei einer Wanderung wie dieser ist es wichtig, an morgen zu denken, eine Woche oder einen Monat durchzuhalten, nicht nur einen Tag. Aber Straßen sind wie eine Droge. Sie verwässern die Verantwortung. Ich wußte, daß ich mich übernahm, konnte mich aber nicht dazu bringen, anzuhalten.

Erst in der Dunkelheit wandte ich mich einem Licht zu, das etwa einen Kilometer von der Straße entfernt leuchtete – ein flaches Ranchhaus und dahinter mehrere Schuppen. Nirgendwo stand jetzt Weihnachten vor der Tür, doch im pulvrigen und glatten Schnee sah es so aus. Ich stapfte auf die Tür zu und wunderte mich, daß keine Hunde da waren. Ein Bellen von innen lieferte die Erklärung – das Thermometer auf der Veranda zeigte bereits –26°C. Ein Mann in den Sechzigern kam an die Tür.

„Em, guten Abend", sagte ich. Ich hatte den Kann-ich-vielleicht-in-Ihrem-Schuppen-schlafen-Spruch vergessen, den ich einstudiert hatte, und kam mir etwas blöd vor.

„Sie sehen ziemlich durchgefroren aus", sagte der Mann.

„Ja", erwiderte ich, froh über das Stichwort. „Ich wollte gern wissen, ob ich vielleicht . . ."

„Gehen Sie in die erste Hütte da drüben", sagte er. „Der Ofen ist an" – und damit knallte er die Tür zu. Er hatte nicht einmal nach meinem Namen gefragt. Er selbst hieß Fred Rutledge.

Der Schnee vor der Hütte war niedergetreten, und ich ging hinein. Ich war mir nicht ganz sicher, was ich erwartet hatte – Sättel und Lassos, ein paar Steckbriefe vielleicht? Auf jeden Fall nicht

Arthur. Ich sah nur seinen Kopf über der Rückenlehne eines alten Sessels und Zigarrenrauch, der um die nackte Glühbirne schwebte. Im Fernsehen lief ein Baseballspiel. Der kahle Fleck neigte sich nach hinten, eine Bierdose wurde gehoben, und ohne sich umzudrehen, knurrte Arthur nur ein einziges „Verdammt noch mal!" Ich merkte, daß ich die Tür offen gelassen hatte. Er sagte den ganzen Abend nichts anderes, als dieses eine „Verdammt noch mal". Als ich allerdings am nächsten Morgen ging, brachte er es zu einem klassischen „S' long". Ich hatte ihm geholfen, einen Wohnanhänger anzukoppeln.

Arthur wohnte offenbar schon sehr lange in der Baracke, und ich bemühte mich sehr, nicht aufdringlich zu sein. Als dann jedoch Lee und Mike hereingepoltert kamen, fühlte ich mich etwas weniger gehemmt. Draußen machte etwas „Kleng, kleng, kleng, kleng", was bedeutete, daß es Zeit für das Abendessen war.

„Kommst du?" sagte Mike.

„Ich, öm, hab' eigentlich genug hier", sagte ich, zwischen Wohlerzogenheit und Heuchelei schwankend.

Fünf Minuten später kam er wieder. „Fred und Vera frag'n, warum kommste nich?"

Acht Männer saßen um den Tisch, was für 24000 Hektar und 4500 Stück Vieh nicht zuviel schien. Vera und ihre Schwiegertochter saßen während des ganzen Essens kaum einmal an ihrem Platz. Es war das mit Abstand beste der Reise – Melone, Zuckermais, Haferkorn, Salat, Kartoffeln, Semmeln, Zimtbrötchen, Kuchen, Sahne, Milch, Tee, Kaffee und eine Wahnsinnsplatte mit Steaks.

Es hieß nicht Zimtbrötchen *oder* Kuchen mit Sahne, nicht Milch *oder* Tee oder Kaffee. Es hieß alles – was man wollte, Vorspeisen, Hauptgericht, Nachtisch, alles gleichzeitig auf dem Tisch. Ich aß ohne Schwierigkeiten das meiste.

Frühstück gab es um fünf.

„Das heißt fünf Uhr Ranchzeit", erklärte Lee. „Wir arbeiten im Sommer zwei Stunden früher. In ein paar Tagen stellen wir wieder zurück."

Das gefiel mir an Amerika, dieses „Tag, Fremder", das es wirklich gab; dieses „Leg dich ruhig schlafen, wir haben hier unsere
eigene Zeit".

Fred besaß nicht nur Tausende von Rindern, er hatte auch eine
eigene Büffelherde. Als ich am nächsten Morgen die Straße entlanglief, konnte ich sie im Schnee scharren sehen, braune Kolosse,
über die ganze Weide verstreut. Es war ein herrlicher Tag – strah-
lender Sonnenschein und ein frostblauer Himmel, der das gestrige
Wetter unglaubwürdig erscheinen ließ. Um zehn erreichte ich den
kleinen Ort Wisdom, aß etwas und lief weiter nach Norden. Ich
hatte das Gefühl, unwahrscheinlich bevorzugt zu sein.

An diesem Abend trat ich auf ein Stinktier. Aber mein Glück
blieb mir treu, und ich kam unversehrt aus der verfallenen Hütte,
die wir uns geteilt hatten. Es muß das einzige deodorierte Stinktier
in Amerika gewesen sein.

Meine Stiefel fingen inzwischen an, Ermüdungserscheinungen zu
zeigen. Sie sahen wie sehr alte Brüder aus, gleich zwar bei der Geburt, aber trotz eines identischen und einwandfreien Lebenswan-
dels der lebende Beweis dafür, daß nichts gleich ist, nicht einmal
die Füße am selben Paar Beine. Ich trete mit dem rechten Fuß stärker auf. Ich mache das nicht absichtlich, aber so ist es nun einmal.
Mein linker Stiefel war daher noch in Ordnung, ein Beispiel runz-
liger Zufriedenheit. Aber der rechte nahm schließlich Rache an der
Ferse, die sein Leben ruiniert hatte. Als ein Mann, der John Palovitch hieß, anhielt und mir anbot, mich mitzunehmen, lieh ich mir
eine Zange und zog dem Stiefel all die armen, alten Zähne aus –
rostige Nägel, die sich mir bei jedem Tritt auf einen Stein in den
Fuß gebohrt hatten.

Mehrere Leute hielten an dem Tag an, um mit mir zu plaudern.
John Palovitch zum Beispiel fühlte sich offensichtlich befreit, weil
seine Frau und seine Schwiegermutter einen Besuch in Europa
machten. Ein Mr. Kelly, aus Roscommon gebürtig, stoppte, um
kautabakkauend zu fragen, ob sein Hund noch hinten auf dem
Lastwagen sitze. Er war noch da. Jemand anders wollte mir einen

Mantel schenken. Kleine Freundlichkeiten trieben mich vorwärts – als die Nacht hereinbrach, hatte ich 48 Kilometer geschafft –, und am späten Nachmittag des folgenden Tages schnallte ich den Rucksack in der kleinen Stadt Avon ab. Ich nahm einen Bus nach Helena, holte mir meine Verpflegung und beschloß, einen Tag auszuspannen. Zehn Wochen hatte ich keinen Ruhetag mehr gehabt.

Aus dem einen Ruhetag wurden zwei, die ich mit einem Freund verbrachte, der mich zu sich nach Hause einlud. Bis auf Connie war Tom auf der ganzen Tour der einzige Mensch, den ich vorher schon einmal gesehen hatte. Wir verbrachten die Zeit damit, abwechselnd fernzusehen und zwecks Nachschub Ausflüge in die Küche zu unternehmen – überwiegend wegen einer Spezialität: Erdnußbutter und Marsh-mallows in Brot. Auf diese Weise außer Gefecht gesetzt, legten wir uns zurück und sahen dem Aufeinandertreffen der Green Bay Packers und der New York Giants zu. Ich hätte geschworen, daß die Schiedsrichter Toupets trugen.

Am nächsten Morgen ging ich zur Bank, mußte eine halbe Stunde warten und vertrieb mir die Zeit damit, Fred Flanders zu beobachten, den hauptgeschäftsführenden Vize-Präsidenten (sein Name stand in Gold an der Glastür). Es war eine sehr kleine Bank. Ich konnte sehen, wie Freds Mund sich bewegte, als er telefonierte. Er trug ein blaues Jackett und Krawatte. Ich versuchte mich zu erinnern, ob ich auf dem gesamten Weg mit jemandem gesprochen hatte, der eine Krawatte getragen hatte.

48 Stunden im Zentrum des Geschehens genügten erst einmal. Tom fuhr mich am nächsten Tag zurück nach Avon, ich trotzte einem tristen Nachmittag 25 Kilometer ab und erholte mich beim Schlaf in einem Kuhstall von unserer Freßorgie.

Ich war bisher kaum durch Ansiedlungen gewandert, wenn ich es nicht gemußt hatte. Für die Tour selbst waren Ortschaften lediglich weit auseinanderliegende Treibstoffdepots, aber da ich mich in den letzten Tagen an Straßen gehalten hatte, hatte ich alle fünfzig Kilometer oder so den Luxus gehabt, Kaffee und Krapfen zu bekommen, mit allem Komfort kacken zu können und mir mit war-

mer Luft die Hände zu trocknen. Meistens drückte ich den Knopf
am Trockner zweimal, wobei die langweilige Zweitlektüre der Pla-
ketten – all die weltweit angemeldeten Patente – dank einer köstli-
chen zweiten Ration Luft erträglich blieben.

Doch das Laufen auf der Straße hat seine Nachteile. Beim Trotten nach Norden am Rand der endlosen Highways wurde ich irgendwie in jede Windschutzscheibe gezogen, die vorbeihuschte.
Ich hatte mich daran gewöhnt, die Menschen zu grüßen – der
Kontakt in den Bergen war fast immer direkt –, aber in den letzten
Tagen hatte ich wieder die Kunst erlernen müssen, sie zu überse-
hen. Hier unten war ich ein Idiot, ein Auswanderer, der wieder
nach Hause kommt und merkt, daß er nicht mehr recht dorthin
paßt. Solche Gefühle am Ende einer Wanderung brauchen normalerweise einige Wochen, bis sie allmählich vergehen. Doch diese
hier war eine so lange und einsame Tour gewesen, daß die Wie-
deranpassung vielleicht noch länger dauern würde. Ich fragte
mich, ob ich nicht eines Tages vielleicht zu weit gehen und als Ein-
siedler enden würde.

Von Lincoln zum östlichen Glacier Nationalpark

Es war ein wolkenverhangener Morgen, der 29. September, ein
Donnerstag, zweiundzwanzig Wochen seit Antelope Wells. Den
ganzen Himmel, so schien es, hatte ich auf meinem Rucksack mit-
zuschleppen. Meistens konnte ich auf den ersten Kilometern sagen, wie der neue Tag werden würde, und aus unersichtlichen
Gründen hatte ich heute das Gefühl, es würde ein schlechter Tag
sein. Selbst die flachen Stücke sahen steil aus.

Vor mir lag die größte Strecke durch offizielle Wildnis in den
Staaten jenseits des 48. Grades nördlicher Breite. In Wirklichkeit
waren es vier aneinanderstoßende Wildnisgebiete innerhalb eines
riesigen Nationalforstes mit den weiteren 410 Quadratkilometern
des Glacier Nationalparks am oberen Ende. Auf der Karte von
Montana (dem viertgrößten Staat der Union) sah das alles nicht

besonders groß aus, aber im Vergleich zu europäischen Verhältnissen war es riesenhaft.

Ich folgte einem halbmeterbreiten Waldweg, der mich am Nachmittag zu einem von Kiefern verhüllten See brachte. Ich hörte das Rufen von Menschen, sah Bommelmützen durch die Bäume und beschloß, halt zu einem Plausch zu machen.

Überall lagen Habseligkeiten herum. Ich packte die meinen dazu und holte den Kocher heraus. Jemand, der Scott hieß, hatte seine Jeans hochgekrempelt und watete in den See.

„Hey, Dean!" schrie er. „Kannst du Becky holen und mir helfen?"

Die ersten Schneeflocken wirbelten umher, als sie mit einem halben Dutzend großer Steine auf dem Arm wieder aus dem seichten Wasser kamen.

„Wofür sind die denn?" fragte ich Scott, als er mit blaugefrorenen nackten Beinen vorbeistolperte.

„Für ein Dampfhaus", antwortete er. „Wir haben extra eine Plane mitgebracht."

So ging ich an diesem Abend in die Sauna. Die glühendheißen Steine vom Feuer in den mit der Zeltplane errichteten kleinen Raum zu schaffen, war problematisch, doch Dean erledigte das mit einer Klappschaufel, wobei er eine zischende Glutspur in der Dunkelheit hinter sich herzog. Zehn von uns drängten sich hinein, splitterfasernackt, und das bei Temperaturen deutlich unter dem Gefrierpunkt. Scott brüllte: „Auf geht's!" und schüttete sein Gefäß über den heißen Steinen aus. Gekicher, Gekreische, ein Inferno aus Dampf, Scott verlangte lautstark nach mehr Wasser und daß jemand die Klappe zumachte. Einige Mädchen hatten sich nach draußen geflüchtet, jemand anders kam hereingekrochen. Die Hitze war enorm, und auch das Gedränge junger Körper. Es hätte richtig exotisch werden können – und ich hoffte eigentlich auch, daß es das würde –, aber dem war nicht so, und am Ende saßen wir alle rosig und sauber um das Feuer im Schnee und sangen Kirchenlieder.

Das Montana Wilderness Bible College lag vierundzwanzig Kilometer weiter hinter dem Berg, nicht zu weit abseits meines

Abschied vom Montana Wilderness Bible College

Weges, und da man mich einlud, einen kleinen Vortrag über die Wanderung zu halten, blieb ich zwei Nächte und einen Tag. Ich weiß nicht mehr, was ich gesagt habe, aber alle jubelten und gaben mir das Gefühl, hochwillkommen zu sein. Es kostete Überwindung, wieder hinaus in den Schnee zu gehen.

Sich endlos verlagernde Wolken trieben über die trostlosen Berge, die schmalen, dunklen Tannen ernst wie Puppen, die der Schneesturm weiß gekleidet hatte. Nur die seltsam wirkenden kahlen Lärchen machten diese düstere Landschaft etwas fröhlicher. Die nächsten fünfzig Kilometer lief die Wasserscheide die sogenannte Chinese Wall, die Chinesische Mauer, entlang, einen Steilabbruch,

dessen Höhe – volle dreihundert Meter – vielleicht weniger furcht-
einflößend war als seine Regelmäßigkeit, offensichtlich eine Mee-
resklippe, die aus den Bäumen aufragte. Am Südende war sie in
einzelne Berge zerbrochen, die riesigen Liniendampfern glichen,
ein graues Kalksteindeck über dem anderen, die den Wald klein erscheinen ließen.

Ich befand mich jetzt über dem Wald. Frischer Schnee knirschte
unter meinen Stiefeln. Die Absätze waren buchstäblich abgelaufen, und immer wieder bildeten sich kompakte Keile unter dem
Rist. Es war ein schmerzhaftes Gehen. Ich blieb alle paar Meter
stehen, um fest gegen die Felsen zu treten; schmerzhaft auch, weil
die Kappen angefangen hatten zu verschleißen. Ich war blödsinnig
stolz auf meine Stiefel. Sie waren inzwischen absolut nutzlos, aber
wenn sie wirklich auseinandergefallen wären, wäre mir das Herz
gebrochen. Ich hätte sie niemals weggeworfen!

Der Gipfel des Scapegoat vor mir war in Wolken verschwunden.
Da oben geschahen Dinge, an denen ich keinen Anteil hatte. Der
Wind stürzte sich von seinen Klippen, wirbelte Kissen aus Schnee
von den hohen Rändern. Abgestorbene Bäume knarrten unten im
bewaldeten Becken. Es war Zeit, den Grat zu verlassen.

Trotz des beängstigenden Wetters waren die Wege durch die
Bob Marshall Wilderness gut zu erkennen, und es wäre schwer gewesen, sich zu verlaufen, da der Kalkstein ständig nach Westen
ausgerichtet war. Der Steilabhang zog in mehreren gewaltigen
Einbuchtungen nach Norden, Wald mit weißer Mütze, der bis direkt an den Fuß des Abhangs drängte. Dieses gesamte Gebiet des
nördlichen Mittel-Montana glich geologisch ein bißchen einem losen Pack Karten, der gekippt und als Ganzes seitwärts gegen den
Westrand der Great Plains geschoben worden war. Wäre ich direkt
nach Osten gelaufen, hätte ich die flankierenden Steilabhänge in
nicht einmal zwei Tagen hinter mir gehabt. Obwohl die Höhen
hier geringer waren – die Mauer erreichte gerade noch 2440 Meter –, wirkten die Gipfel nicht minder wild als die anderen. Das
Zusammentreffen des scheußlichen Wetters und der rasch kürzer
werdenden Tage war es jedoch, was meine Kilometerleistung in

diesen letzten zwei Wochen der Tour am meisten beeinträchtigte, und diese Nacht – der 3. Oktober – war ein absoluter Heuler. Ich verbrachte sie, behaglich eingepackt, in einem Küchenzelt.

Ich hatte einen Hund bellen gehört, eine fluoreszierende Jacke zwischen den schneebeladenen Bäumen gesehen und Holzrauch gerochen. Das Lager einer Jagdgesellschaft. Vier Zelte, schlammige Erde vermischt mit Schnee und sogar eine Katze, deren Korb den Maultieren aufgeladen worden war, denn, so sagte Ray, der gerade Holz hackte, er habe lieber die Abdrücke von Pfoten auf dem Tisch als Mäusedreck. Der Hund hatte die Aufgabe, Bären fernzuhalten.

Im Küchenzelt war es herrlich warm. Von einem der Pfosten hing ein Radio, auf dem morastigen Boden lagen Holzplanken. Ray krempelte die Ärmel auf und hob einen dampfenden Schinken aus dem Backofen. „Nichts Ausgefallenes", sagte er. „Unsere Nimrode sind Fleisch- und Kartoffelliebhaber. Hört sich so an, als kämen sie."

Wir aßen unter dem Fauchen einer Gaslampe. Schinken, Bohnen, Kartoffeln, Beutelreis, Mike rülpste und meinte, das sei verdammte Spitze gewesen, und Young Joe sagte, beim Arsch der Katze – das beste Essen, das Ray in den vier Tagen gekocht habe. Der alte Joe hatte entzündete Augen und murmelte gute Nacht. Die anderen folgten ihm bald. Sie hatten nur noch zwei Tage, um ihren Wapiti zu schießen. Großer Gott! Ich hatte fast vergessen, daß es da draußen ja Leute mit einem Beruf gab. Sie gingen morgens zur Arbeit, kamen abends nach Hause, sie bekamen Geld, sie machten Urlaub.

Ich erkannte kaum meinen eigenen Kulturkreis wieder – ein aufschlußreicher Augenblick von Vergeßlichkeit, wie damals als Kind nach ein paar Wochen in Frankreich, als ich wieder nach Hause gekommen war und aus Versehen „oui" anstatt „ja" gesagt hatte. Ray stellte eine Kanne Kaffee auf den Tisch.

„Chester ist heute gegen zwölf gekommen."

„Post?"

„Hat's nicht geschafft."

Bob Marshall Wilderness

„Der alte Chester. Wenn man ihn bittet, eine Rinne um ein Zelt auszuheben, hat man am Ende einen Burggraben. Weißt du noch, letzte Saison? Holzt für einen Lagerplatz einen halben Wald ab, und das Forstamt nimmt mir fast die Lizenz weg."

Ron war der Organisator – der wilde Jäger, der mit den Nimroden den ganzen Tag dem Wapiti nachstellte . . . Was hatte es nur mit diesen Nimroden auf sich?

„Kunden", sagte Ron. „Haben Sie 'ne Bibel?"

Dank dem Wilderness Bibel College hatte ich sogar zwei.

„Genesis irgendwo . . ." Ron blätterte die Bibel durch. „Da haben wir's: ,Kusch aber zeugte den Nimrod, bla, bla, bla, ein gewaltiger Jäger vor dem Herrn.' Der alte Chester nennt sie immer so."

Bis um Viertel nach sieben am nächsten Morgen war nicht eine Spur von Licht zu sehen. Ray war um fünf hereingestolpert, hatte das Radio eingeschaltet und das Frühstück vorbereitet. Als Young Joe und Mike schließlich auftauchten, hatte er die Footballergebnisse von gestern abend und die Wettervorhersage parat. Und ich auch. Ohio hatte Michigan abgezogen, und uns drohte ein neues Unwetter. Die Augen des alten Joe waren noch immer blutunterlaufen, und er blieb mit einem Stapel Karten und der Kaffeekanne da, aber die andern beiden sattelten die Pferde, holten ihr Gewehr und folgten Ron den Weg hinauf.

Die Wapiti-Jagd war der hiesige Erwerbszweig, der Oktober der Höhepunkte der Saison. Daher auch die fluoreszierende Kleidung – niemand wollte aus Versehen erschossen werden – und der schlechte Zustand der Wege, die von den Maultieren zertrampelt waren. Ich latschte weiter durch den Morast den Sun entlang und erreichte gegen Mittag eine Wegkreuzung. Bob, Joe und Bill – große, massige Männer – lehnten an großen, massigen Autos.

„Rechnen aus, wie reich wir sind", sagte Bill. „Um diese Zeit im Jahr kriegt man im Radio dreimal täglich Getreidepreise. Auf manchen Sendern viermal. Bauen es im Sommer an und entscheiden im Winter, wann wir es verkaufen."

Drei fette Farmer – ein Einblick in das Geschäft auf der Ebene. Aber ich wollte das eigentlich gar nicht. Ich wollte noch nicht, daß die Spielpause zu Ende ging. Die körperliche Annehmlichkeit der Rückkehr nach Hause war etwas, worauf ich mich freute, und ich fragte mich auf diesen letzten paar hundert Kilometern auch, was ich letztlich aus dieser Wanderung machen würde – wie das alles in dem Buch herauskommen würde, das ich schreiben wollte; aber Kanada erreichen, wirklich zum Ende kommen, war genauso schwer vorstellbar wie der Tod.

Unter den Bäumen war der Schnee der letzte Tage inzwischen wieder geschmolzen, der Waldboden moderig und feucht. Hier und da drangen Sonnenstrahlen durch, fielen wie leuchtende Münzen auf den dunklen Humus, ein würziger Dschungel aus Pilzen und Moos und Spinnen und kleinen, weißen Milben. Die Pfade waren schwarze Bänder aus Schlamm. Sobald ich Bärenspuren im Matsch entdeckte, schrie und sang ich so laut ich konnte. Ich war nicht scharf auf ein zufälliges Zusammentreffen. Kanadische Rebhühner spähten durch die Bäume nach unten, die Weibchen ruhig, die Männchen wie kleine Irrwische mit ihren vor Begierde rotbraun geschwollenen Kämmen.

Auch die Wapitis waren brünstig, und als der Weg wieder unter den Fels führte, vernahm ich etwas, das sich wie Bette Midler auf dem Waldhorn anhörte. Die Wapitis, die sich krampfhaft bemühten, diesen Ton hervorzubringen, wirkten lächerlich – doch Aggression und Sex, die ja eng verwandt sind, tun das immer. Die Wapiti-Kühe blickten kaum auf.

In der Nacht tobte erneut ein Sturm. Der Wind heulte wie ein Güterzug durch die Bäume, und ich hoffte inständig, daß keine Äste auf das Zelt fielen. Ich zeltete auf der Wasserscheide am Spotted-Bear-Paß, und am nächsten Morgen verlor ich die Orientierung, als ich durch den dichten Wald abstieg, weil ich dachte, ich wäre schon mindestens acht Kilometer gelaufen, obwohl es in Wirklichkeit erst zwei waren. Eigentlich hatte ich mich weniger verlaufen als verfangen, und ich hatte die Nase voll. Nichts als Kiefern zu sehen, obwohl ich, kurz bevor ich auf den Weg gestoßen war, die Überreste eines Wapitis gefunden hatte – verstreute Hautfetzen und Haare und noch ganz rote Kieferknochen. Die Bob

Gewaltige Bärenspuren

Marshall Wilderness ist einer der letzten Schlupfwinkel des heimischen Wolfs, wenngleich das hier wohl eher das Werk eines Bären gewesen sein könnte.

Grizzlybären töten im Grunde sehr wenig. Sie ernähren sich im wesentlichen so wie Jäger und Sammler zu drei Vierteln von Wurzeln und Beeren, ein bißchen Aas und dem nur gelegentlichen Prankenhieb auf alles, was sich bewegt. Einem mächtigen Hieb. Die Abdrücke der Tatzen waren so groß wie mein Gesicht.

Der Pfad wurde steiniger, die Bärenspuren seltener, und zum erstenmal seit einer Woche sah ich wieder auf den Wald hinunter, nicht hindurch. Die Bewegung der unter mir wogenden Bäume war hypnotisch, Mulden mit grünen Wäldern, die unter jedem Steilabfall absanken, um sich auf dem Rücken des nächsten wieder zu erheben, während der schrägliegende Kalkstein in wilden Wellen ostwärts zog.

Ich hatte noch drei Tage durch Wald zu laufen und machte das Beste aus dieser Galgenfrist, indem ich mich für den Rest des

Nachmittags auf dem Kevan Mountain aufhielt, den Himmel beobachtete, drei Unwetter auf einmal, die Bruchstücke des ursprünglichen Plans wieder zusammenfügte und versuchte, die übereinandergeworfenen Schichten einander zuzuordnen. Ein vollkommener Horizont, kilometerhohe Gesteinsmassen wie beiläufig in die Wolken geschleudert, die aus Eis gemeißelten Gipfel wilde Schimmel im Sturm. Einige von ihnen, weit im Norden, lagen in Kanada.

8., 9., 10. Oktober: Regen, Kiefernwälder und Schlamm. Die südliche Gabelung des Medicine River an einem Vormittag achtmal durchwatet. Graue Steine, graue Wolken, stinkende, graue Pennerfüße. Seit zehn Tagen – seit 240 Kilometern – hatte ich keine Straße mehr gekreuzt und mich seit einer Woche kaum mehr gewaschen. Meine T-Shirts und die Hose waren vergammelt, alles stank nach abgestandenem Schweiß. Noch ein Proviantdepot. Es war nicht mehr weit.

Ich kam an einem Biberteich vorbei. Goldene Espen zwischen Kiefern, dann grüne Kiefern zwischen Espen. Der immer weiter zurückfallende Calf Robe Mountain, als ich die Straße entlanglief. Ein sich öffnendes Tal. Geschlossene Güterwagen der Burlington Northern Line, die gemächlich und gleichmäßig nach Osten rollten, gelb angestrichen wie der Herbst. Ein Bahnhof ohne Zaun. Ein Hotel. Eigenartig, ein Hotel zu sehen. Es war im Stil eines Schweizer Chalets gebaut, der gebirgige Hintergrund alpin. East Glacier nur ein paar zerstreute Punkte auf der Karte. Blickte ich nach Osten, sah ich überhaupt keine Bäume mehr. Nur den Anflug eines endlosen Horizonts, wo die graubraune Steppe an den Himmel stieß. Geographie kann sehr abrupt sein.

Das Ende

Ich holte meine Verpflegung bei der Conoco-Tankstelle und lief über die Eisenbahnschienen zum Nationalparkdepot. Über mir lärmte ein Hubschrauber, der die Leiche eines abgestürzten Kletterers brachte. Es schien seltsam, daß Leute nur wenige Minuten von hier beim Klettern ums Leben kommen konnten. Ich hatte in dem Büro nur vorbeigeschaut, um mich zu erkundigen, welche Wege im Park noch offen waren. Doch dann blieb ich über Nacht. Der Ranger, bei dem ich blieb – er hieß Bill –, fragte, wie ich im Yellowstone-Park zurechtgekommen war.

„War nicht gerade der Höhepunkt der Tour", antwortete ich.

Er lachte. „Ärger mit den Rangers?"

„Ja", bestätigte ich.

„Sind dafür bekannt", meinte Bill. „Wir haben genauso viele Besucher wie sie, aber wir bemühen uns, sie in Ruhe zu lassen. Hier müssen sie selbst aufpassen. Im Glacier gibt's pro Quadratkilometer mehr Bären als sonst irgendwo unterhalb des Achtundvierzigers, und gerade jetzt fressen sie wie wild. Ihnen bleiben noch zwei Wochen zum Fettanfressen, dann ist der ganze Park bis zum Frühjahr eingeschneit."

Ich hatte mich seit Monaten nicht mehr in einem großen Spiegel gesehen, und als ich mich an diesem Abend zum Duschen auszog, stellte ich fest, daß sich meine Figur völlig verändert hatte. Das schmächtige Bürschlein, das sich in Antelope Wells aufgemacht hatte, wirkte jetzt eindeutig untersetzt, Brustkasten und Schultern mächtig, nicht wiederzuerkennen, und die staksigen Beine waren muskelbepackt. Die Bären beunruhigten mich nicht sehr. Doch Bill hatte mich gebeten, mich zu melden, wenn ich in Waterton angekommen wäre, und ich hatte es versprochen. Er schätzte, daß ich etwa sieben Tage zu laufen hätte.

Der Park war schon seit einem Monat geschlossen, die Hängebrücken über die größeren Flüsse wegen der Schneelast auf den Kabeln

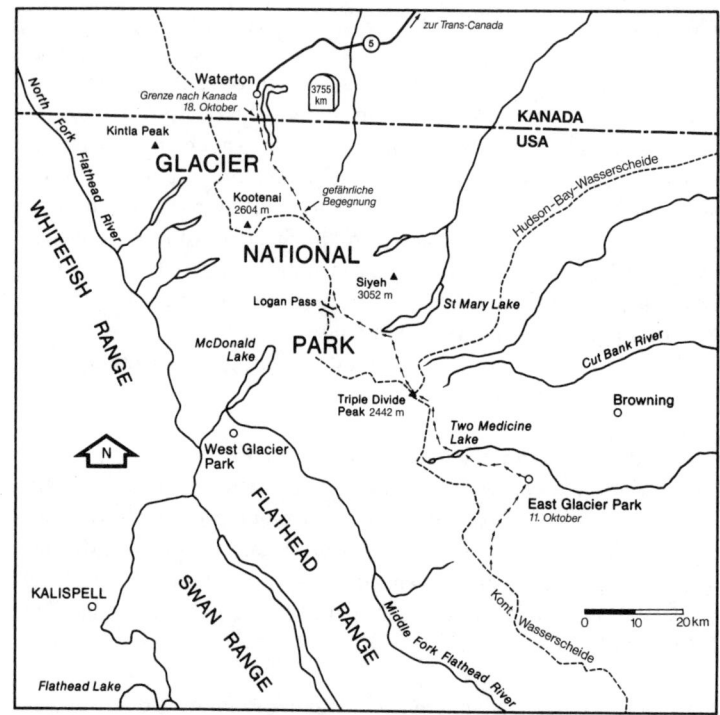

Nord-Montana und Glacier National Park

im Winter abgebaut. Ich würde nasse Füße bekommen. Der vom Park herausgegebene Handzettel für Wanderer war ebenfalls nicht besonders ermutigend.

„Einige Gruppen", hieß es, „haben den offiziellen Weg über die Kontinentale Wasserscheide durch den Glacier Nationalpark nach September mit Erfolg bewältigt. Jedoch kamen sie alle nur sehr knapp ans Ziel, dicht vor einer Katastrophe."

Aber niemand hört in der letzten Woche vor dem Ende auf die Vernunft. Kanada, ich komme! Ich stürzte aus East Glacier hinaus, sauste die Hänge des Mount Henry hinauf und hinüber und stieg

zum Two-Medicine-See ab. Es war ein schmutziggrauer Nachmittag, die hohen hügeligen Flächen ein schotterbedecktes Mosaik, die
Ebenen kalt unter einem bleiernen Himmel. Wenig deutete darauf
hin, daß sich vor mir drohend eine klassische Gletscherlandschaft
auftürmen würde. Beim Kartenstudium war es schwergefallen,
sich den Park als etwas anderes als ein Schulmodell vorzustellen.

Als ich mich dem See näherte, sah ich ein Pferd. Es sah nicht
aus, als gehöre es in das Modell. Auf jeden Fall fing ich meinen
zweiten Mustang auf dieser Tour. Der Mann, dem das Pferd gehörte, machte einen etwas betretenen Eindruck, als er zwischen
den Bäumen hervorsprang. Er hieß Gordon Sullivan. Wir verbrachten die Nacht auf der Veranda der verlassenen Touristenan-
lage.

Es war ungewöhnlich kalt. Gordon stand auf, um nach Dust zu
sehen, der in der Pferdebox stampfte, die er von zu Hause in Great
Falls hierhergefahren hatte. Er war Berufsfotograf.

„Das erstemal bin ich hierhergekommen, um ein gewinnbringen-
des Buch zu machen", sagte er, „aber nun werde ich diese Berge
fotografieren, bis ich sterbe. Ich habe verfügt, daß meine Asche
auf dem Triple Divide Peak ausgestreut wird . . ."

„Gott stehe dem Leichenbestatter bei", sagte ich.

„Yeah", pflichtete Gordon bei, „gesund sollte er schon sein. Das
erste, was einen beim Glacier packt, sind die Senkrechten. Lassen
einen zu einem Nichts zusammenschrumpfen. Und da kommen
diese Rocky-Mountain-Gipfelstürmer nicht mehr mit, weil man
hier draußen nicht wirklich versucht, eins mit der Natur zu werden – man versucht, eins mit sich selbst zu werden. Man versucht,
seinen eigenen Mist zusammenzubekommen. Es ist egal, ob man
die 10th Avenue südwärts läuft, oder den Weg rauf zum Siyeh –
wenn man nicht mit sich selbst läuft, läuft man nicht. Sehen Sie,
wir sind diese Berge. Ohne uns existieren sie nicht. Ohne unsere
Deutung gibt es sie nicht. Ist das schwer zu verstehen?"

Schließlich kamen wir auf Bären zu sprechen.

„Das hört sich zunächst psychologisch an", meinte Gordon, „aber
beobachten Sie mal eine Katze mit einer Maus. Das Spiel beginnt

erst, wenn die Maus wegläuft. Beim Grizzly ist es genauso. Er will dich dazu bringen, loszulaufen, damit er dich verfolgen kann. Und wenn du nicht läufst, spielst du ihm den Ball zu. Anstatt nun einen klaren Grund zu haben, dich zu verfolgen, muß er sich jetzt selbst dazu entschließen. Aber wenn er sowieso auf einen zukommt, und man muß rennen, dann wirf ihm einen Handschuh oder sonst was auf den Weg. Die Chancen stehen zehn zu eins, daß er anhält und es beschnüffelt. Wenn ich Angst habe, muß ich mich übergeben, was wahrscheinlich den gleichen Zweck erfüllen würde."

Mein erster Bärenkontakt kam am nächsten Morgen. Ich summte gerade den „Banana-Boat-Song" und wünschte, während ich den Pitimaken-Paß hochhastete, daß die Wolken entweder in die Täler fielen oder sich ganz verpißten. Etwas raschelte im Unterholz, ich hörte auf zu summen, und zwei Petze flohen den Weg entlang. Das war zum Totlachen. Meine ersten beiden Bären benahmen sich wie zwei Angsthasen. Ich hätte ihnen fast hinterhergerufen, sie sollten doch zurückkommen.

Der Park war an dem Nachmittag ein Dreckloch, ein Schachbrett aus Neuschnee oberhalb der Waldgrenze, und darunter graue Seen und schwarze Bäume. Löcher in den Wolken ermöglichten hin und wieder den Blick nach unten wie durch ein Bullauge und vermittelten nur die flüchtige Illusion zu fliegen. Was man im Glacier brauchte, war ein Fallschirm. Die Wand zu meiner Linken war doppelt so hoch wie das Empire State Building. Offenbar waren an der Fassade Fensterputzer am Werk – winzige weiße Punkte, die sich langsam von links nach rechts bewegten. Es waren Schneeziegen, das dünne silberne Seil, das unter ihnen herunterhing, ein Bach. Die Haupttäler waren dagegen lieblich – lange, halbrunde Mulden, die meistens eine Kette aus Seen bargen.

Am Abend stopfte ich die Eßbeutel in eine Gruppe Zwergfichten in der Hoffnung, daß ein Bär, falls er dort vorbeikäme, mich und das Zelt in Ruhe ließe. Ich zeltete in 2000 Meter Höhe unmittelbar unter dem Triple Divide Peak, einer markanten, jetzt im Dunkeln

Struppige Schneeziege

liegenden Pyramide, die das Wasser, das von oben kam, in drei Richtungen teilte – zum Pazifik und Atlantik, wie üblich, aber zusätzlich nach Nordosten zur Hudson Bay. Auf den letzten hundert Kilometern würden alle Flüsse rechts von mir nach Kanada fließen. Bei diesem Gedanken machte ich es mir mit der Taschenlampe und der Karte bequem.

Die Berge im Glacier Nationalpark hatten drei Arten von Namen. Einige waren fürchterlich: Peril Peak (Gefahrenberg), Citadel (Zitadelle), Guardhouse (Wachhaus); einige erinnerten an jemanden oder etwas: Mount Logan, Mount Jackson und so fort; aber die weitaus besten waren Übersetzungen, wahrscheinlich aus der Sprache der Schwarzfuß-Indianer: Almost-a-dog-Mountain (Fast-ein-Hund-Berg), Running Crane Lake (Laufender Kranich-See) und das Tal beherrschend, das den Park beinahe zweiteilt, der

Going-to-the-Sun-Mountain (der Zur-Sonne-gehende-Berg). Wahrscheinlich völlig falsch stellte ich mir die Schwarzfuß-Indianer vor, wie sie im Frühjahr hier unter den Klippen des Heavy Runner Mountain (Starker-Läufer-Berg) aufstiegen, um im Westen hinter dem Logan-Paß einen befeindeten Indianerstamm zu überfallen. Aber nicht mehr die heutigen Schwarzfüße. Bill hat mich hinaus nach Browning gefahren, einem Ort im Reservat in der Prärie. Fünf Minuten dort hatten genügt, um zu erkennen, daß die Schwarzfüße heute nirgendwo mehr hingehen würden. Es kam mir wie Hohn vor, daß ein Volk, das seinen Bergen und Seen solch poetische Namen geben konnte, von der Zivilisation derart degeneriert werden konnte. Ich hatte kein Recht, über die Schwarzfuß-Indianer zu weinen, aber ich schämte mich doch manchmal einer Kultur – meiner Kultur –, die alles so ausschließlich an sich selbst spiegelt, die nicht das ehrt, was sie sieht, sondern das, was sie erobert.

In der Nacht war Schnee in das Zelt gedrungen. Als ich mich schließlich freigebuddelt hatte, überwältigte mich ein Bärenhunger. Ich frühstückte und folgte, da ich zuviel gegessen hatte, dem Weg hinunter zum Hudson Bay Creek. Ich konnte durch die Bäume nicht viel sehen und stieß alle paar hundert Meter vorsichtshalber einen Schrei aus – die Bären von gestern mochten sich ja wie Hasen verhalten haben, aber es waren große Hasen gewesen. Ich rief keine eigentlichen Worte. Es war mehr der Holla-Unsinn, den man beim Zusammentreiben der Kühe von sich gibt, die Art von Lärm, die man nur dann macht, wenn man allein ist. Aber das war ich gar nicht. Gegen Mittag hörte ich erschrocken, daß noch jemand anderer rief. Der erste Rucksackwanderer seit tausend Kilometern kam mir entgegen. Kein Wochenendtourist, dachte ich bei mir, dazu war seine Ausrüstung zu gut. Sie sah neu aus. Sie war auch neu. Randy Hessony war erst achtundachtzig Kilometer gelaufen. Er wollte nach Mexiko.

Im Oktober? Er wollte die Wasserscheide mitten im Winter laufen? Er mußte völlig übergeschnappt sein.

„. . . öm, toll", sagte ich. „Tolle Tour."

Er hatte mich gefragt, wie ich durchgekommen war, und ich zermarterte mir den Kopf darüber, was ich ihm sagen sollte. Wie kann man jemandem, der schon unterwegs ist, sagen, daß er es nicht schaffen wird? Man läßt es. Man gibt ihm alle Ratschläge und Informationen, die man hat, und hält dann den Mund.

Als ich nach Hause kam, wartete eine Postkarte von Randy auf mich. Er schrieb:

Lieber Stephen,
es war gut, daß ich dich auf dem Weg im Glacier getroffen habe. Glückwunsch, daß du die Tour geschafft hast. Ich bin in East Glacier umgekehrt. Mein Knöchel wurde nicht besser, aber in Wirklichkeit war ich nicht mit dem Herzen bei der Sache. Man braucht eine besondere Einstellung, um sich in unbekannte Erlebnisse zu stürzen. Ich hatte nicht das Selbstvertrauen, es allein zu machen. Ich träume noch immer davon, die Wasserscheide im Winter zu laufen – vielleicht mache ich es noch einmal mit jemandem. Hoffe, du bist gut nach Hause gekommen. Mach's gut.

Randy.

Ich habe ihn wirklich bewundert, daß er das alles zugegeben hat.

Der St.-Mary-See sieht aus wie ein See zu Hause im Lake District. An einigen Stellen war der Weg am Südufer aus dem Fels gesprengt worden. Als ich am späten Nachmittag haltmachte, um mir einen Tee zu kochen, stieß ich aus Versehen den Rucksack über den Rand. Ich mußte fast zwei Kilometer zurücklaufen, bevor ich absteigen konnte, um ihn wiederzuholen. Und so blieb ich die Nacht unten am Ufer. Die Sonne war untergegangen, und Dunkelheit kroch über das Wasser heran. Meine Handschuhe hatten vorne Löcher, und die Finger schauten heraus, bleich wie der Himmel zwischen den schwarzen Wolkenbänken. Ich kochte ein Abendessen, nippte am heißen Tee und dachte nach. Ich trank ständig Tee und dachte nach, aber in letzter Zeit änderte sich die

St. Mary Lake im Glacier Nationalpark

Farbe meiner Gedanken; das Grün – das Vorwärts, Vorwärts, Vorwärts einer unbarmherzigen Tour – milderte sich zu Orangetönen. In ein paar Tagen würde ich nach Osten trampen, nach Hause fahren, um ein Buch zu schreiben. Und dann? Mir fiel der ganze Blödsinn ein, den ich beim Festessen im Explorers Club gehört hatte. All das Gequatsche von Gefahren. Reisen sind überhaupt nicht gefährlich. Die Pausen dazwischen sind es, die einen bei etwas erwischen.

Obwohl das Tourist Center am Logan-Paß geschlossen war, war der Parkplatz doch überraschend voll. Die Wagen fuhren spritzend von der Straße ab, um in der Mittagssonne eine Pause zu machen. Dies hier war ein beliebter Platz – zugänglich und spektakulär. Die Wasserscheide glich einer überdimensionalen Haiflosse aus Fels volle anderthalb Kilometer senkrecht über dem Tal des McDonald. Ein guter Ausgangspunkt für eine Wanderung mit Tagesrucksack und Thermosflasche. Ein Schild wies zum Highline Trail, einem

Kratzer in der Felswand, dem ich die nächsten dreißig Kilometer folgen würde, bevor ich in die nach Norden laufende Mulde des Waterton-Tals abstieg. Die Möglichkeit, daß ich übermorgen die Tour tatsächlich beenden, die Grenze überqueren könnte, traf mich unvermittelt. Nach dieser Nacht nur noch eine weitere Nacht. Sollte ich das, was noch vor mir lag, runterreißen – alles an einem Tag machen – oder solange ich konnte hinauszögern? Ich hatte keinen festen Plan und schlenderte auf dem Parkplatz herum, sah zu, wie Leute im Kofferraum ihrer Autos nach Mänteln und Hüten und Kameras wühlten. Ich hatte keinen Wagen mehr. Ich hatte ihn verkauft. Scheiß! Das hatte ich ganz vergessen.

„Kommst du oder gehst du?"

John, fünfundzwanzig, und Joe, sechsundzwanzig, sahen wie dienstfreie Sherpas aus. Ihre ausgebleichten Jeans wirkten gegenüber der ansonsten üblichen Wanderausrüstung beinahe exotisch. Ich lehnte an ihrem Kombi.

„Gute Frage", sagte ich. „Wahrscheinlich beides."

„Stimmt! Du kommt *und* gehst! Wir auch."

Die dreizehn Kilometer nach Norden zum Granite Park Chalet seien, wie sie sagten, die längsten, die sie in ihrem Leben gelaufen waren. Mit den Händen tasteten sie sich die Felswand entlang, die den Weg überhing. Ein kleiner Wasserfall plätscherte über den schmalen Pfad, und das Wasser war so kalt, daß einem die Zähne weh taten.

„Trinkst du das Zeug?"

Ich gurgelte ein Ja.

„Wirklich? Hier –", Joe hielt mir seine Flasche hin. Er hatte noch nie Bergwasser getrunken. John auch noch nicht. Sie waren aus Brooklyn. Nach einem Sommer hier draußen im Westen mit dem Kombi fuhren sie jetzt langsam wieder Richtung Heimat.

„Müssen doch sagen können, daß wir das Zelt wenigstens einmal benutzt haben", meinte John. „Morgen geht's zurück."

Zähnefletschende Grizzlys prangten auf auffälligen Postern an den Stellen, wo sich Bären häufiger auf den Wegen herumtrieben, und an jenem Nachmittag waren wir ganz besonders massiert gewarnt worden. Diese kahlen oberen Hänge sahen eigentlich kaum wie ihre Freßgründe aus, andererseits lagen die in diesem Jahr herangereiften Wurzeln und Knollen dicht unter der Oberfläche. Wir schliefen auf der Terrasse des verschlossenen Chalets und verbarrikadierten den Zugang mit schweren Holzbänken gegen mögliche Eindringlinge.

Ich weckte John und Joe bei Tagesanbruch mit einem Becher Tee und sagte ihnen auf Wiedersehen. Sie waren die letzten Menschen, die ich für sechsunddreißig Stunden sah. Dann war die Wanderung zu Ende.

Ich hatte noch nie Grundeis gesehen, doch in der Nacht war die nackte Erde um die Hütte sechs, sieben Zentimeter angehoben worden – die langen, feinen Kristalle wie Barthaare aus Glas, jedes mit einem Bröckchen Erde auf der Spitze. Ich entdeckte weit oben am Hang einen Bären, doch er beachtete mich nicht, und gegen zehn querte ich die Ahern-Wehe, einen steilen Hang auf ewigem Schnee, der mich, wie man mich gewarnt hatte, eventuell zu einem Umweg zwingen könnte. Der Weg wand sich in irrwitzigen Halbkreisen um die hohen, einsamen Becken, aber erst die nächste Schleife des Pfades um das Cattle-Queen-Becken hätte mich beinahe aufgehalten. Die Schneeverwehungen blockierten den Weg vollständig, über und unter mir nackter Fels. Ich setzte den Rucksack ab und fing an, mich hindurchzubohren. Es schneite heftig, aber ich wollte ein paar Stunden opfern und sehen, wie weit ich es schaffen würde. In einer Dreiviertelstunde war ich durch, und die Spuren hinter mir füllten sich bereits wieder mit Schnee.

Die Wasserscheide lief über den Mount Kipp, stieg aus den Wolken hinunter zur Öffnung in den Bergen jenseits der vor mir liegenden Gletscherbank, und bei 2250 Metern überschritt ich sie zum letztenmal. Ich setzte mich auf einen Felsbrocken und blickte hinunter in das Waterton-Tal, während ein künstlicher Horizont aus Wolken die Spitzen der Berge abschnitt. Das südliche Ende des Waterton-Tals war nur noch neunzehn Kilometer entfernt – noch etwa eine Stunde durch winterliches Berggelände und dann nur noch bergab. In gut 1200 Metern über dem Meer würde ich die Wanderung etwa in der Höhe beenden, bei der ich sie begonnen hatte. Ansonsten gab es kaum etwas, das die beiden Enden verband – ein Notizbuch voller Anmerkungen, eine verschlissene Ausrüstung, ein langes Vorhaben, das sich dem Ende neigte. Ich kam mir ein wenig verloren vor bei diesem Gedanken, wie eine Ranke, die keinen Baum mehr findet, obwohl ich noch das Schreiben hatte – ein Jahr Arbeit vielleicht –, bevor ich wieder etwas Neues brauchte, um das ich mich winden konnte. Ich war gespannt, was das wohl sein würde. Würde ich wie ein richtiger Landstreicher eine Flasche Fusel in ein gepunktetes Taschentuch wickeln und eine Zeitlang unter Hecken schlafen? Oder mich mit einem Gehalt ruhigstellen? Für irgendeine Zeitschrift Unser-Mann-für-Alles sein? Irgendwann mußte ich diese Wasserscheide verlassen, auf der einen oder anderen Seite runterkommen. Aber noch nicht, dachte ich, als es wieder anfing zu schneien, wenigstens eine letzte Nacht würde ich noch hier oben bleiben. Der Nachmittag war ohnehin angebrochen, der Schnee, die fernen Gipfel verschmolzen mit dem winterlichen Himmel.

Meine Augen begannen mit der geübten Überprüfung möglicher Standorte für das Zelt, huschten fachmännisch über die frosterstarrten Gruppen der Zwergfichten. Hangaufwärts, dreihundert Meter weiter links, deuteten vereinzelte Felsbrocken auf einen Geröllhang hin, der in den Wolken verschwand. Der kahle Boden dazwischen war aufgescharrt und mit Bärenschnauzen nach Freßbarem durchwühlt worden, wenngleich der ganze Berghang jetzt verlassen aussah. Doch das körnige Licht täuschte. Es glättete die Unebenheiten, verhüllte den Untergrund, und ich hätte mich konzentrieren sollen.

Aber ich tat es nicht. Obwohl meine Stiefel, keine neunzehn Kilometer mehr vor der Pensionierung, weiterhin treu ihre Pflicht taten, der Rucksack ramponiert und fleckig klaglos den ersten abendlichen Schnee trug, war ich wie ein altersmüder Hund schon im Haus, gefangen von den flackernden Schatten, die von den letz-

ten Funken einer Reise geworfen wurden – ein warmer Herd und
restlose Zufriedenheit lullten mich ein. Plötzlich sprang die Tür
auf. Grelles Licht, eisige Luft strömten in das Zimmer. Ich hatte
zufällig durch den dichter werdenden Schnee aufgeblickt und mich
fünfzehn Meter von einem Bären entfernt gesehen.

Der Bär stand auf den Hinterbeinen und witterte. Ich stand auch
auf den Hinterbeinen, mit offenem Mund und völlig erstarrt. In
meinem Kopf jagten sich die Gedanken, der Magen sackte mir bis
in die Kniekehlen. So weit war ich gekommen, und ganz plötzlich
sollte ich es doch nicht schaffen. Hier in vollkommen freiem Gelände, was zum Teufel konnte ich da machen? Vergiß all die däm-
lichen Ratschläge, die ich bekommen hatte – einen Handschuh
wegwerfen, sich übergeben –, dies war ein wirklicher Bär, der jetzt
in meine Richtung schnupperte, und eine wirkliche Tour, die ich
so knapp geschafft hatte. Enttäuschung taute meine Lunge auf. Ich
hörte mich plötzlich, wie ich den Bären beschimpfte, ihn anbrüllte,
einen Wutanfall mit Schaum vor dem Mund bekam. Dies war etwas, wofür man zu Hause zehn Männer in weißen Kitteln gebraucht hätte, von denen drei arg zerbissen worden wären. Aber
mein wahnsinniges Wüten hatte gewirkt. Die Schimpfworte waren mir ausgegangen, und fast auch der Atem, als sich die entsetz-
lichen, suchenden Nasenlöcher endlich abwandten und ich den
zerzausten Rücken des Bären sah. Das Tier hatte sich auf alle viere
fallen lassen und war in einer Senke verschwunden, um Sekunden
später wieder aufzutauchen und den gegenüberliegenden Hang mit
drei sehr viel kleineren Bären im Schlepptau hinauf zu galoppie-
ren. Ich stand da wie versteinert und blickte ihnen nach. Und dann
rannte ich los. Fast hätte ich noch den Rucksack vergessen. Ich
rannte und rannte und rannte. Abwärts durch das Unterholz, abwärts durch den Wald, weg von dem hohen, steinigen Bergpfad zu
einem morastigen Weg am Waterton entlang. In gut zwei Stunden
war ich sechzehn Kilometer gelaufen. Es war schon dunkel, als ich
die verlassene Mole am Südende des Waterton-Sees erreichte.

Im Sommer unternimmt ein Ausflugsdampfer regelmäßig Fahr-
ten vom kanadischen Ende des Sees aus, aber jetzt war alles ver-

Waterton Lake – die Grenze von USA nach Kanada

waist. Ich rollte zum letztenmal den Schlafsack auf dem Betonboden der Hütte aus, die als Anlegestelle diente, und trank bei Kerzenlicht Tee. Ich fühlte mich etwas gedemütigt. Der Bär hatte sämtliche Luftballons zum Platzen gebracht, die ich in den letzten sechs Monaten aufgeblasen hatte, und sie abrupt zu einer Erde zurückgeholt, die doch einiges größer war als ich. Doch dieses Gefühl hielt nicht lange vor, weil ich von Natur aus nicht so bescheiden bin. In Wirklichkeit habe ich etwas von einem Snob, zumindest solange es um Gedenktafeln geht. Die an der Hüttenwand war riesig und im griechischen Stil mit Plastiklorbeer eingefaßt.

„Kein Zaun", stand dort, „keine Mauer, nur eine bleistiftdünne Linie gerodeten Waldes vom Atlantik zum Pazifik bezeichnet die Grenze zwischen diesen beiden Nationen..."

Propaganda, bei der ich sonst immer süffisant lächle, doch die Tafel hatte vollkommen recht. Es war tatsächlich nur eine bleistiftdünne Linie durch den Wald. Ich überschritt sie um zehn Uhr am nächsten Morgen.

Statistische Anmerkungen

Montana – 31. August bis 18. Oktober, abzüglich 4 vollständige Ruhetage. 1060 Kilometer, 43 Nächte auf dem Pfad. 14mal das Zelt gebraucht, aber außerdem in vielen anderen Unterkünften geschlafen. 5 Proviantpakete gegessen, aber zusätzlich Verpflegung gekauft. Durchschnittlich 24 Kilometer pro Tag gelaufen. Regen und/oder Schnee an 17 Tagen. Höhe im allgemeinen gering, einmal 3000 Meter erreicht. Abstieg bis auf 1350 Meter.

Epilog

Die Fahrt zurück war ereignisreich – Kanada ist das zweitgrößte Land der Welt, aber mir gelang es in meiner Dummheit, es in Brand zu setzen. Das Gras der Prärie war trocken wie Zunder, der Wind ging unaufhörlich, und ich war einen Tag vor Winnipeg und machte mir zwischen zwei Mitfahrgelegenheiten einen Tee, als ich den Kocher umwarf. Ich hatte gerade noch Zeit, den Rucksack und die Kameratasche auf die Straße zu schleudern, aber die Essenstüten schmorten bereits. Kanada verlor einige Kilometer Grasstreifen. Ich verlor etwas von meiner Vergangenheit.

Die Tour ist zu Ende

Infos

Kleine Landeskunde

New Mexico

Geographie
Fläche: 315 115 qkm; Einwohner: ca. 1,3 Millionen; Hauptstadt: Santa Fé; größte Stadt: Albuquerque.

Der Osten gehört zu den Great Plains, einem Hochplateau von durchschnittlich 1000 m Höhe mit stellenweise wüstenhaftem Charakter. Der Westen, zu dem die südlichen Ausläufer der Rocky Mountains gehören, besteht aus Gebirgen und plateauartigen Bekken. Die höchste Erhebung ist mit 4011 m der Wheeler Peak, der größte Fluß ist der Rio Grande, der den Staat von Norden nach Süden durchfließt und ihn in nahezu zwei gleiche Hälften teilt.

Geschichte
Auf der Suche nach Gold und Silber drangen ab etwa 1528 die ersten Spanier von Mexiko kommend in das von Indianerstämmen bewohnte Gebiet ein. Anfang des 17. Jahrhunderts entstanden die ersten spanischen Siedlungen. 1821 ging das Territorium in mexikanischen Besitz über, wurde aber nach dem Mexikanischen Krieg 1848 an die USA abgetreten. Das wegen seiner Verkehrswege bedeutende Land war lange Jahre Schauplatz blutiger Auseinandersetzungen mit den von ihrem Land vertriebenen Indianern. Am 6.1.1912 wurde New Mexico als 47. Staat in die Union aufgenommen.

Bevölkerung
Die weiße Bevölkerung macht den größten Anteil der Bewohner New Mexicos aus, etwa 8% werden von Gruppen kleiner ethnischer Minderheiten gebildet, zu denen vor allem die Indianer und Mexikaner zählen, 2% sind Schwarze. Neben Arizona gehört New

Mexico zu den größten Indianerstaaten der USA. Im Kernland der
Navajo, das ca. 6,5 Hektar umfaßt und sich im Grenzgebiet der
drei Staaten New Mexico, Arizona und Utah erstreckt, leben etwa
150 000 Mitglieder des Stammes, Nachkommen des einstmals no-
madisierenden Jägervolks. Die zweite große Gruppe der Indianer
New Mexicos bilden die Pueblo, deren zwei bedeutendste Stämme
die Hopi und die Zuni sind. Den spanischen Namen Pueblo ver-
danken sie dem Umstand, daß sie, im Gegensatz zu den umherziehenden Navajo und Apachen, schon zur Zeit der Entdeckung Amerikas in Dörfern *(pueblos)* lebten. Die Pueblo, die in New Mexico
in 19 Gruppen leben, sind zum Teil autonom (sie haben z. B. Dorf-
räte), zum Teil unterstehen sie der Gerichtsbarkeit der Bundesregierung bzw. der Bundesstaaten.

Colorado

Geographie
Fläche: 269 997 qkm; ca. 3 Millionen Einwohner; Hauptstadt: Denver.

   Obwohl der Staat nach dem Colorado River benannt ist, prägt
nicht er, sondern die Gebirgsketten der Rocky Mountains das Landschaftsbild dieses im Durchschnitt höchstgelegenen Unionsstaats.
Weit über eintausend Gipfel erreichen hier eine Höhe von über
3000 m. Fünfzig sind über 4000 m hoch. Der Mount Elbert ist mit
4399 m die höchste Erhebung.

   Im Osten reicht Colorado in die Great Plains hinein. Seit Mitte
dieses Jahrhunderts sind diese Gebiete, die früher als Great Ameri-
can Desert bezeichnet wurden, durch ein großzügiges Bewässe-
rungsprogramm in fruchtbares Ackerland umgewandelt worden.
Den Westen des Landes bilden Plateaus, die zur westlichen Grenze
abfallen. Sie sind von engen, tiefen Cañons durchschnitten. Hier
ist kaum Landwirtschaft möglich, allerdings wird in einigen breite-
ren Tälern mit Erfolg Obst- und Gemüseanbau betrieben. Außerdem entwickelt sich dank reichhaltiger Ölschiefervorkommen zunehmend eine Industrielandschaft im Westen.

Geschichte

Im 17. und 18. Jahrhundert stritten sich Spanier und Franzosen um das Territorium des heutigen Staates Colorado. Erst nachdem die USA im Jahr 1803 Louisiana von Frankreich abkaufte und 1848 durch den Frieden von Guadalupe Hidalgo Gebiete aus mexikanischem Herrschaftsbereich erwarb, kehrte wieder etwas Ruhe in Colorado ein, das nach fünfzehn Jahren Autonomie 1876 als 38. Staat in die Union aufgenommen wurde.

Bevölkerung

Auch in Colorado ist der überwiegende Teil der Gesamtbevölkerung weiß. Im Süden leben in Reservaten einige Navajo, Hopi, Ute und andere, kleinere Indianerstämme. Der Anteil der Schwarzen beträgt etwa 3%, der der restlichen ethnischen Minderheiten (Mexikaner, Chinesen, Filipinos) um 1,5%.

Wyoming

Geographie

Fläche: 253 596 qkm; ca. 470 000 Einwohner; Hauptstadt: Cheyenne; größte Stadt: Casper.

Der Staat besteht zum größten Teil aus der Großlandschaft der Great Plains die nach Westen zu den Ketten der Rocky Mountains ansteigen. Dazwischen liegen ausgedehnte Becken mit einer durchschnittlichen Höhe von 2000 m.

Im mittleren Norden werden die Großen Ebenen von den Bighorn Mountains unterbrochen, außerdem tragen Geysire, kleinere Einzelberge und andere vulkanische Erscheinungen (s. Yellowstone National Park) zur Belebung des Landschaftsbildes bei. Obwohl große Farmen und Ranches mit weitausgedehnten Viehweiden und riesigen Rinderherden das Bild von Wyoming prägen, ist hier die industrielle Entwicklung auf dem Vormarsch, wobei der Abbau von Kohle, Uran, Ölschiefer sowie die Förderung von Eröl und Erdgas eine große Rolle spielen. In den beiden Staaten Wyoming und Montana (im Powder River Basin) liegen 50% aller US-amerikanischen Kohlereserven.

Geschichte

Das nach Goldfunden aus Teilen des Louisiana-Kaufs (1803) und der von Mexiko (1848) erworbenen Gebiete gebildete Territorium, diente seit der Errichtung von Fort Laramie im Jahre 1834 als Durchzugsgebiet der großen Trecks nach dem Nordwesten. Wyoming, das für sich in Anspruch nehmen kann, als erstes Territorium das Frauenwahlrecht (1869!) eingeführt zu haben, wurde 1890 als 44. Staat in die Union aufgenommen.

Bevölkerung

Sie ist fast ausschließlich weiß. Nur insgesamt 4% beträgt der Anteil der Schwarzen, Indianer, Mexikaner und anderer Minderheiten.

Montana

Geographie

Fläche: 381 087 qkm; ca. 790 000 Einwohner; Hauptstadt: Helena; größte Stadt Billings.

Den Westen des Staats durchziehen die dichtbewaldeten Rocky Mountains, deren Gipfel hier bis zu 3900 m hoch aufragen. Der größere, östliche Teil Montanas gehört zur Präriezone mit ihren endlosen Weidegebieten und wogenden Weizenfeldern. Hin und wieder wird dieses Landschaftsbild von einzelnen Berggruppen wie den Little Snowy Mountains oder den Bear Paw Mountains unterbrochen. Das nach Westen auf etwa 1500 m ansteigende flachwellige Land wird vom Yellowstone River und dem Oberlauf des Missouri in nordsüdlicher Richtung zerschnitten. Auch in Montana tritt die einstmals bedeutende Landwirtschaft – z. T. durch die fallenden Preise bedingt – immer mehr in den Hintergrund. Die gewaltigen Kohlereserven im Südosten des Landes sowie der Abbau anderer Bodenschätze wie Ölschiefer, Kupfer und Eisen haben dazu geführt, daß in Montana die Industrie der wichtigste Wirtschaftsfaktor ist.

Geschichte

Montana kam ebenso wie Wyoming und Colorado 1803 als Teil von Louisiana an die USA. 1861 wurde es Teil von Dakota und 1864 – nach der Entdeckung von Gold – eigenständiges Territorium. Als die Entdeckung von weiteren Bodenschätzen (Silber, Kupfer u. a.) immer mehr Weiße in das Gebiet zog, kam es zu schweren Kämpfen mit den Indianern. Am 25. 6. 1876 fand das für das Militär wenig ruhmreiche Gefecht am Little Bighorn River statt, bei dem General Custer mit seiner gesamten Abteilung (250 Mann) fiel. Anführer der gegnerischen vereinigten Sioux-Stämme war Häuptling Sitting Bull.

Bevölkerung

Unter der überwiegenden weißen Bevölkerung leben etwa 4,8% Indianer, die zu den Stämmen der Sioux, Algonkin und Salisch zählen und andere Minderheiten.

Klima

New Mexico liegt im *sun belt* – dem Sonnengürtel. Auf alle Teile des Landes entfallen tagsüber mindestens 70% Sonnenschein – rund ums Jahr. Gewitter im Hochsommer können jedoch zu heftigen Regenfällen führen, und im Winter muß oberhalb von 2200 m mit Schnee gerechnet werden. Im allgemeinen liegen die Sommertemperaturen zwischen 26° C und 32° C in den niedrigeren Lagen, in den Bergen der Rocky Mountains ist es um 5° C bis 7° C kühler. Im Winter ist im Süden mit Temperaturen zwischen 10° C und 18° C zu rechnen, im Norden bewegen sie sich zwischen 5° C und 15° C, wobei es selbstverständlich in den höheren Lagen empfindlich kälter wird.

Für *Colorado* wie auch für Wyoming und *Montana* kann grundsätzlich gesagt werden, daß diese Rocky-Mountains-Staaten zwei Klimazonen angehören: der Zone des Steppenklimas und der des Gebirgsklimas. Die Great Plains, die Hochflächen und die Becken der westlich gelegenen Bergketten werden vom niederschlagsarmen Steppenklima bestimmt, das sich durch warme Sommer und kalte Winter auszeichnet. Gebirgsklima herrscht dagegen in den höheren Lagen der Rocky Mountains. Dort werden mit zunehmender Höhe tiefere Temperaturen gemessen, auch muß hier mit größeren Niederschlagsmengen (Regen bzw. Schnee) gerechnet werden.

In normalen Jahren bewegen sich in Colorado die sommerlichen Temperaturen zwischen 21° C und 30° C, in Wyoming und Montana ist es um einige Grade kühler. Im Winter rechnet man mit −6° C bis +6° C in niedrigeren Lagen. Mit zunehmender Höhe wird es auch hier selbstverständlich entsprechend kälter.

Nationalparks

In den Rocky Mountains befinden sich zahlreiche National- und Stateparks, von denen drei etwas näher beschrieben werden sollen. In diesen Parks wird versucht, Natur so zu bewahren, wie sie vor dem Eingriff der Menschen existierte. Gleichzeitig soll die Umwelt den Besuchern in den Parks dadurch nähergebracht werden, daß in Museen und bei Führungen die Schönheiten der Natur von sachkundigem Personal gezeigt werden. Es gibt die verschiedensten Arten von Nationalparks in Wald, Wassergebieten und Wüste. Ein Besuch lohnt fast immer – außer an Wochenenden, wenn die Bevölkerung der umliegenden Städte auf Kurzurlaub geht. In fast allen Parks gibt es außerdem günstige und urige Campingplätze, auf denen während der Hauptsaison allerdings manchmal Voranmeldung nötig ist. Empfehlenswert ist der Kauf eines *Golden Eagle Passport* am ersten angesteuerten Park. Dieser Ausweis berechtigt gegen eine vergleichsweise geringe Gebühr zum Besuch beliebig vieler Parks während eines Jahres.

Rocky Mountain National Park

Der nordwestlich von Denver (Colorado) ca. 1100 qkm große Park fasziniert durch seine rund hundert über 3000 m hohen Gipfel, durch gewaltige Wasserfälle und eine Vielzahl von schluchtähnlichen, tiefen Tälern. Annähernd 500 km Wander- und Kletterpfade stehen zur Verfügung, und selbstverständlich kann man auch mit dem Wagen durch den Park fahren.

Yellowstone National Park

Dieser bereits 1872 eingerichtete erste und größte Nationalpark der USA liegt zum überwiegenden Teil in Wyoming. Im Westen gehört ein schmaler Streifen zu Idaho und Montana, und im Norden hat Montana noch einmal mit einem schmalen Streifen Anteil an dem Park. Hier, bei Gardiner, befindet sich der Nordeingang, der als einziger das ganze Jahr über geöffnet ist. Die übrigen sind im allgemeinen vom 1. November bis 30. April geschlossen.

Das Zentrum dieses etwa 9000 qkm umfassenden Parks bildet ein im Durchschnitt 2400 m hohes vulkanisches Plateau, das von Bergen zwischen 600 und 1200 m Höhe umgeben ist. Tausende von Thermalquellen, hundert große Geysire – darunter der berühmte, pünktlich ausbrechende „Old Faithful Geyser" –, zahlreiche Schlammvulkane, Wasserfälle, Schluchten und Täler faszinieren jährlich die Besucher aus aller Welt.

Glacier National Park

Hauptattraktion dieses mit 410 qkm relativ kleinen Nationalparks im Norden Montanas sind seine über fünfzig Gletscher, die ihm seinen Namen gegeben haben. Auf rund 1100 km Wanderwegen erschließt sich dem Besucher eine Berg- und Seenlandschaft, die ihresgleichen sucht. An der Grenze zu Kanada überragt der Mount Cleveland mit 3185 m Höhe alle anderen schneebedeckten Gipfel. Beeindruckende Wasserfälle, stille Bergseen und eine Fülle von Pflanzen- und Tierarten faszinieren den Besucher dieses Parks, der eine der letzten Zufluchtsstätten der Schwarz- und Grizzlybären ist.

Wandern

Als *hiker* ist man in im gesundheits- und fitneßbesessenen Amerika, und so gibt es auch eine Menge regionaler Wanderclubs, die Hütten unterhalten, Karten herausgeben, Wege anlegen und Wanderungen organisieren. Wenn man aber abseits dieser Pfade wandert, wird es schon etwas problematischer, wie es auch in diesem Buch deutlich wird.

Einige persönliche Tips für eine individuelle Wanderung sind am Ende des Anhangs zu finden.

In den USA beschränkt sich in der Regel das Wandern fast ausschließlich auf die National- und Stateparks, allerdings sind hierbei auch einige Regeln zu beachten:

- Vor dem Beginn einer Wanderung ist bei der Parkverwaltung (Park Headquarters oder Visitor's Center) eine Genehmigung einzuholen.
- Die markierten Wege dürfen nicht verlassen werden.
- Zelten und Feuermachen nur an den dafür vorgesehenen Stellen.
- Keinen Abfall hinterlassen und nichts zerstören (was wohl selbstverständlich sein sollte).
- Von Mai bis September ist Wandersaison. Die Parks sind oftmals überlaufen, daher rechtzeitig eine Genehmigung besorgen, da diese manchmal nur in einer beschränkten Anzahl erteilt werden.
- In den Parks gibt es auch hin und wieder bewirtschaftete Hütten oder auch unbewirtschaftete Übernachtungsmöglichkeiten, aber am sichersten ist es, ein Zelt mitzunehmen.
- Genügend Proviant ist sehr wichtig, da die Parks meistens echtes *backcountry* sind, was bedeutet, daß man oft tagelang an keinem Laden vorbeikommt.

Persönliche Tips (Stephen Pern)

Ein zusammenhängender Wanderweg entlang der Kontinentalen Wasserscheide durch die Vereinigten Staaten ist wohl noch immer keine beschlossene Tatsache, wenngleich er in absehbarer Zeit zu erwarten ist. Ich habe mir die Strecke unterwegs selbst zusammengestellt und bin hauptsächlich aus klimatischen Gründen von Süden nach Norden gelaufen.

Eine Qual war die Beschaffung von geeignetem Landkartenmaterial. Wo erhältlich, habe ich die Karten des National Forest Service (NFS) benutzt, dessen regionale Zentrale sich in Denver, Colorado, befindet.

Wichtig war auch die Wahl des richtigen Zeitpunkts. In einem normalen Jahr ist das südliche New Mexico ab April schneefrei. Ich bin am 5. Mai gestartet. Nord-Montana ist im allgemeinen nicht vor Ende Juni frei. Die tiefer liegenden Strecken sind selbstverständlich früher und länger ohne Schnee.

Die einzelnen Entfernungsangaben in diesem Buch sind im allgemeinen knapp bemessen. Ich habe ungefähr 3780 Kilometer zurückgelegt, durchschnittlich knapp 26 Kilometer pro Tag, halbe Tage mitgerechnet, und erreichte Kanada am 18. Oktober.

Verpflegung habe ich im voraus gekauft, fast ausschließlich in Supermärkten. Ich habe achtzehn Verpflegungspakete für jeweils zehn Tage vorbereitet und sie vor dem Start im Abstand von etwa 240 Kilometern in Cafés, Läden, Forstämtern usw. deponiert. Die kürzeste Etappe zwischen den Depots war 120 Kilometer lang, die längste 310 Kilometer. Ein normales Verpflegungspaket enthielt folgende Artikel:

Kartoffeln (Fertiggericht)	Vollkornriegel
Fertigreis	Nüsse, Datteln, Rosinen
Haferflocken (Fertiggericht)	Orangen-Trinkpulver
Nudeln (Fertiggericht)	Vitamintabletten
Trockengemüse	Streichhölzer

Gemüseextrakt	Kerosin
Speckwürfel	Plastiktüten
Gedörrtes Rindfleisch	Wischtücher
Tütensuppen	Kerzen
Brühwürfel	Seife
Teebeutel	Batterien
Trockenmilch	Feuerzeug
Zucker	Feueranzünder
Marmelade	Schuhfett
Honig	Papier, Kugelschreiber
Erdnußbutter	Fußpuder, Karten, Filme
Kekse	Heftpflaster

Ausrüstung

Der Gedanke, von einem Sponsoren größere Geldbeträge oder gar eine Ausrüstung gestellt zu bekommen, ist nicht unattraktiv, doch das hier war eine rein private Tour. Wo ich etwas empfohlen habe, geschah das freiwillig.

Eine sechsmonatige Beanspruchung ist mehr, als für die meisten Ausrüstungsgegenstände vorgesehen ist, und ich kaufte mir daher das Beste. Schließlich sollten sie den Bedingungen in der heißen, trockenen Wüste ebenso standhalten wie den eisigen Schneestürmen in großer Höhe.

Ich bin ohne Eispickel und Steigeisen durchgekommen, hätte sie aber in Colorado und in der Wind River Range gebrauchen können. Anständige Schneeschuhe oder Langlaufski hätten das südliche Colorado zu einem weniger beschwerlichen Erlebnis gemacht, aber wie gesagt, ich bin ohne ausgekommen.

Meine Ausrüstung bestand aus einem Innengestellrucksack, einem Zelt, Schlafsack und Kocher. Außerdem hatte ich dabei: ein Messer, einen Kompaß, ein Fernglas, eine Taschenlampe, Löffel, zwei Becher, eine dünne Schaumstoffunterlage, Nahtdichtmittel, Nylonseil, Nylon-Rucksackhülle, Nadeln, Sicherheitsnadeln, Ersatzknöpfe, Klebeband, zwei T-Shirts, zwei Hosen, eine Shorts –

alles Baumwolle –, Strümpfe (6 Paar), Gemisch Kunstfaser/Wolle. Die übrigen Kleidungsstücke wie Daunenweste, Sommerhose, Kniebundhose, Rolli, neoprenbeschichtete Überhose, lange Unterhose etc. waren aus reiner Kunstfaser und haben sich sehr gut bewährt. Froh war ich, daß ich Gamaschen, Wollmützen und Gummischlappen eingepackt hatte.

Für die *Erste Hilfe* habe ich folgendes mitgenommen: Pflaster, Gaze, Elastik-Mullbinden, Fußpuder, Desinfektionsmittel, Wundsalbe und -puder, Augentropfen, Schmerztabletten, Lippenbalsam, Hautcreme, Insektenschutzmittel (Muskol – ausgezeichnet!), Schere und Pinzette, Knieschützer.

Zur *Fotoausrüstung* gehörten: Kameratasche, Olympus OM2 (gut, aber nicht sehr robust); Zuiko-Objektive 24 mm, 50 mm, 85 mm, 135 mm; Polarisations- und Skylightfilter; Kodachrome-64-Dia-Filme; Stativ; Drahtauslöser; Ersatz-Objektivdeckel; Reinigungsset.

Außerdem hatte ich dabei: ein Sony-TCM-600 Tonbandgerät, ein wetterfestes Notizbuch, Kugelschreiber, Bleistift und eine Blechflöte.

Probleme, die ich hatte

Tiere
Elche können etwas aggressiv werden, bleiben aber im allgemeinen für sich. Klapperschlangen beißen, aber ich habe keine gesehen. Pumas dito. Präriehunde können Krankheiten übertragen (Pest!). Büffel sollten nicht gestreichelt werden. Die einzige echte Gefahr sind Bären, denen man auf jeden Fall aus dem Wege gehen sollte, und *Giardia* – ein mikroskopisch kleiner Bazillus, der bewirken kann, daß man nicht mehr aus der Hocke kommt!

Wasser
Sollte gekocht und gereinigt werden (siehe Giardia), aber ich habe mich nicht daran gehalten. Das längste Stück ohne Wasser betrug 51 Kilometer. Das war in Wyoming, aber auch in New Mexico war es ganz schön trocken. Wenn Sie wissen, wie Sie ein Windrad in Betrieb bekommen, ist alles in Ordnung.

Leute
Sehr freundlich, aber machen Sie einen Bogen um Sula in Montana. Tragen Sie außerdem etwas Fluoreszierendes in der Jagdsaison.

REISEN, MENSCHEN, ABENTEUER

Pete Fromm
Ein Winter am Indian Creek
Allein in der Wildnis
Montanas
ISBN 3-89405-073-X

Konrad Gallei/
Gaby Hermsdorf
Blockhaus-Leben
Ein Jahr in der Wildnis von
Kanada
ISBN 3-89405-014-4

Bill Irwin/David McCasland
**Dunkle Nacht am
hellen Tag**
Ein Blinder auf dem
Appalachian Trail
ISBN 3-89405-099-3

Peter Jenkins
Das andere Amerika
Zu Fuß durch die
Vereinigten Staaten
ISBN 3-89405-019-5

Werner Kirsten
Westcoast-Story
Auf dem Pazifik-Highway
nach Süden
ISBN 3-89405-082-9

Dieter Kreutzkamp
**Mit dem Kanu durch
Kanada**
Auf dem Spuren der Pelz-
händler
ISBN 3-89405-045-4

SIERRA BEI FREDERKING & THALER

REISEN, MENSCHEN, ABENTEUER

John Harrison
Piranhas zum Frühstück
Durch den Dschungel
Amazoniens mit dem Kanu
ISBN 3-89405-042-X

Lutz Herbert
Auf dem Amazonas
Eine Reise zu den Ticuna-
Indianern
ISBN 3-89405-079-9

Hans J. Aubert/
Ulf Müller-Moewes
Panamericana
Zwei Jahre auf der Traum-
straße der Welt
ISBN 3-89405-002-0

Carmen Rohrbach
**Der weite Himmel über
den Anden**
Zu Fuß zu den Indios in
Ecuador
ISBN 3-89405-048-9

Hjalte Tin/Nina Rasmussen
Traumfahrt Südamerika
2 Erwachsene, 2 Kinder
auf dem Motorrad von L.A.
nach Rio
ISBN 3-89405-033-0

Jonathan Waterman
Kajak-Abenteuer
Baja California
800 Meilen durch das me-
xikanische Meer
ISBN 3-89405-076-4

SIERRA BEI FREDERKING & THALER

REISEN, MENSCHEN, ABENTEUER

Fred Bruemmer
Mein Leben mit den Inuit
Reisen zwischen Grönland
und Alaska
ISBN 3-89405-106-X

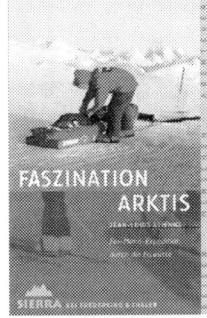

Jean-Louis Etienne
Faszination Arktis
Ein-Mann-Expedition durch
die Eiswüste
ISBN 3-89405-056-X

David L.Mech
Der weiße Wolf
Mit einem Wolfsrudel
unterwegs in der Arktis
ISBN 3-89405-093-4

Christine de Colombel
Der siegreiche Berg
Eine Zweier-Mannschaft
kämpft um den Berggiganten Masherbrum im Karakorum
ISBN 3-89405-005-5

Christina Dodwell
Jenseits von Sibirien
Mit Rentier-Nomaden
durch die weiße Tundra
ISBN 3-89405-096-9

Peter Habeler
Der einsame Sieg
Mount Everest-Besteigung
ohne Sauerstoff
ISBN 3-89405-098-5

SIERRA BEI FREDERKING & THALER

REISEN, MENSCHEN, ABENTEUER

Sir Francis Chichester
Held der sieben Meere
Allein um die Welt in einer
Einhandjacht
ISBN 3-89405-111-6

Albert Falco
**Mein abenteuerliches
Leben auf der Calypso**
Erinnerungen eines moder-
nen Odysseus
ISBN 3-89405-104-3

Tony Horwitz
Australiens Outback
Per Autostop durchs
Landesinnere
ISBN 3-89405-060-8

Dieter Kreutzkamp
Traumzeit Australien
Mit dem Fahrrad zwischen
Outback und Pazifik
ISBN 3-89405-107-8

Christina Dodwell
Im Land der Paradiesvögel
Mit Pferd und Einbaum
durch Papua-Neuguinea
ISBN 3-89405-010-1

Hjalte Tin/Nina Rasmussen
**Perestroika mit dem
Motorrad**
Vom Roten Platz zum
Baikalsee
ISBN 3-89405-054-3

SIERRA BEI FREDERKING & THALER

REISEN, MENSCHEN, ABENTEUER

Rainer M. Schröder
Zwischen Kapstadt und Kalahari
Spurensuche im südlichen Afrika
ISBN 3-89405-090-X

Christine Cerny
Tempel, Kulte, Pharaonen
Eine Ägyptenreise durch Vergangenheit und Gegenwart
ISBN 3-89405-088-8

Désirée v. Trotha
Die Enkel der Echse
Lebensbilder aus dem Land der Tuareg
ISBN 3-89405-094-2

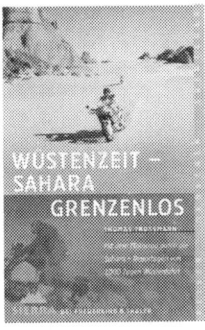

Thomas Troßmann
Wüstenzeit – Sahara grenzenlos
Mit dem Motorrad durch die Sahara
ISBN 3-89405-053-5

Mark Shand
Auch Elefanten weinen
Auf einem Dickhäuter durch Indien
ISBN 3-89405-084-5

Bernhard Lill
Zwischen Bombay und Benares
Mit Bahn, Bus und Taxi durchs nördliche Indien
ISBN 3-89405-064-0

SIERRA BEI FREDERKING & THALER

REISEN, MENSCHEN, ABENTEUER

Wolfgang F. Fischer
Das Haus am Fjord
Inselleben in Schweden
ISBN 3-89405-078-0

Alexander Geh
**Fjorde, Gletscher,
Wasserfälle**
Eine Radwanderung im
Wechsel der Jahreszeiten
ISBN 3-89405-067-5

Christian E. Hannig
Im Land der Schotten
Die Highlands, Hebriden
und Orkneys.
Ein Touren-Tagebuch
ISBN 3-89405-077-2

Christian E. Hannig
Irisches Reisetagebuch
Rad-Abenteuer auf der
grünen Insel
ISBN 3-89405-070-5

Christian E. Hannig
**Island - Vulkane, Eis und
Einsamkeit**
Eine extreme Tour per Rad
ISBN 3-89405-049-7

Christian E. Hannig
Polarlicht
Rad-Abenteuer in Skandina-
vien, Island und Grönland
ISBN 3-89405-086-1

 **SIERRA** BEI FREDERKING & THALER

REISEN, MENSCHEN, ABENTEUER

Roberta Bondar
Eine Frau an Bord der Raumfähre Discovery
Touching the earth...
ISBN 3-89405-101-9

Angela Kahl
Tibets wilder Osten
Mit dem Fahrrad über den Himalaya
ISBN 3-89405-066-7

Carmen Rohrbach
Jakobsweg
Wandern auf dem Himmelspfad
ISBN 3-89405-081-0

John Pilkington
Am Fuß des Himalaja
Nepal-Trekking im Alleingang
ISBN 3-89405-026-8

Albrecht Schäfer
Sarimanok
Eine Seereise wie vor 2000 Jahren
ISBN 3-89405-092-6

Christine Cerny
Ferne Insel Madagaskar
Wo Vanille und Pfeffer wachsen
ISBN 3-89405-058-6

SIERRA BEI FREDERKING & THALER

REISEN, MENSCHEN, ABENTEUER

Stefan Biedermann
Im Land der aufgehenden Sonne
Meine Zeit in Japan
ISBN 3-89405-003-9

John Blofeld
Jenseits der Götter
Eine abenteuerliche Reise zu Mönchen, Einsiedlern und Mystikern Chinas
ISBN 3-89405-097-7

Broughton Coburn
Aama
Eine Pilgerreise in den Westen
ISBN 3-89405-091-8

Peter van Ham
Auf Buddhas Pfaden
2.000 Kilometer durch den Westhimalaya
ISBN 3-89405-085-3

Gerta Ital
Der Meister, die Mönche und ich
Eine Frau im Zen-Buddhistischen Kloster
ISBN 3-89405-102-7

Peter Matthiessen
Auf der Spur des Schneeleoparden
ISBN 3-89405-089-6

SIERRA BEI FREDERKING & THALER